KLAUS WAGENER & TEAM

SUKKULENTEN MIT STYLE

ORIGINELL UND DAUERHAFT GESTALTEN

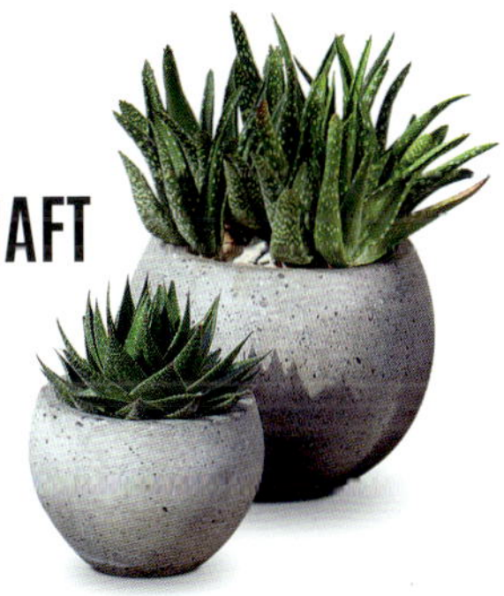

BLOOM's

INHALTS-VERZEICHNIS

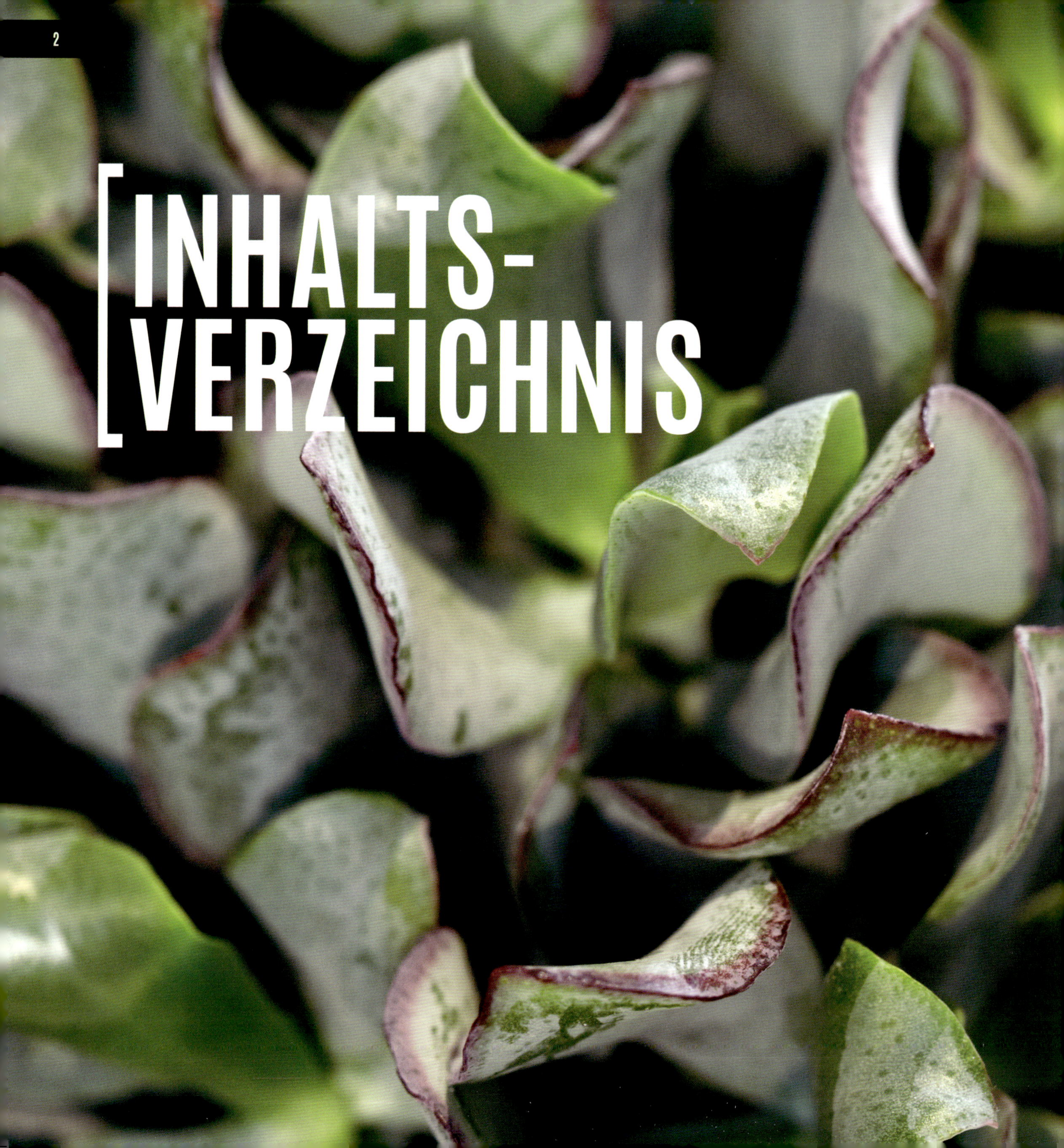

[VORWORT

MIT PFLANZEN GEHT'S MIR GUT

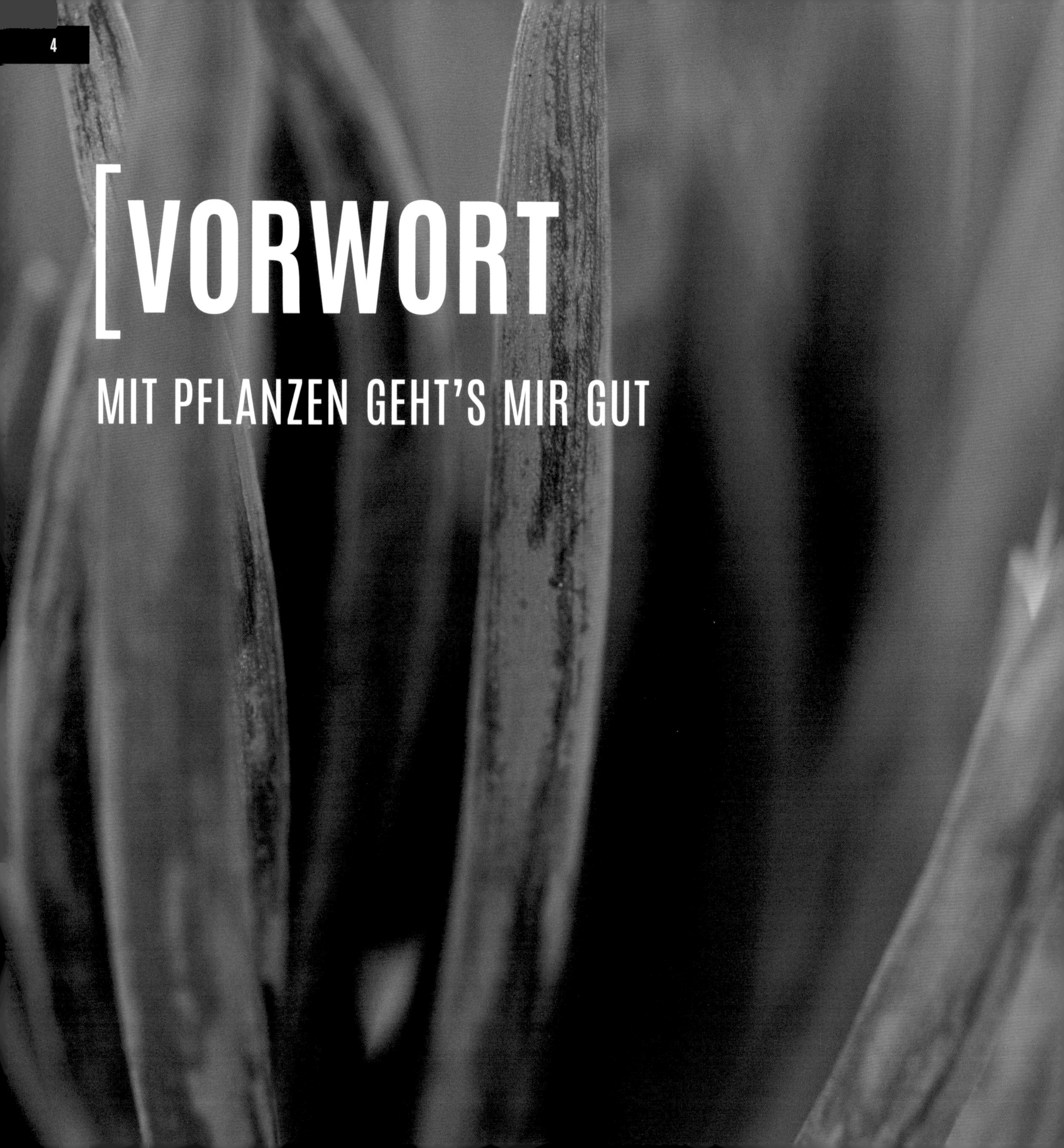

Sukkulenten sind zur Zeit „in". Diese genügsamen, leicht zu pflegenden und dabei meist auch noch interessant aussehenden Pflanzen erfüllen scheinbar die Bedürfnisse und Wünsche vieler Menschen, die sie mit ihren grünen Hausgenossen in den eigenen vier Wänden verbinden. Insbesondere die jüngere Generation erweckt das liebevolle Hegen und Pflegen von grünen Mitbewohnern zu neuem Leben, und findet darin Sinnerfüllung für das eigene. Da wird es wieder zu einer Frage des Selbstverständnisses, Vergehendes bis zum nächsten Erblühen zu päppeln, aus Samen, Ablegern oder Kindeln die nächste Pflanzengeneration heranzuziehen und durch Aufbinden, Hochbinden oder sonstige Kletterhilfen den stark wüchsigen Vertretern unter ihnen den Raum zum weiteren Wachstum zu bieten. Gut gepflegte Pflanzen, vor allem Sukkulenten, überleben so dann auch gerne mal den Gönner oder die Gönnerin mit dem grünen Daumen und gehen mit ins Erbe ein, ein raumhoch gewachsener, säulenartiger Kaktus beispielsweise oder Solitäre, die sich aufgrund der optimal gewählten Standorte in hellen, kühleren Fluren oder Wintergärten jahrzehntelang ein Stelldichein gaben.

Unsere veränderte Wohnarchitektur mag dazu beigetragen haben, dass Omas Übertopf-an-Übertopf-Ansammlungen auf den Fensterbänken zwischenzeitlich keine Überlebenschancen mehr hatten. Bodentiefe Fenster, großzügige Glaswände und auch der Wegfall der typischen Heizungskörper unterhalb der Fenster zugunsten von Fußboden- oder Wandheizungen ließen mit den Brettern auch das Grün darauf verschwinden. Dafür machen neuerdings die lebenden Energiespender so manchem Buch oder Accessoire im Regal den Platz streitig. Sie erobern Sideboards, richten sich auf Kleinmöbeln ein oder besetzen schon mal ganz selbstbewusst als kunterbuntes Sammelsurium mitten im Raum Bodenfläche. XXL-Pflanzen, die nicht selten als übermannsgroße Solitäre in mobilen Gefäßen raumbestimmend werden, propagieren die Phase „Weniges, das aber entschieden". Pflanzendesign im Riesenformat, im gewerblichen Innenarchitekturbereich bereits gang und gäbe, erobert sich im Zuge der loftartigen Wohnraumkonzepte auch den privaten Lebensbereich. Wohnen, Kochen, Arbeiten, ehemals räumlich klar voneinander getrennt, verschmelzen immer mehr zu einer

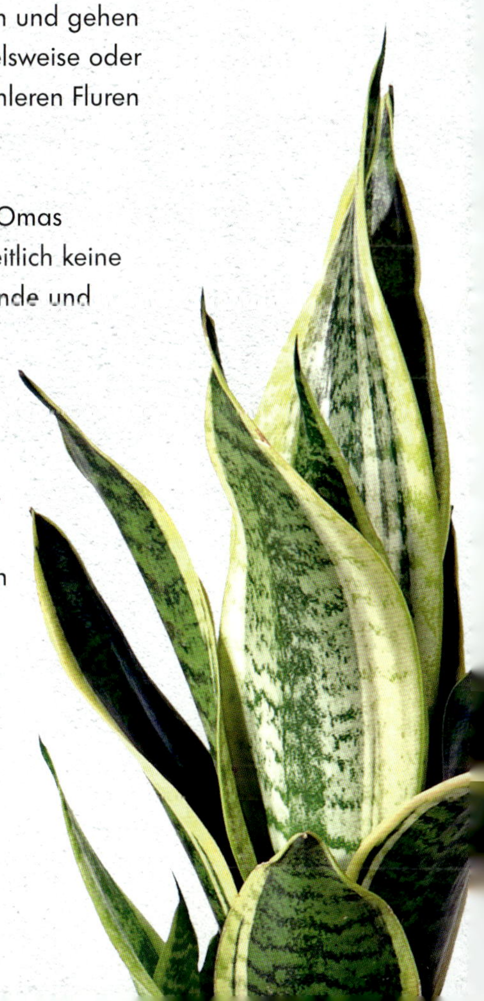

großzügigen Einheit. Und wo Großzügigkeit das Lebensgefühl dominiert, finden auch Pflanzen ihren Platz. Das alles unterstreicht unterbewusst: Pflanzen in unseren Lebensräumen tragen zu unser aller Wohlbefinden bei. In Räumen mit lebendem Grün fühlen sich Menschen wohler, denn sie wirken freundlicher, sympathischer, kommunikativer. Die positive physikalische Wirkung der grünen Lebewesen auf die Raumluft, was das Reinhalten bzw. Filtern von Schadstoffen betrifft, ist zwar häufig überbewertet, da nur im Labor nennenswert nachweisbar. Dennoch bleibt, dass das Vorhandensein unserer grünen Gefährten Seelenbalsam darstellt und damit das körperliche Wohlbefinden begünstigt. Das gilt auch und im ganz besonderen Maße für die Sukkulenten.

WAS SIND SUKKULENTEN?

Als Sukkulenten werden diejenigen Pflanzen bezeichnet, die sich mit ihrer Anatomie an besondere Lebensbedingungen, an steppen- bis wüstenartige Standorte sowie extreme Klima- und Bodenverhältnisse angepasst haben. Durch Einspeicherung von Saft (lateinisch suculentus für „saftig“) in unterschiedlichen Organen können sie somit Trockenzeiten oder niederschlagsarme Jahreszeiten besser überstehen. Dabei kann die Wassereinspeicherung in den Blättern, Wurzeln oder im Stamm erfolgen. Entsprechend unterscheidet man Blatt-, Wurzel- oder Stammsukkulenten.

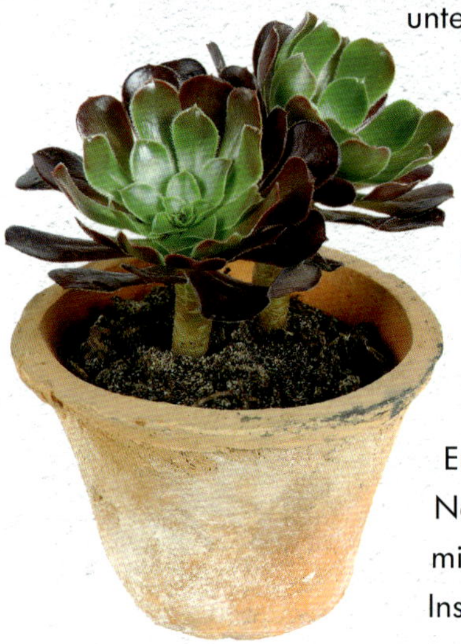

Diese Eigenschaft bringt es mit sich, dass Sukkulenten mit unseren Zimmer- und Raumgegebenheiten besser zurechtkommen. Meist sind unsere Wohn- und Lebensräume stark beheizt, haben eine sehr geringe Luftfeuchtigkeit und die Lichtverhältnisse entsprechen nicht denen am Naturstandort. All das sind Stressfaktoren, die das Wachstum negativ beeinflussen. Kommt hinzu, dass Pflanzen, die ihres natürlichen Lebensraumes beraubt sind, infolgedessen mit einem meist viel zu kleinen Erd- bzw. Substratvolumen auskommen müssen, was ebenfalls Wasser- und Nährstoffmangel bedeuten kann. Doch insbesondere Sukkulenten können mit diesen Widrigkeiten deutlich besser umgehen als andere Pflanzen. Insofern sind sie für uns die idealen Zimmergenossen.

Da die Sukkulenz bei einzelnen Gattungen sehr unterschiedlich ausgeprägt sein kann, ist eine klare Abgrenzung zwischen Sukkulenz und Nichtsukkulenz schwer zu treffen.

Als die bekanntesten Vertreter der Sukkulenten gelten die Kakteen. Aber auch die dickfleischigen und ledrigen Blätter der Glücksfeder (*Zamioculcas zamiifolia*), die Wasser speichern kann und deren verdickte Epidermis ein schnelles Austrocknen verhindert, gilt als eine Anpassung an trockene Lebensverhältnisse. Verdickte Stämme wie beim Elefantenfuß (*Beaucarnea recurvata*) oder bei einigen Feigenbaumarten (*Ficus*) zählen ebenfalls dazu.

Im Folgenden zeigen wir, wie vielgestaltig, dekorativ und kreativ diese genügsamen Sukkulenten sich in unsere Räume einfügen lassen und ihre Umgebung dabei aufgrund ihres Charakters und der besonderen Ausstrahlung beeinflussen. Ein schönes Wechselspiel entsteht, an dem sich Auge, Seele und Herz erfreuen. Los geht's!

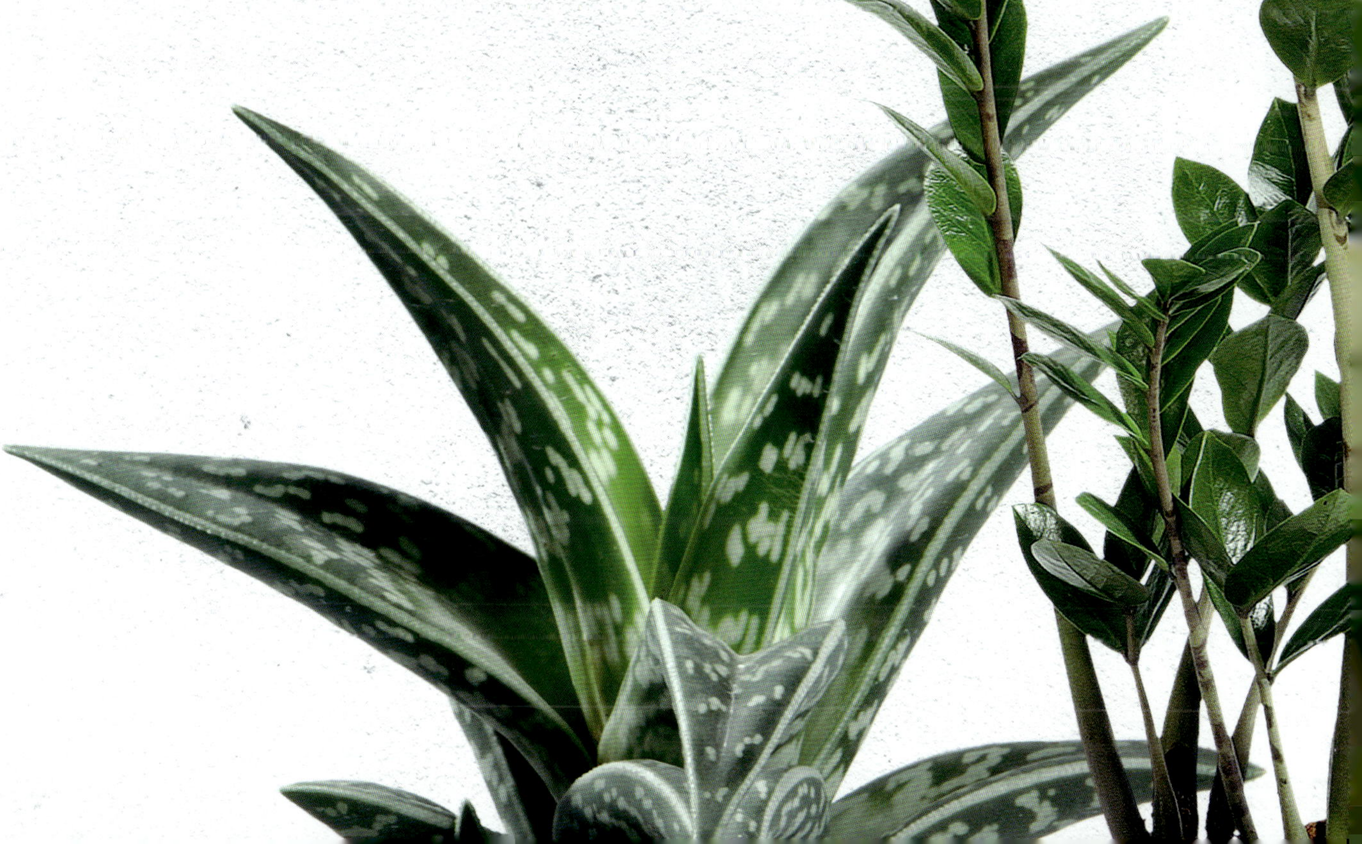

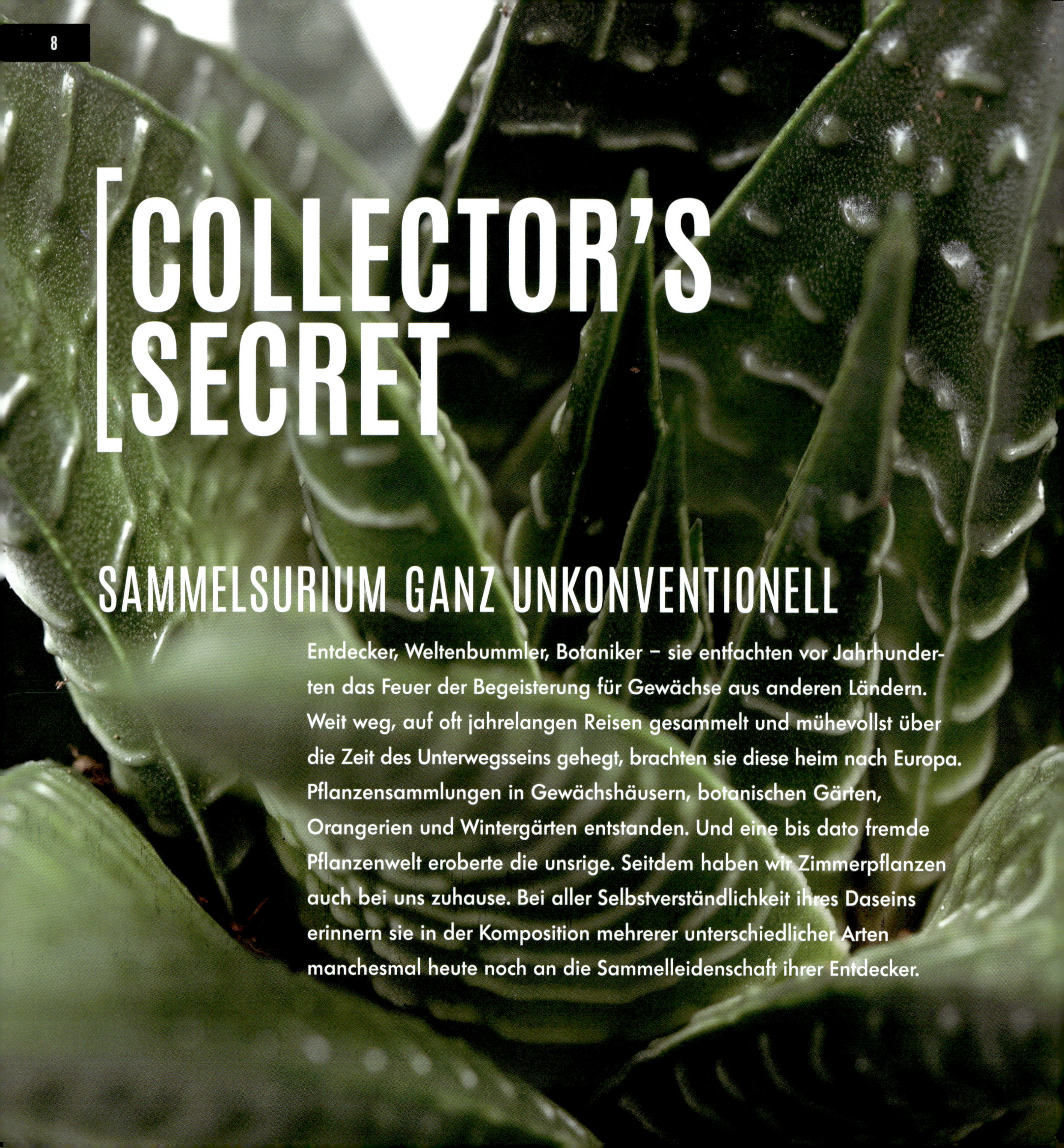

[COLLECTOR'S SECRET

SAMMELSURIUM GANZ UNKONVENTIONELL

Entdecker, Weltenbummler, Botaniker – sie entfachten vor Jahrhunderten das Feuer der Begeisterung für Gewächse aus anderen Ländern. Weit weg, auf oft jahrelangen Reisen gesammelt und mühevollst über die Zeit des Unterwegsseins gehegt, brachten sie diese heim nach Europa. Pflanzensammlungen in Gewächshäusern, botanischen Gärten, Orangerien und Wintergärten entstanden. Und eine bis dato fremde Pflanzenwelt eroberte die unsrige. Seitdem haben wir Zimmerpflanzen auch bei uns zuhause. Bei aller Selbstverständlichkeit ihres Daseins erinnern sie in der Komposition mehrerer unterschiedlicher Arten manchesmal heute noch an die Sammelleidenschaft ihrer Entdecker.

EINE SAMMELLEIDENSCHAFT BEGINNT

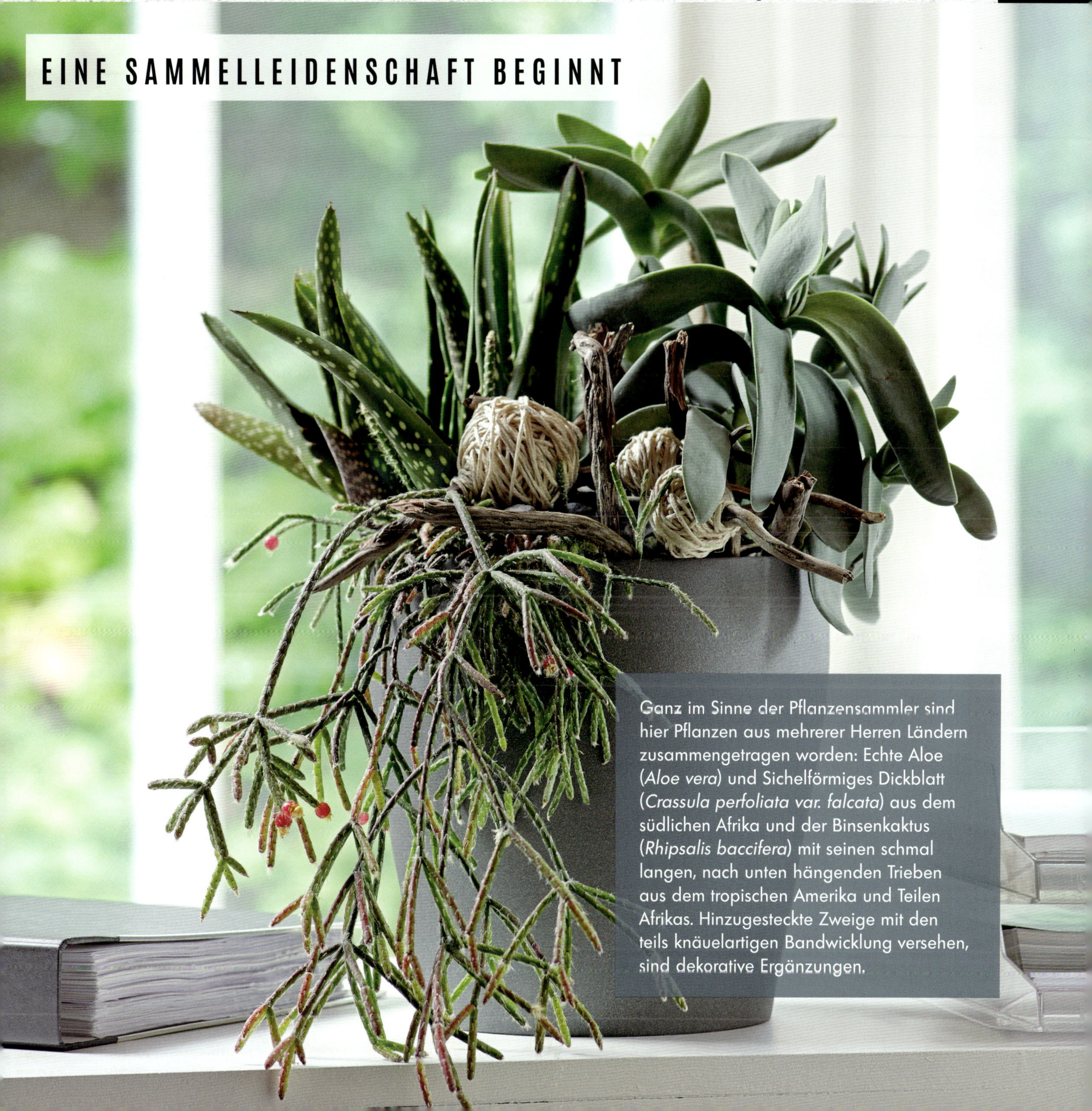

Ganz im Sinne der Pflanzensammler sind hier Pflanzen aus mehrerer Herren Ländern zusammengetragen worden: Echte Aloe (*Aloe vera*) und Sichelförmiges Dickblatt (*Crassula perfoliata var. falcata*) aus dem südlichen Afrika und der Binsenkaktus (*Rhipsalis baccifera*) mit seinen schmal langen, nach unten hängenden Trieben aus dem tropischen Amerika und Teilen Afrikas. Hinzugesteckte Zweige mit den teils knäuelartigen Bandwicklung versehen, sind dekorative Ergänzungen.

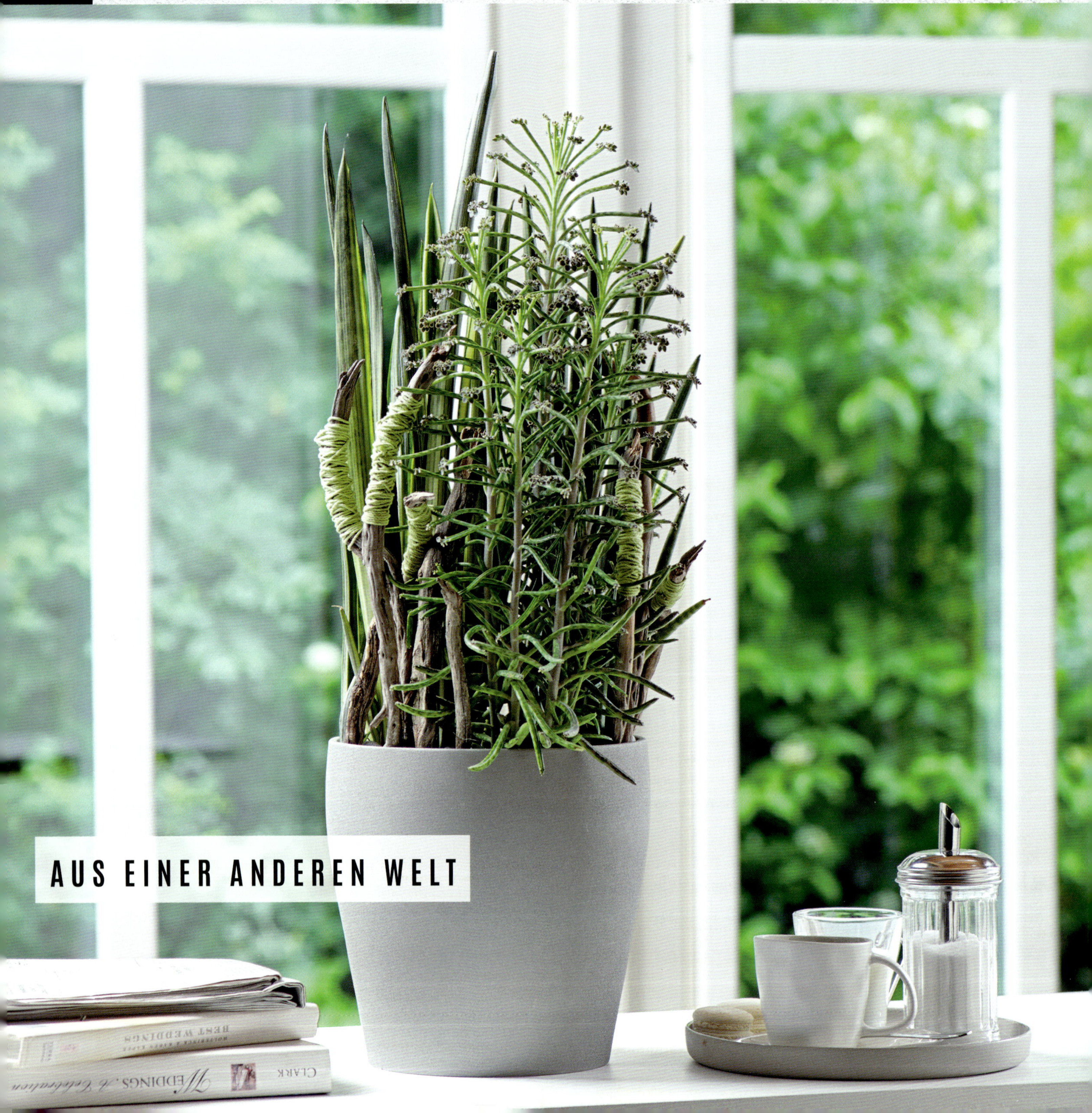

AUS EINER ANDEREN WELT

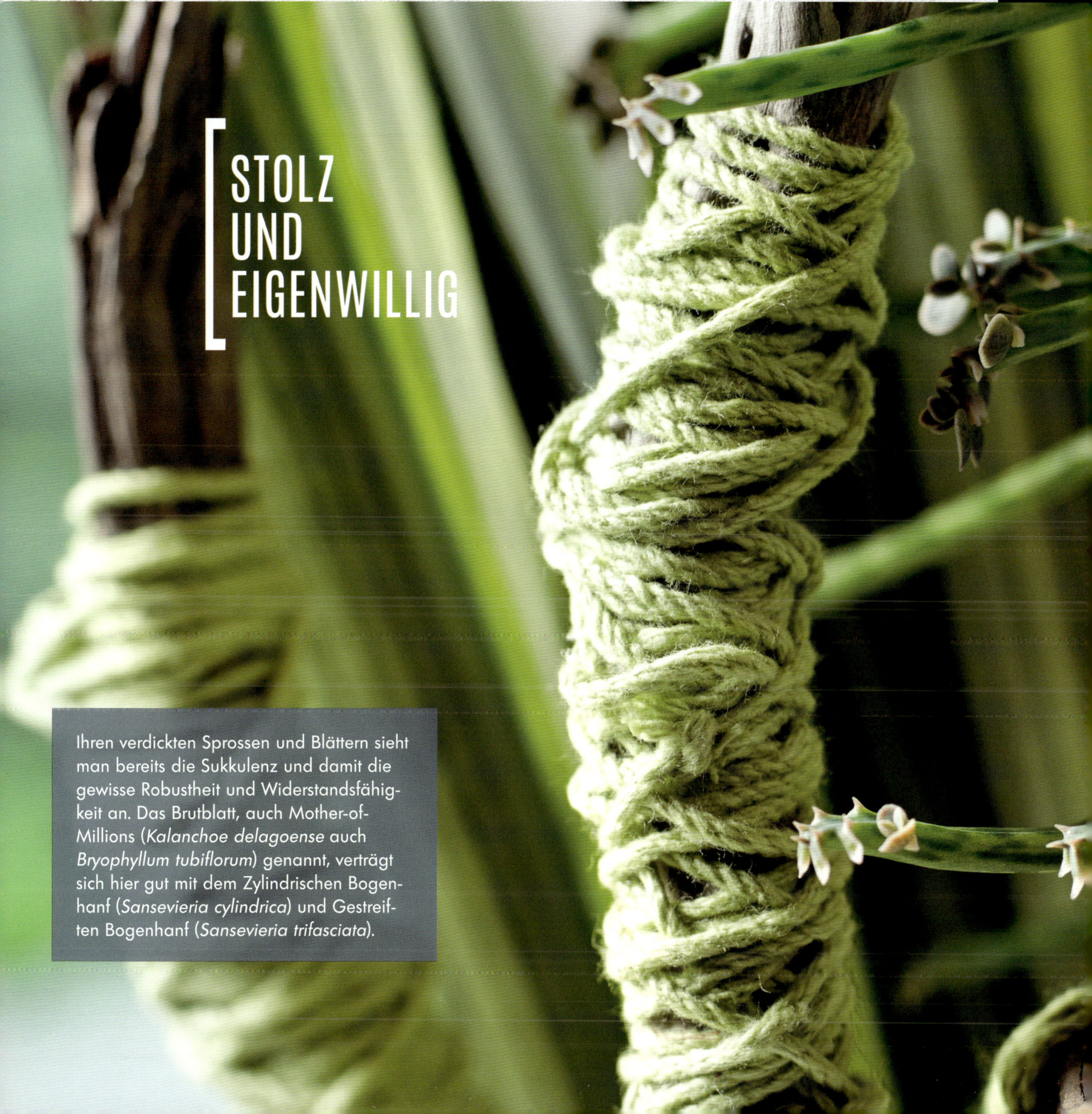

STOLZ UND EIGENWILLIG

Ihren verdickten Sprossen und Blättern sieht man bereits die Sukkulenz und damit die gewisse Robustheit und Widerstandsfähigkeit an. Das Brutblatt, auch Mother-of-Millions (*Kalanchoe delagoense* auch *Bryophyllum tubiflorum*) genannt, verträgt sich hier gut mit dem Zylindrischen Bogenhanf (*Sansevieria cylindrica*) und Gestreiften Bogenhanf (*Sansevieria trifasciata*).

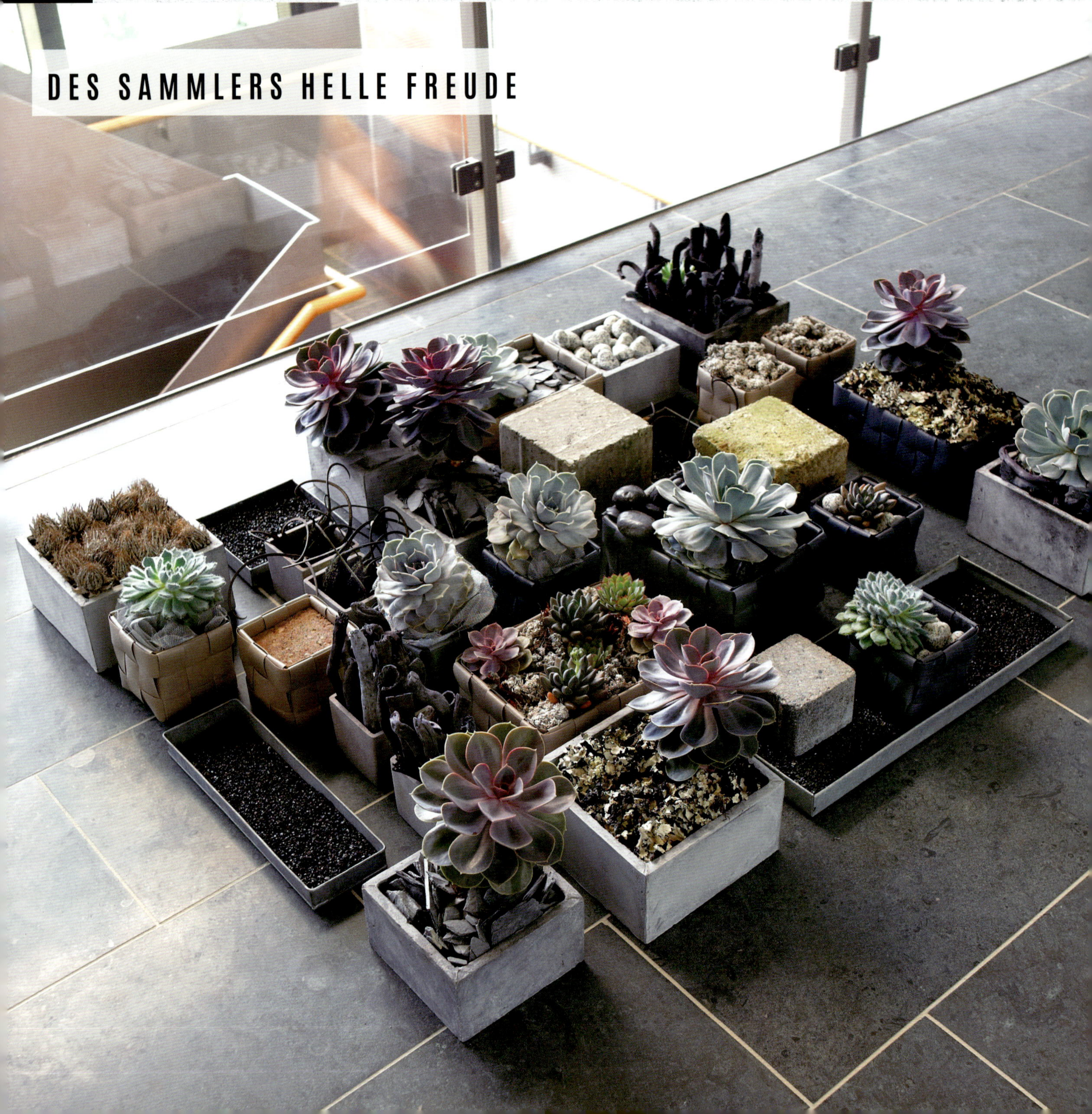

DES SAMMLERS HELLE FREUDE

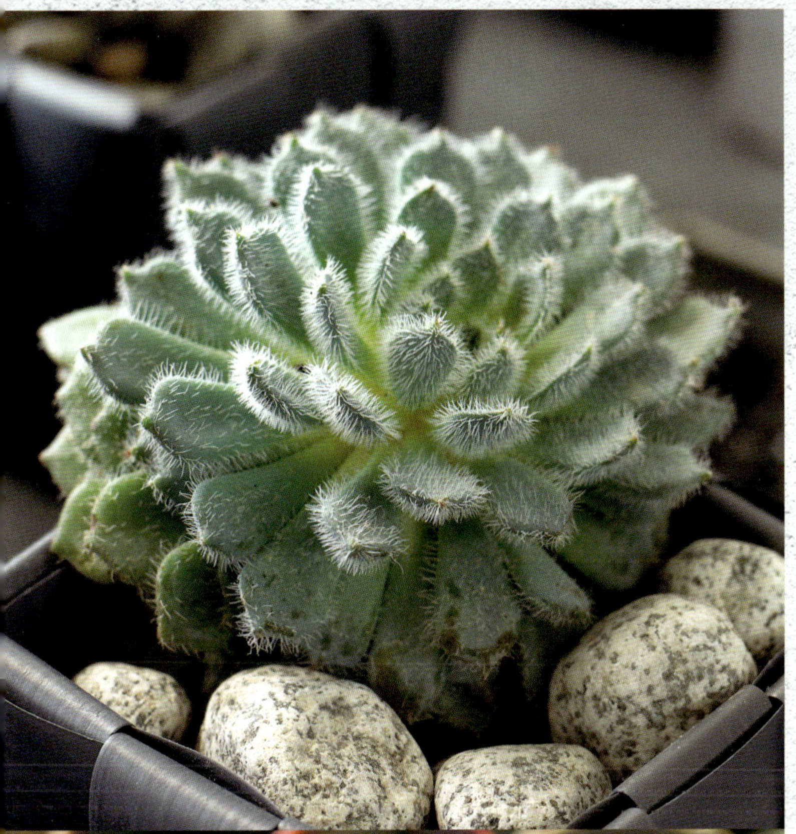

Für solch eine flächige Präsentation der gesammelten Objekte bedarf es einer ausreichend großen Fläche und eines freien Blickes von oben. Ihr ähnlicher Pflanzenaufbau, nämlich der rosettenartige Habitus, verbindet die verschiedenen Arten und Gattungen von Echeverien bzw. Blattrosetten (*Echeveria setosa, Echeveria elegans, Echeveria gibbiflora*) mit der Pachyveria (x *Pachyveria* 'Clavifolia'). Das Abdecken des Pflanzensubstrates mit Granulaten erinnert an die wüstenartige, karge Landschaft ihrer Heimat und unterstreicht die mosaikartige Wirkung ihrer Zusammenstellung.

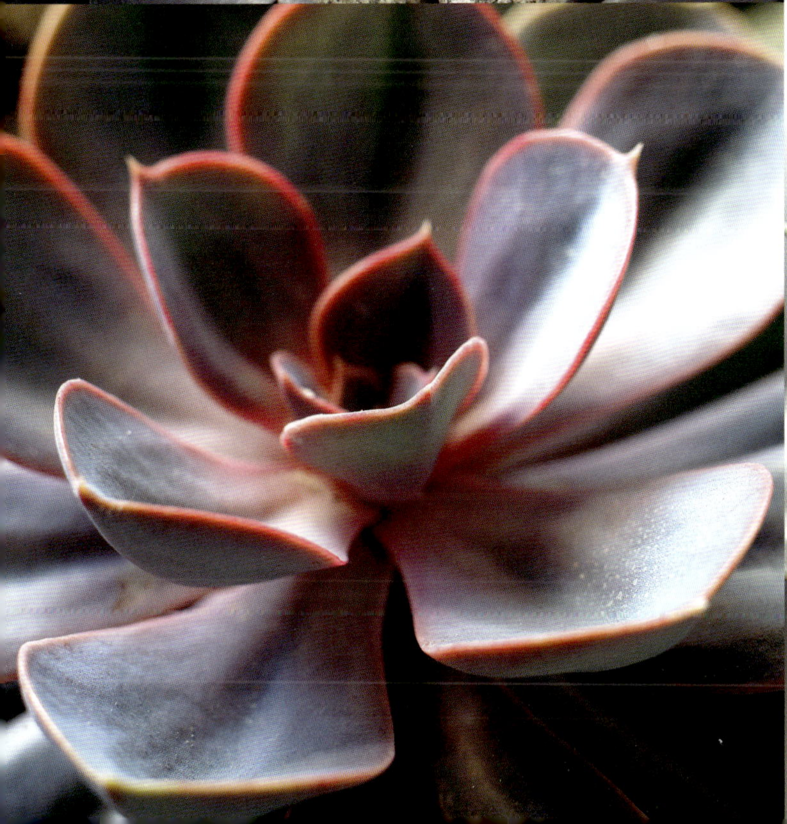

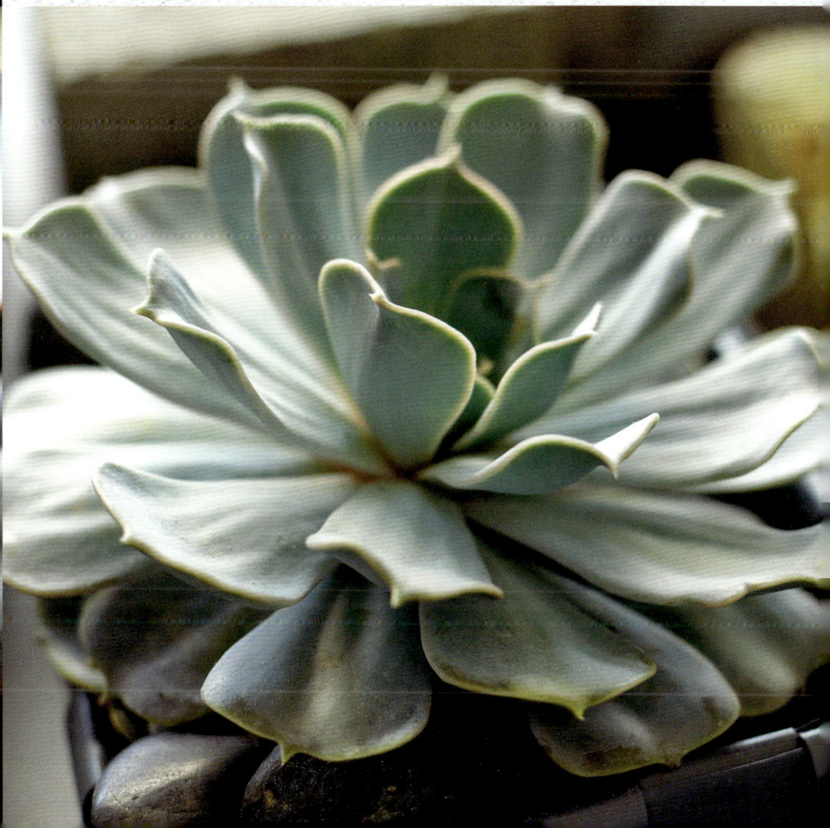

TRAUTES BEISAMMENSEIN

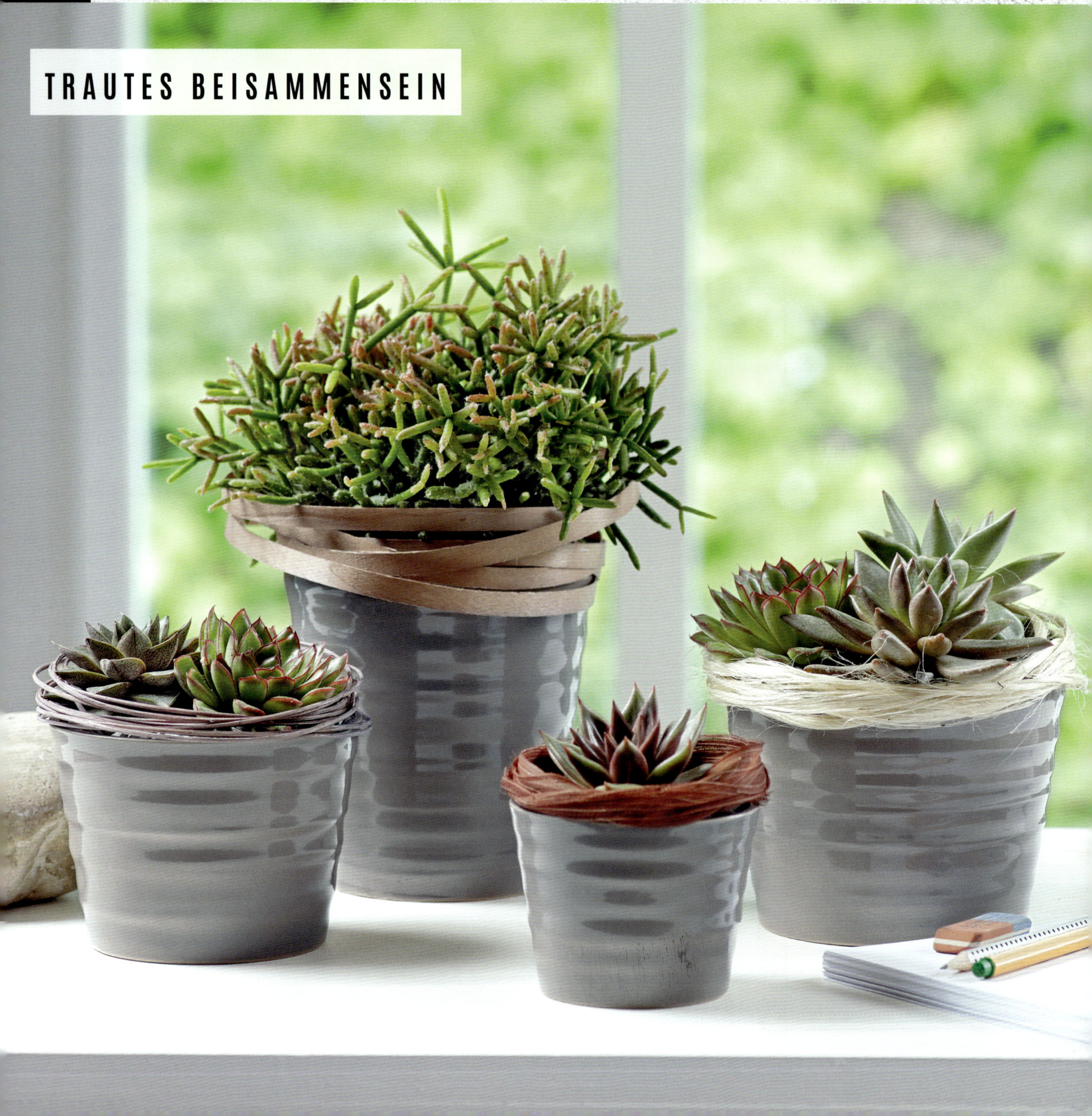

Fehlt nur noch an jedem Topf das Etikett, das exakt Auskunft gibt über den Namen, die Herkunft und den Entdecker der Pflanze. Dann wäre es die Sammlung eines echten Collectors! So fügen sich hier zu dem Binsenkaktus (*Rhipsalis cereuscula*) mit Yunnan-Chinadickblatt (*Sinocrassula yunnanensis*) gleich mehrere Echeverien-Sorten (*Echeveria* Cultivars).

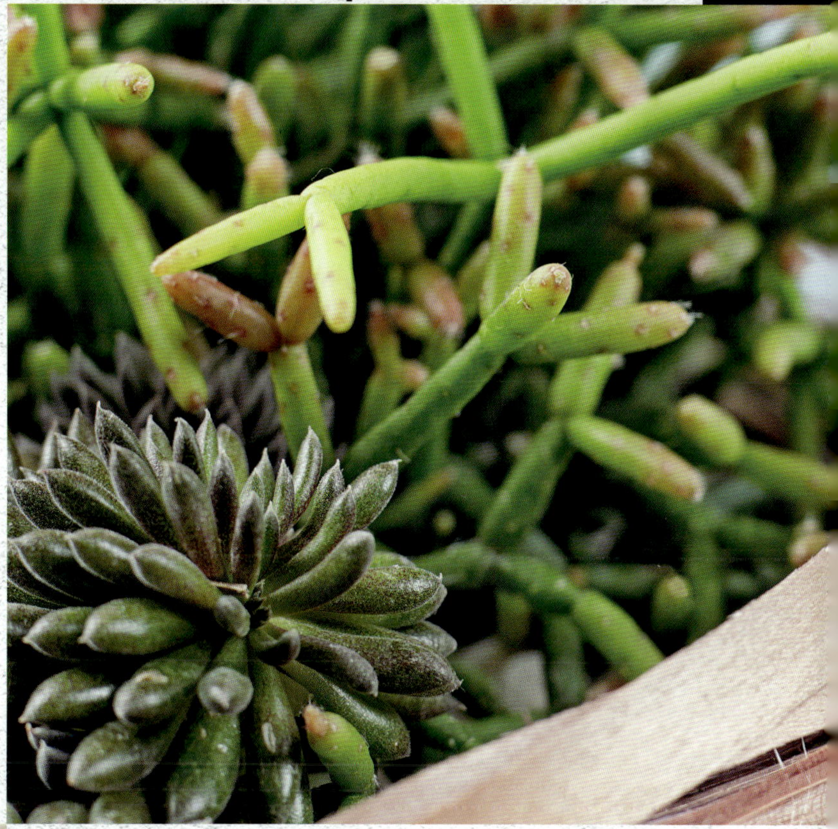

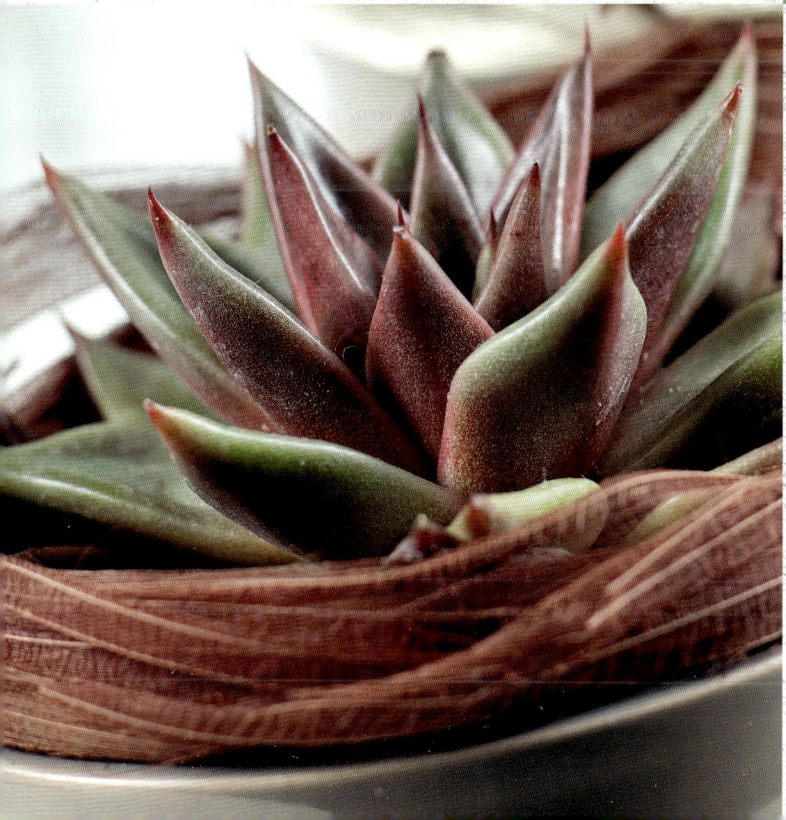

LEBENDIGE JUWELEN BEZAUBERN

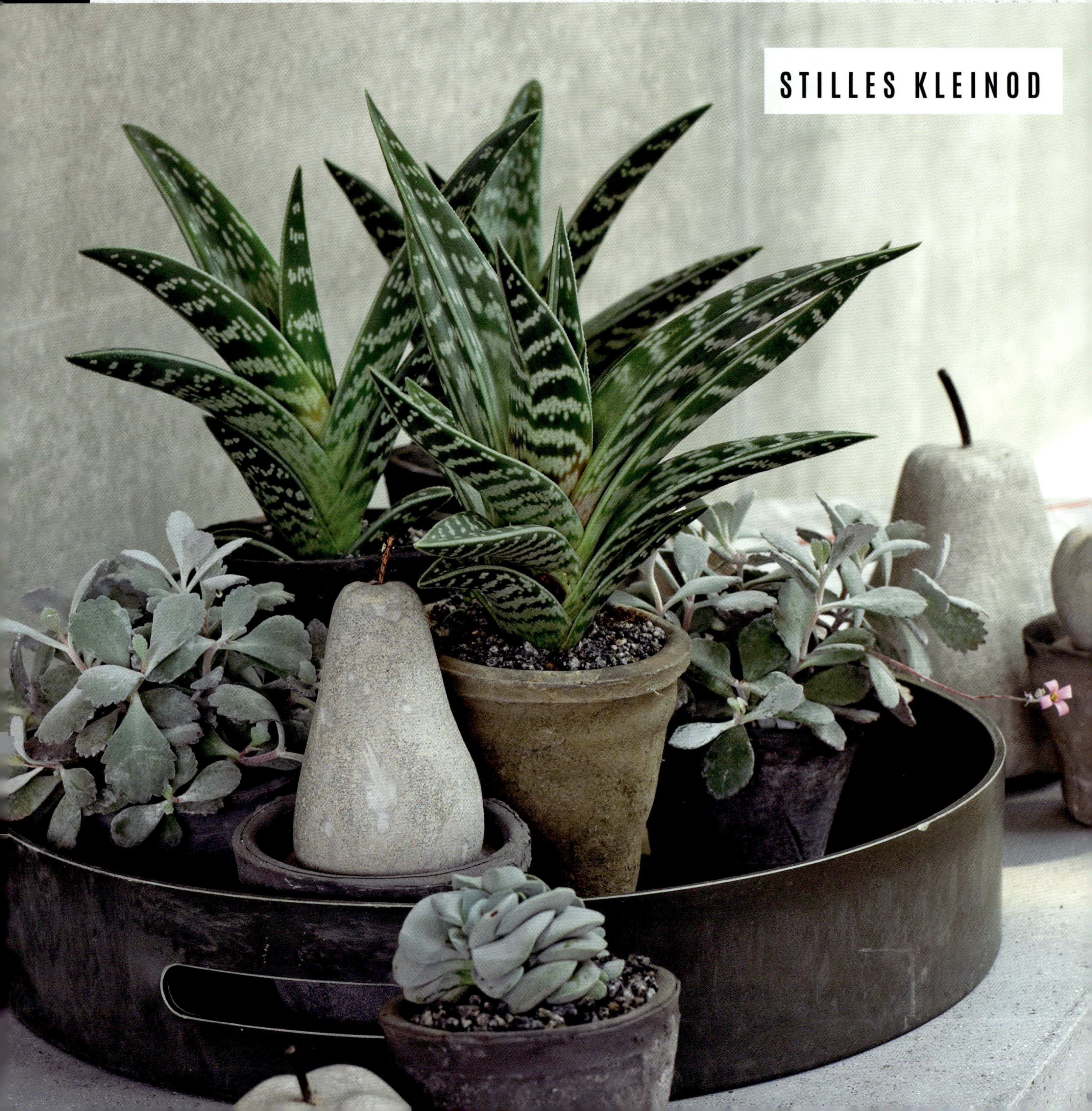

STILLES KLEINOD

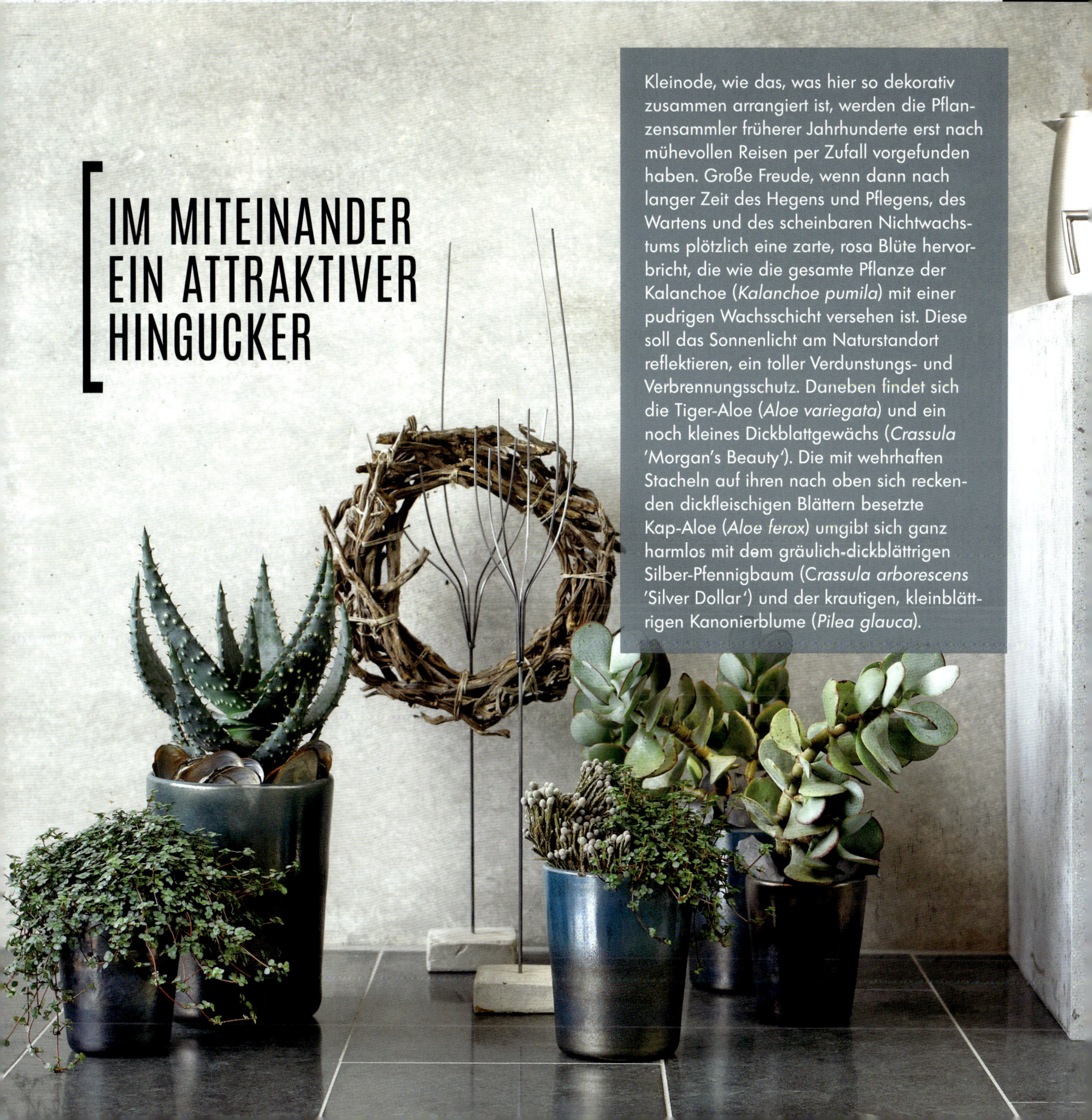

IM MITEINANDER EIN ATTRAKTIVER HINGUCKER

Kleinode, wie das, was hier so dekorativ zusammen arrangiert ist, werden die Pflanzensammler früherer Jahrhunderte erst nach mühevollen Reisen per Zufall vorgefunden haben. Große Freude, wenn dann nach langer Zeit des Hegens und Pflegens, des Wartens und des scheinbaren Nichtwachstums plötzlich eine zarte, rosa Blüte hervorbricht, die wie die gesamte Pflanze der Kalanchoe (*Kalanchoe pumila*) mit einer pudrigen Wachsschicht versehen ist. Diese soll das Sonnenlicht am Naturstandort reflektieren, ein toller Verdunstungs- und Verbrennungsschutz. Daneben findet sich die Tiger-Aloe (*Aloe variegata*) und ein noch kleines Dickblattgewächs (*Crassula* 'Morgan's Beauty'). Die mit wehrhaften Stacheln auf ihren nach oben sich reckenden dickfleischigen Blättern besetzte Kap-Aloe (*Aloe ferox*) umgibt sich ganz harmlos mit dem gräulich-dickblättrigen Silber-Pfennigbaum (*Crassula arborescens* 'Silver Dollar') und der krautigen, kleinblättrigen Kanonierblume (*Pilea glauca*).

STOLZE, TRUTZIGE GESELLEN

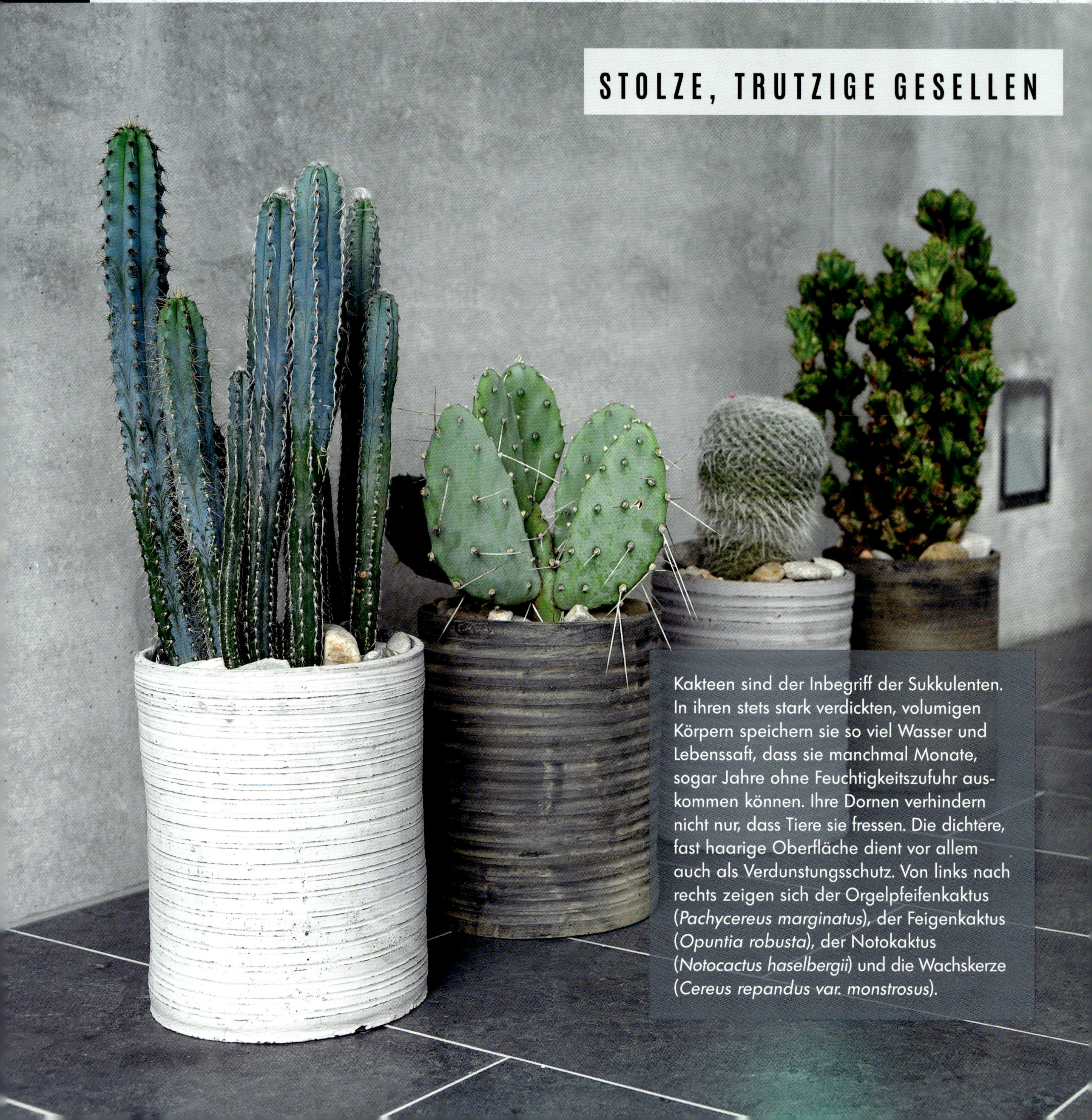

Kakteen sind der Inbegriff der Sukkulenten. In ihren stets stark verdickten, volumigen Körpern speichern sie so viel Wasser und Lebenssaft, dass sie manchmal Monate, sogar Jahre ohne Feuchtigkeitszufuhr auskommen können. Ihre Dornen verhindern nicht nur, dass Tiere sie fressen. Die dichtere, fast haarige Oberfläche dient vor allem auch als Verdunstungsschutz. Von links nach rechts zeigen sich der Orgelpfeifenkaktus (*Pachycereus marginatus*), der Feigenkaktus (*Opuntia robusta*), der Notokaktus (*Notocactus haselbergii*) und die Wachskerze (*Cereus repandus var. monstrosus*).

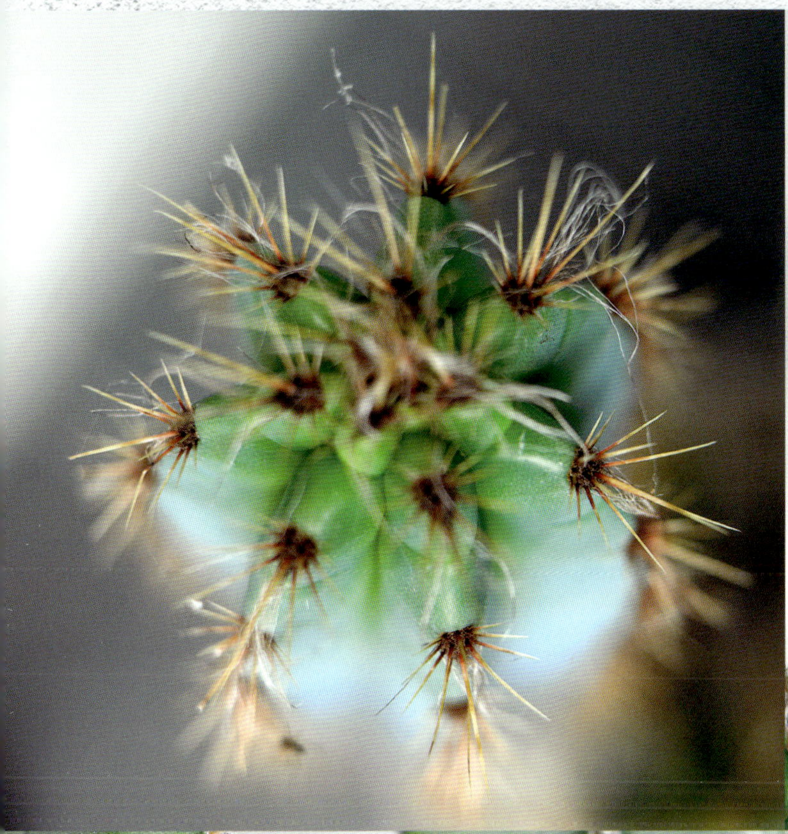

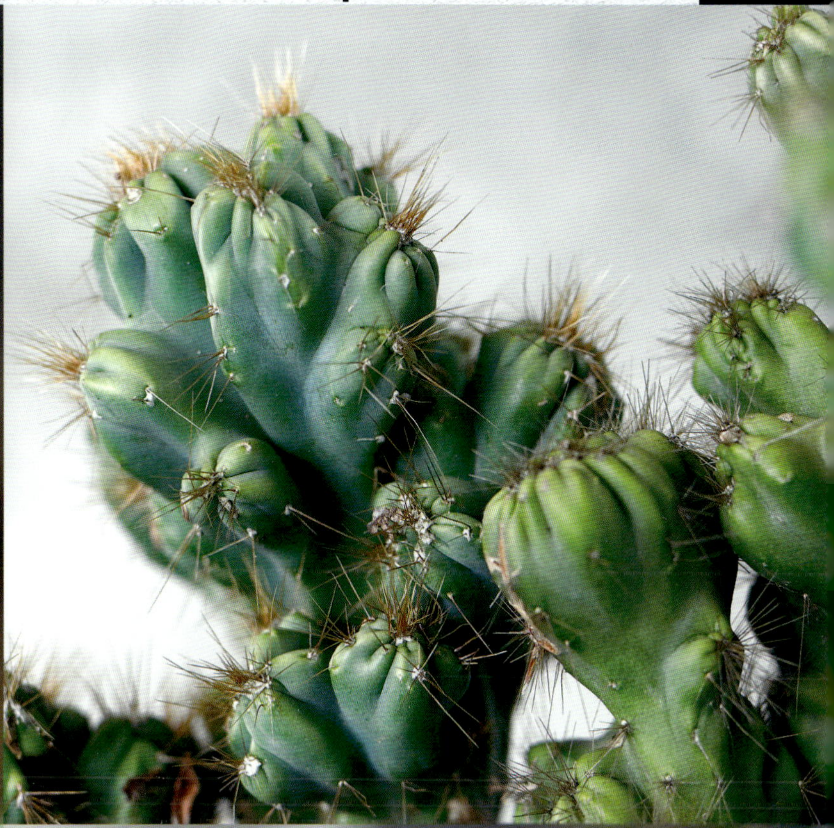

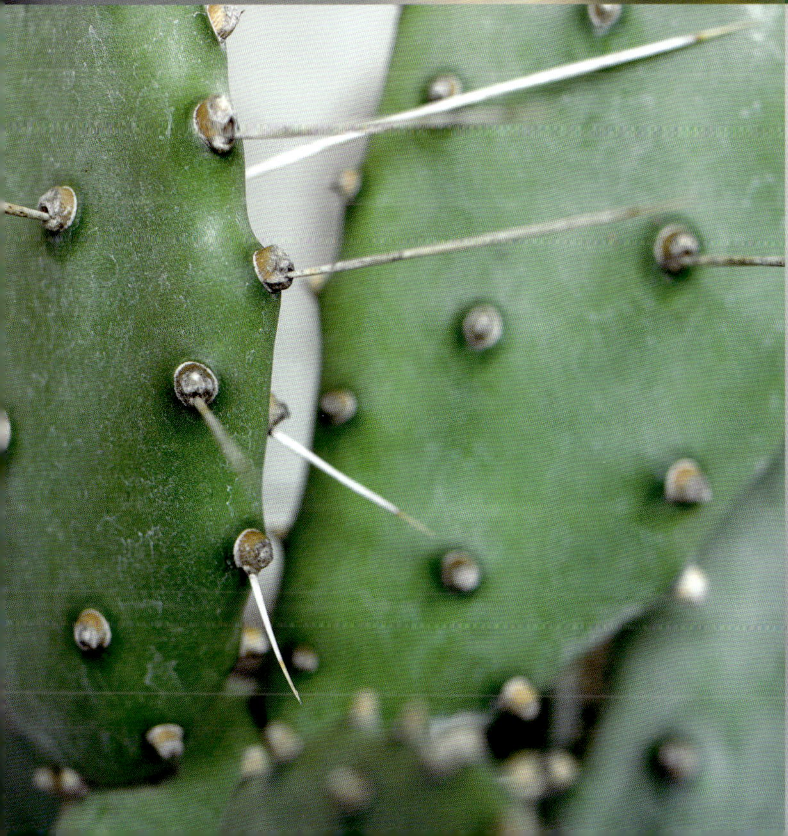

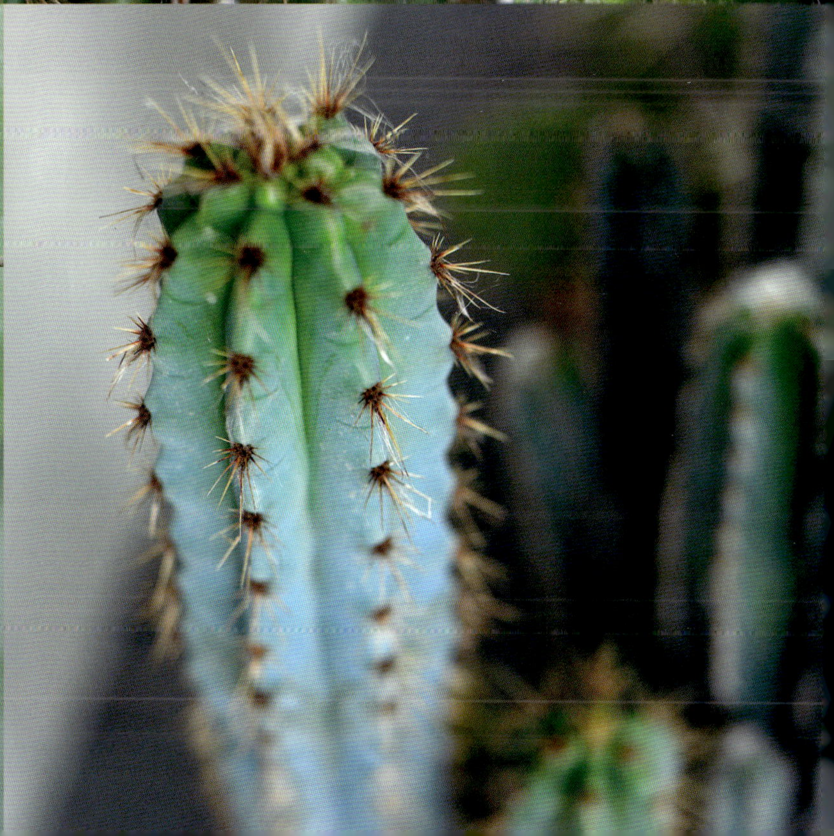

GELABELT UND MIT NAMEN GENANNT

Das lieben Pflanzenkenner, wenn ihre Lieblinge sich ganz persönlich vorstellen. Hier stilvoll gelabelt mit einem gut zu beschriftenden Stück Schiefergesteins und zeitgemäß angebracht mit einer Foldbackklammer. Auch die Hängende Leuchterblume (*Ceropegia linearis subsp. woodii*) behauptet sich zwischen dem sukkulenten Geldbaum (*Crassula ovata*) und dem Pfennigbaum (*Crassula arborescens*). Ihre Laubblätter sind sukkulent verdickt, sie gehört somit zu den Blattsukkulenten.

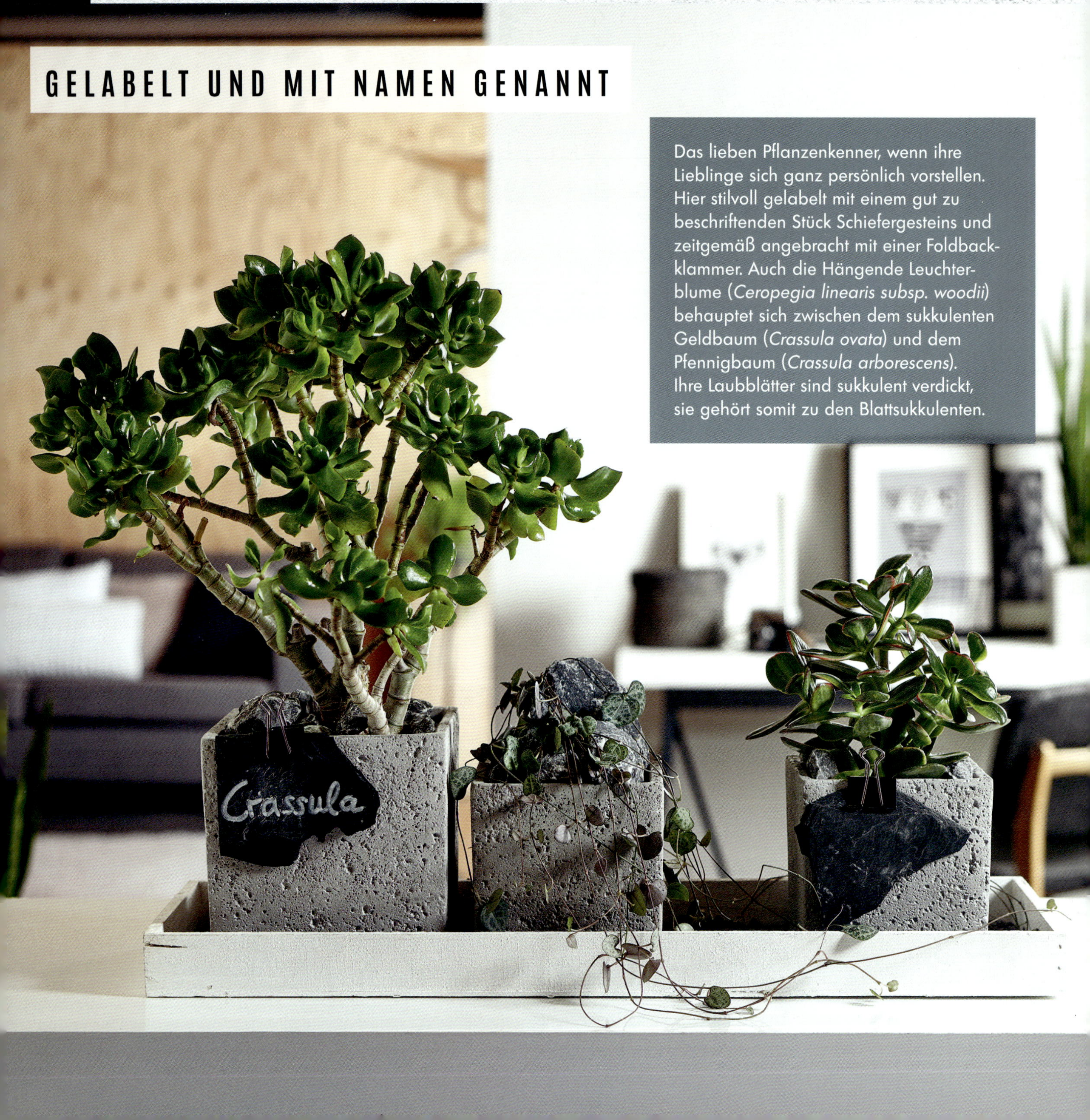

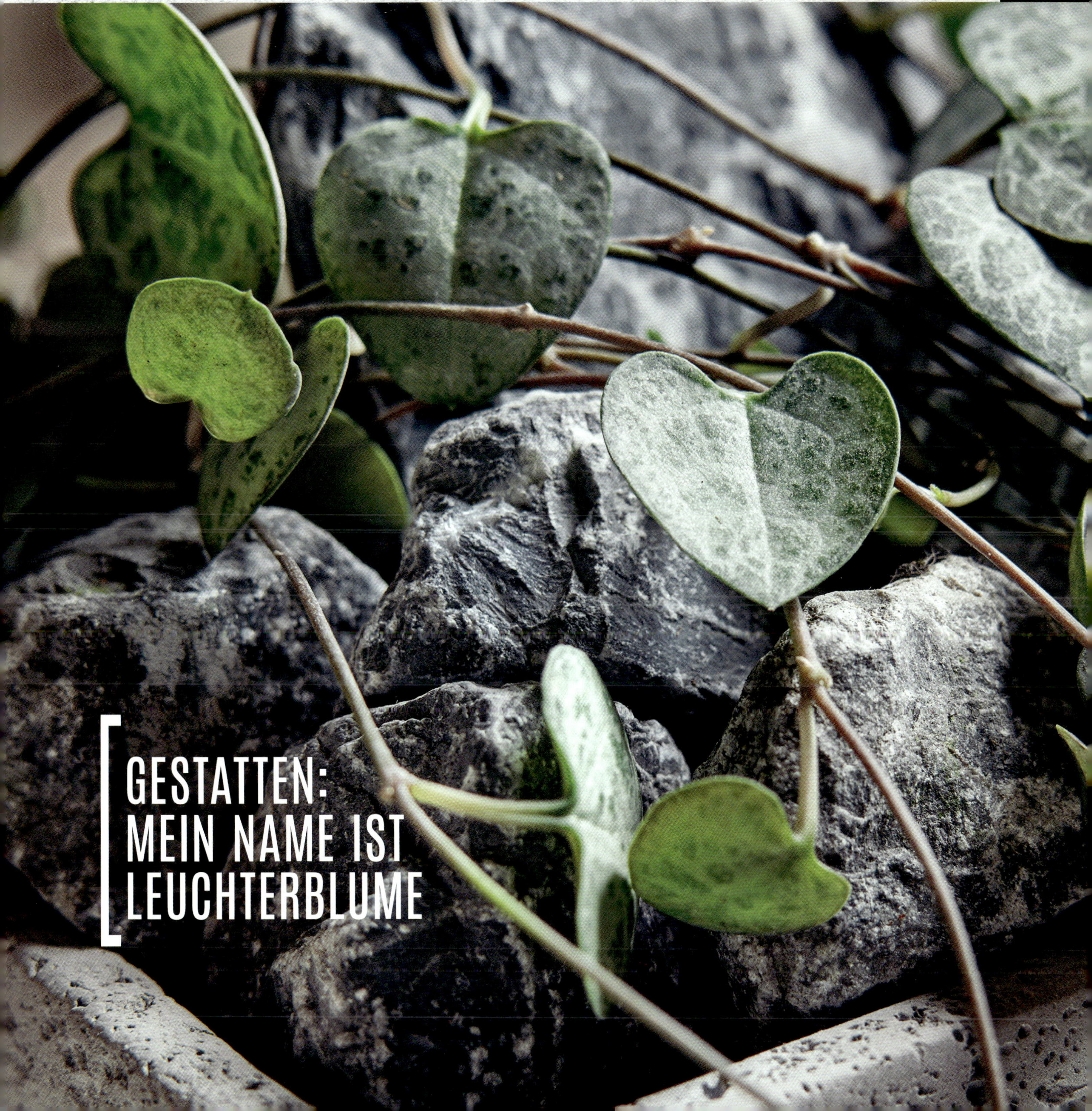

GESTATTEN: MEIN NAME IST LEUCHTERBLUME

GRAUE PFLÄNZCHEN MUSS MAN LIEBEN

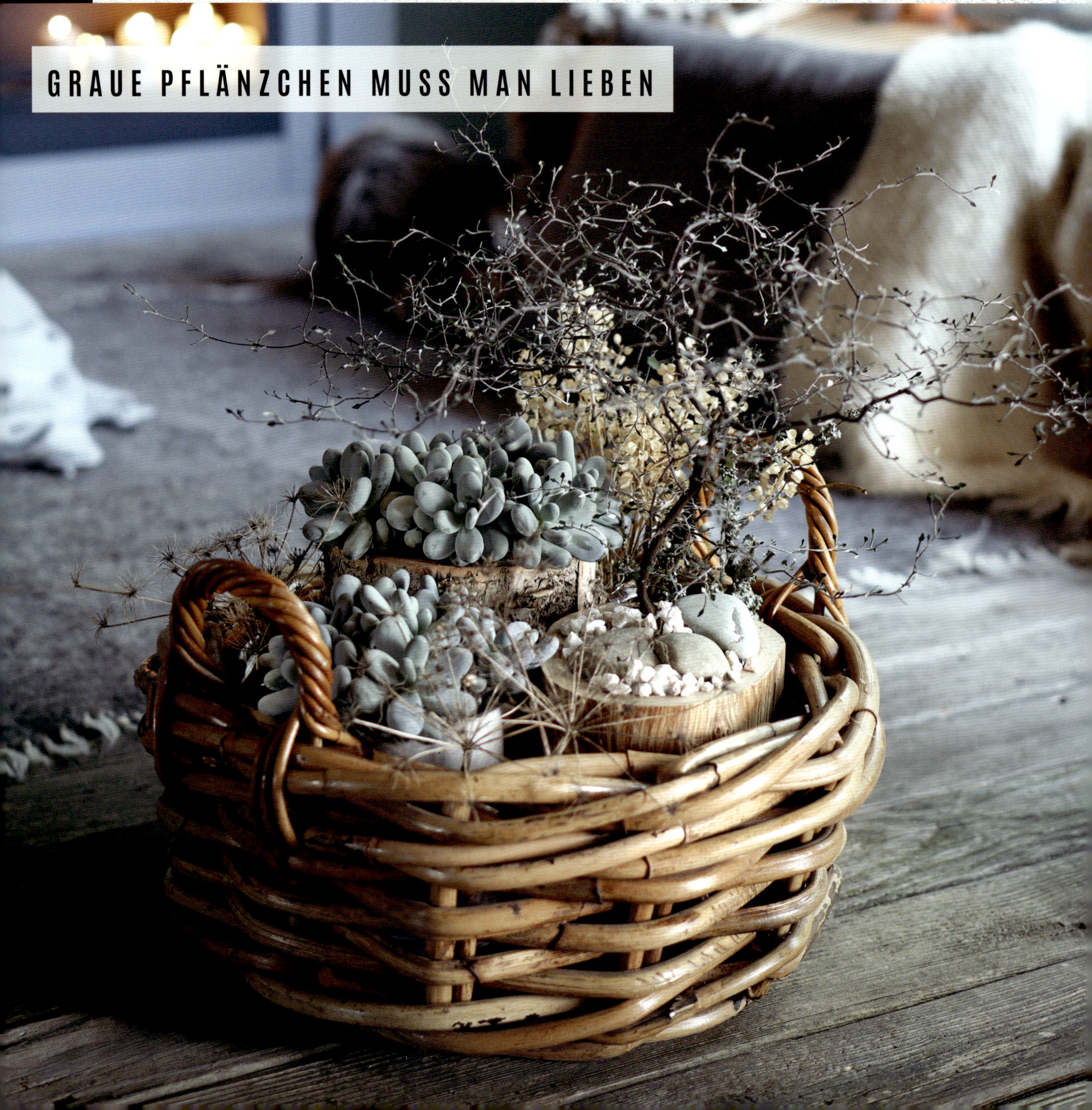

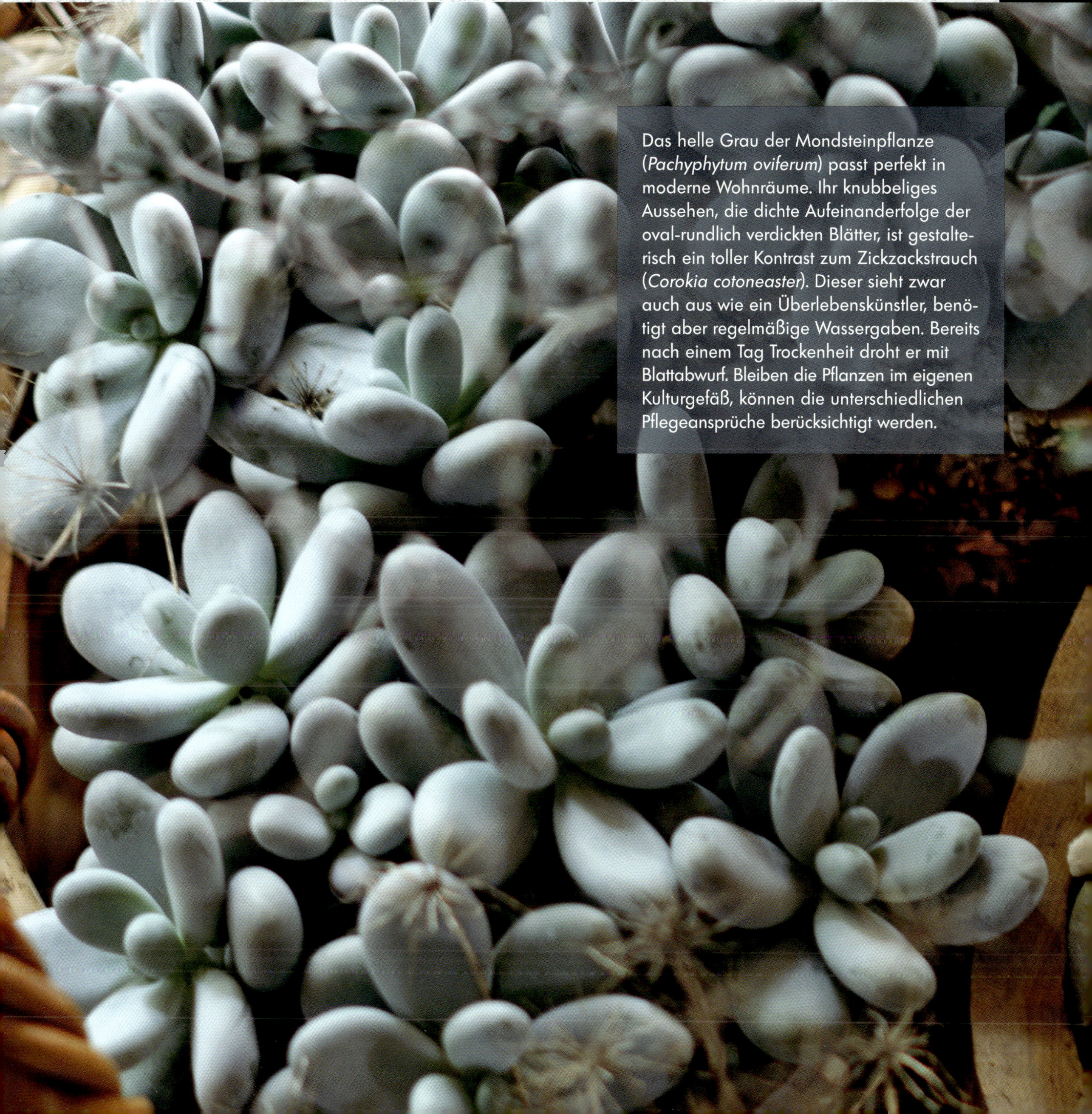

Das helle Grau der Mondsteinpflanze (*Pachyphytum oviferum*) passt perfekt in moderne Wohnräume. Ihr knubbeliges Aussehen, die dichte Aufeinanderfolge der oval-rundlich verdickten Blätter, ist gestalterisch ein toller Kontrast zum Zickzackstrauch (*Corokia cotoneaster*). Dieser sieht zwar auch aus wie ein Überlebenskünstler, benötigt aber regelmäßige Wassergaben. Bereits nach einem Tag Trockenheit droht er mit Blattabwurf. Bleiben die Pflanzen im eigenen Kulturgefäß, können die unterschiedlichen Pflegeansprüche berücksichtigt werden.

MIT DEN BLÜTEN UM DIE WETTE WACHSEN

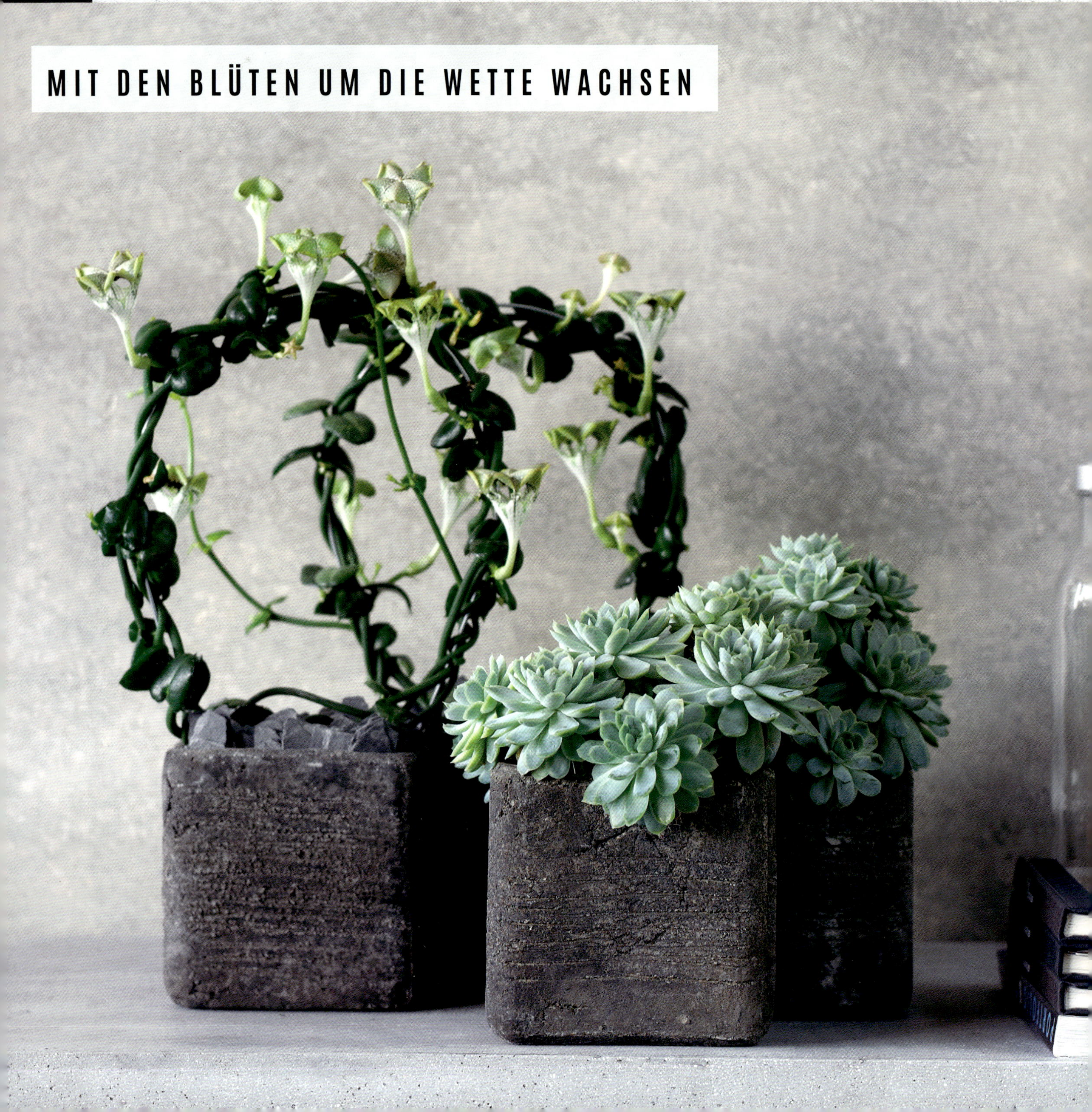

So manche besondere Blüte belohnt den geduldigen Sukkulentenliebhaber. Denn schnelles Wachstum ist den meisten Pflanzen dieser Kategorie ja nicht eigen. Aber wenn sich dann endlich Blütenknospen zeigen, begeistern diese umso mehr, auch wenn sie, wie im Fall der Kletternden oder Fallschirm-Leuchterblume (*Ceropegia sandersonii*) farblich in Beige-Grün verbleiben. Doch ihre Form ist ganz besonders, nämlich wie ein Fallschirm. Dies degradiert ausnahmsweise die ansonsten attraktive Blattrosette (*Echeveria elegans*) zum Statisten.

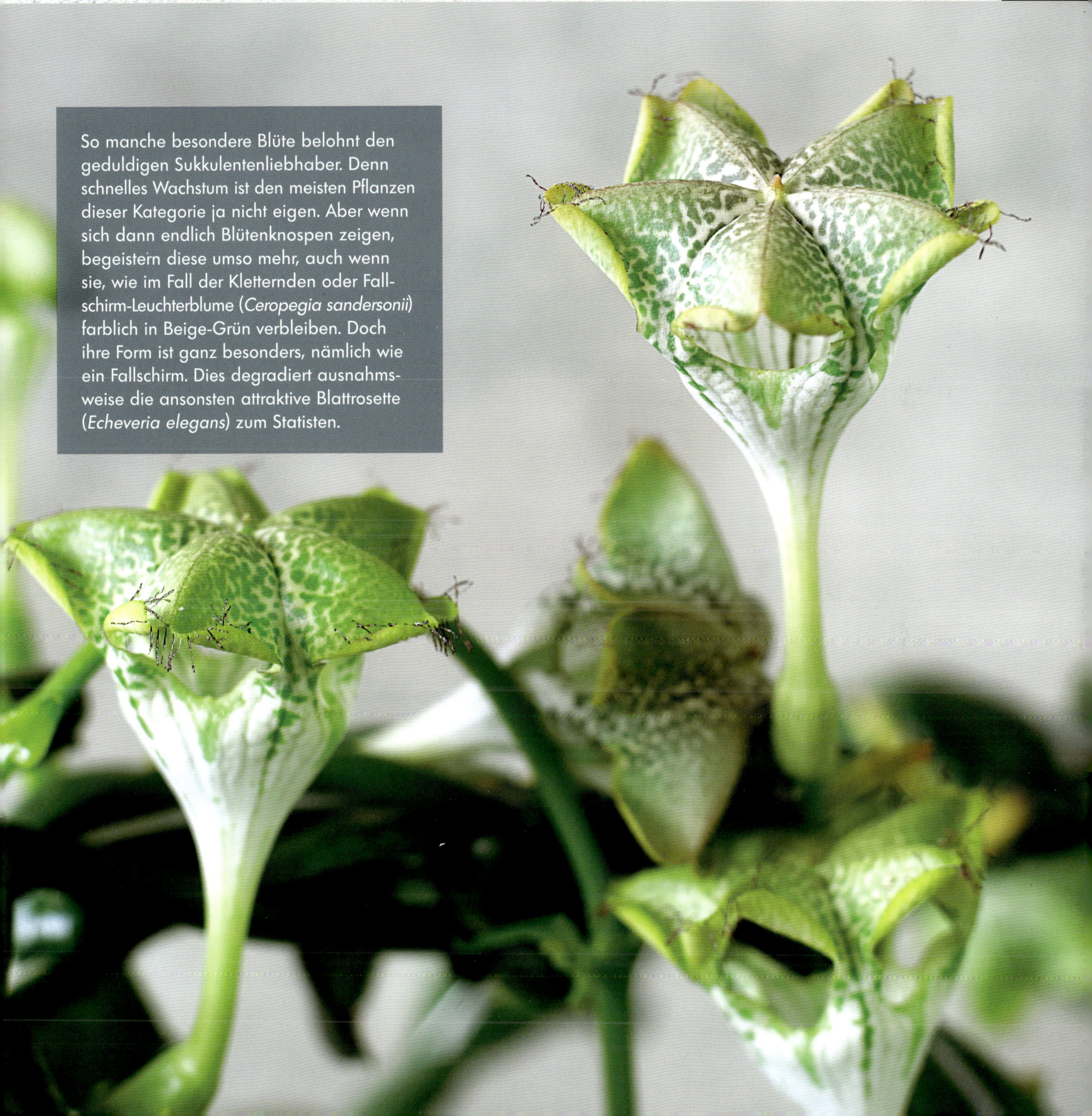

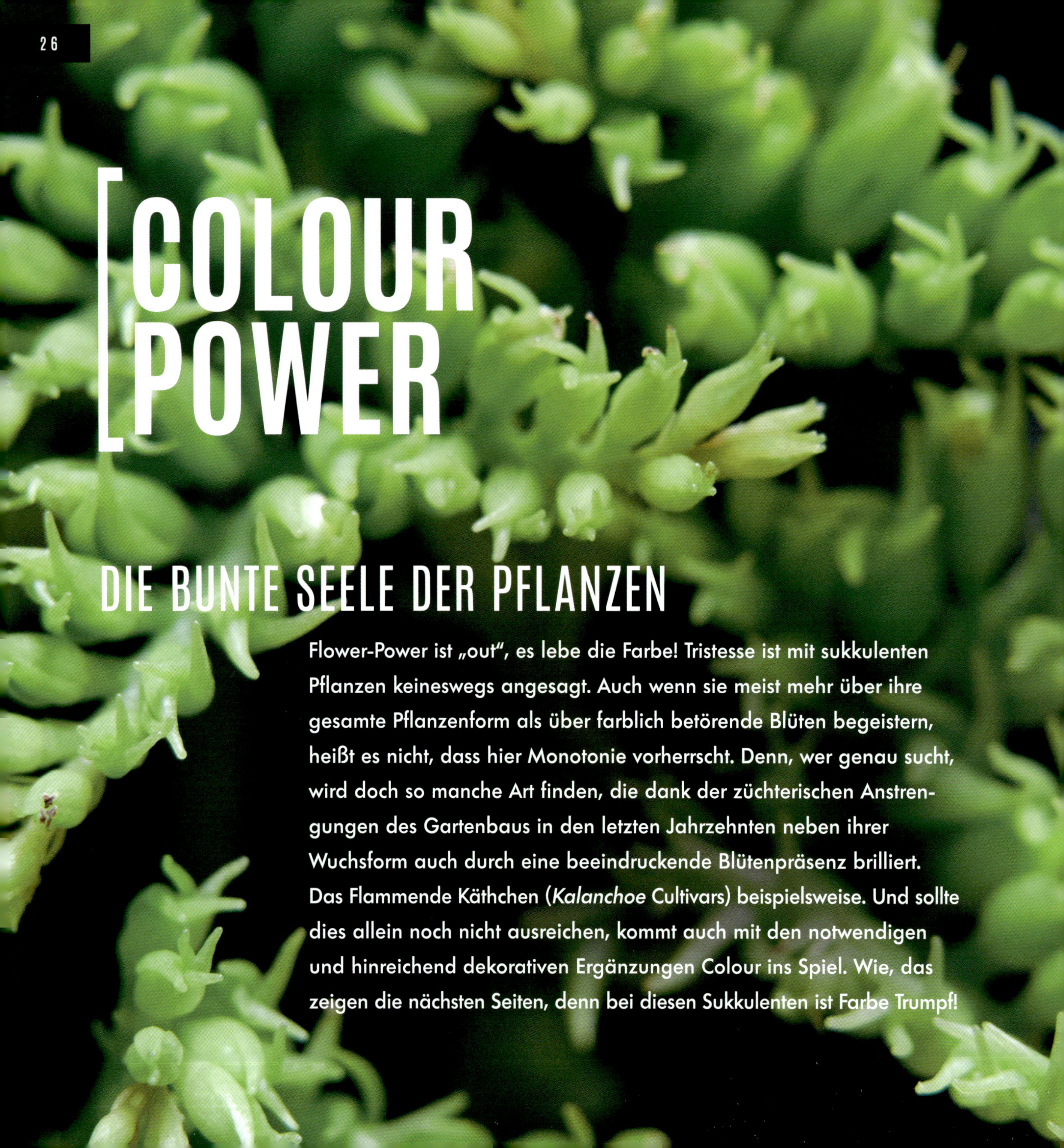

COLOUR POWER

DIE BUNTE SEELE DER PFLANZEN

Flower-Power ist „out", es lebe die Farbe! Tristesse ist mit sukkulenten Pflanzen keineswegs angesagt. Auch wenn sie meist mehr über ihre gesamte Pflanzenform als über farblich betörende Blüten begeistern, heißt es nicht, dass hier Monotonie vorherrscht. Denn, wer genau sucht, wird doch so manche Art finden, die dank der züchterischen Anstrengungen des Gartenbaus in den letzten Jahrzehnten neben ihrer Wuchsform auch durch eine beeindruckende Blütenpräsenz brilliert. Das Flammende Käthchen (*Kalanchoe* Cultivars) beispielsweise. Und sollte dies allein noch nicht ausreichen, kommt auch mit den notwendigen und hinreichend dekorativen Ergänzungen Colour ins Spiel. Wie, das zeigen die nächsten Seiten, denn bei diesen Sukkulenten ist Farbe Trumpf!

FARBE IM QUADRAT

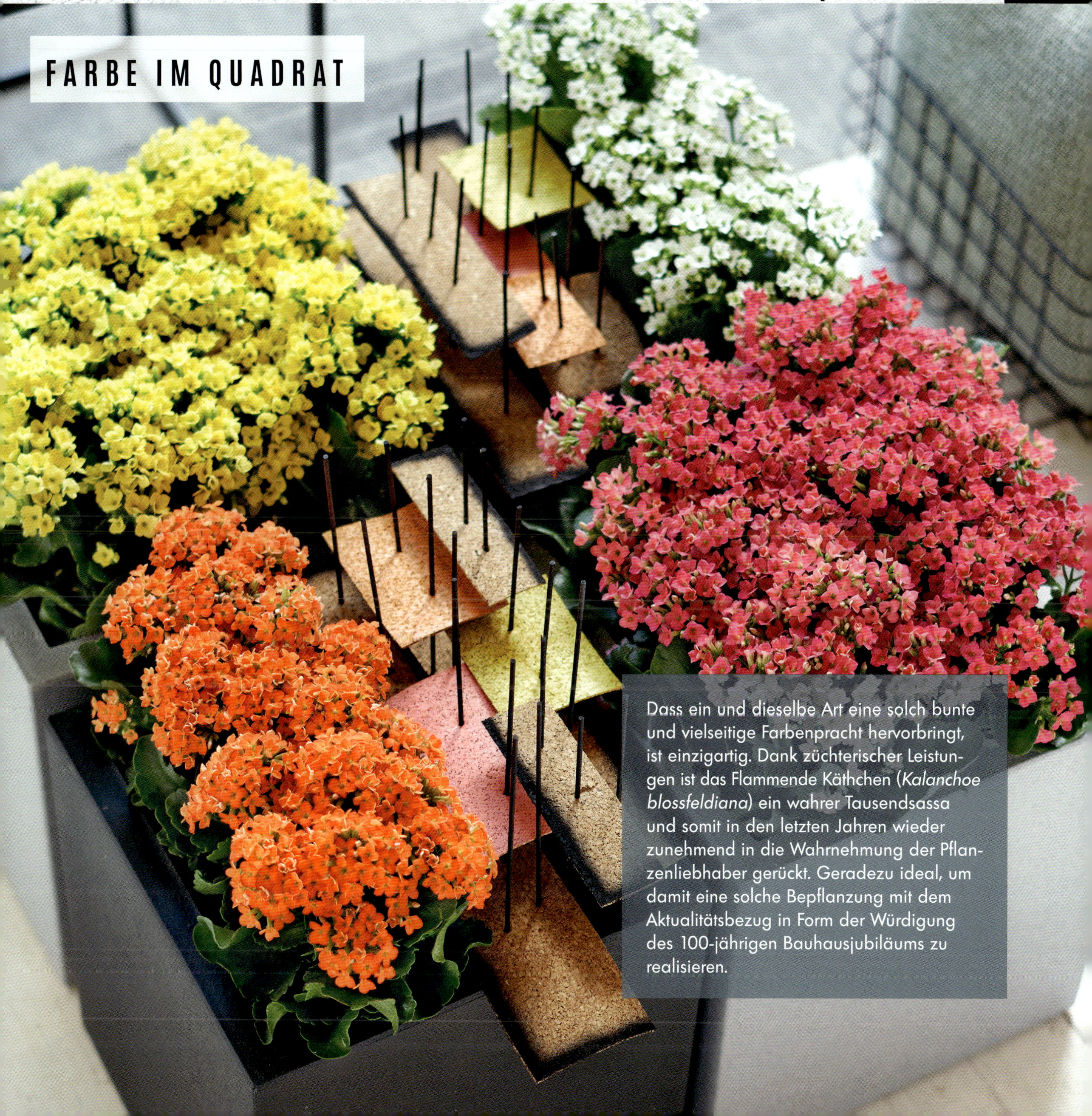

Dass ein und dieselbe Art eine solch bunte und vielseitige Farbenpracht hervorbringt, ist einzigartig. Dank züchterischer Leistungen ist das Flammende Käthchen (*Kalanchoe blossfeldiana*) ein wahrer Tausendsassa und somit in den letzten Jahren wieder zunehmend in die Wahrnehmung der Pflanzenliebhaber gerückt. Geradezu ideal, um damit eine solche Bepflanzung mit dem Aktualitätsbezug in Form der Würdigung des 100-jährigen Bauhausjubiläums zu realisieren.

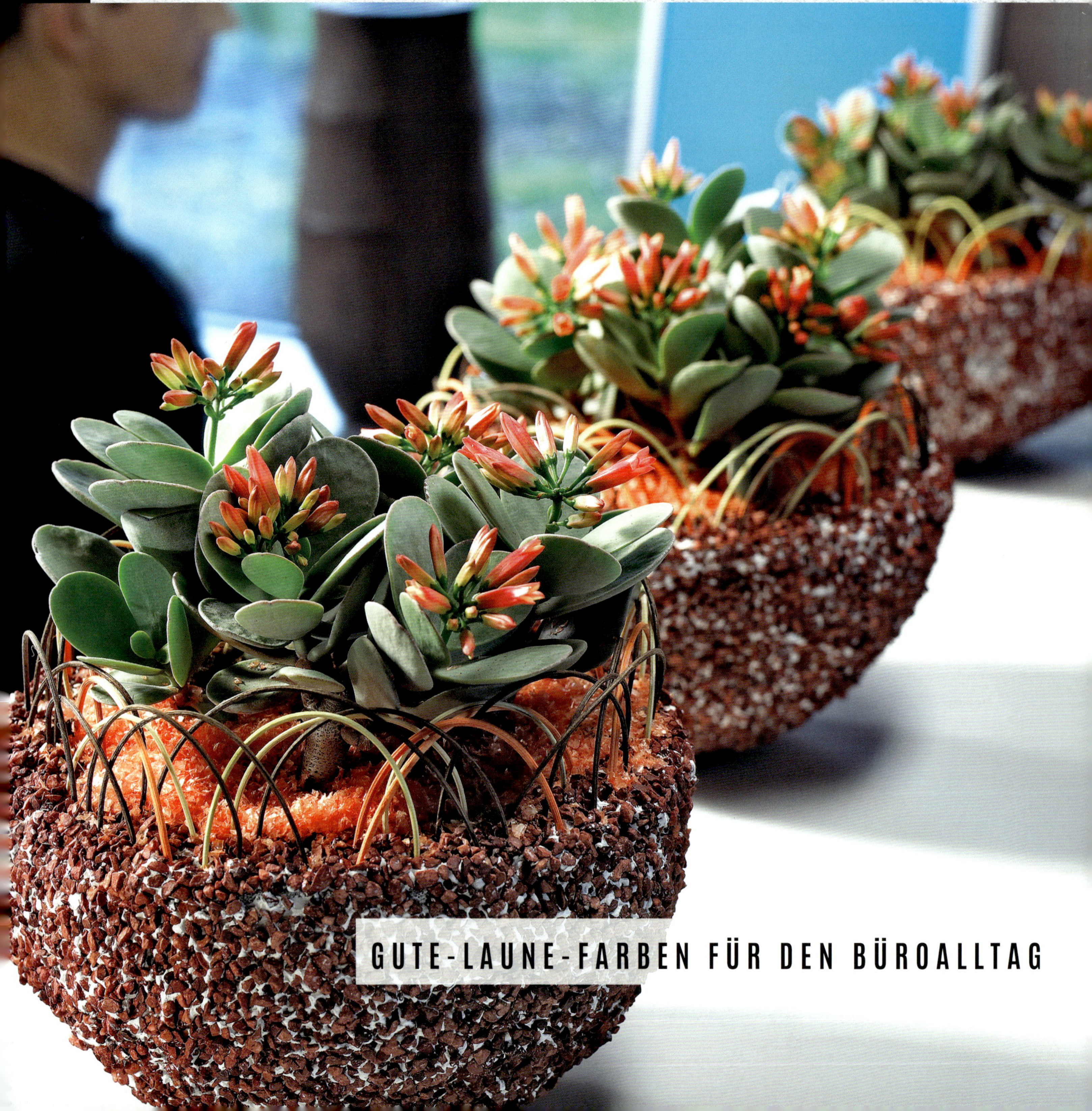

GUTE-LAUNE-FARBEN FÜR DEN BÜROALLTAG

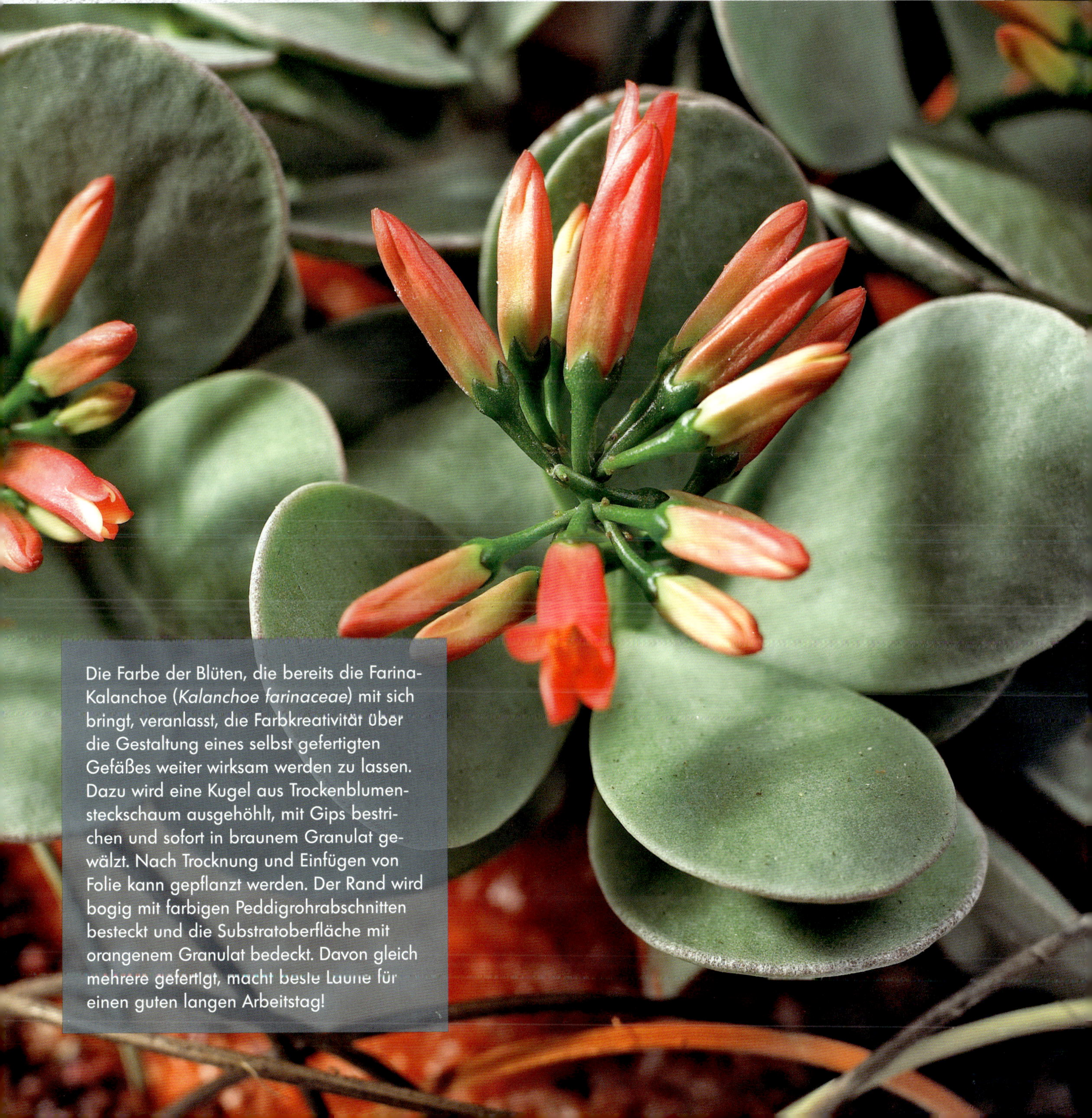

Die Farbe der Blüten, die bereits die Farina-Kalanchoe (*Kalanchoe farinaceae*) mit sich bringt, veranlasst, die Farbkreativität über die Gestaltung eines selbst gefertigten Gefäßes weiter wirksam werden zu lassen. Dazu wird eine Kugel aus Trockenblumensteckschaum ausgehöhlt, mit Gips bestrichen und sofort in braunem Granulat gewälzt. Nach Trocknung und Einfügen von Folie kann gepflanzt werden. Der Rand wird bogig mit farbigen Peddigrohrabschnitten besteckt und die Substratoberfläche mit orangenem Granulat bedeckt. Davon gleich mehrere gefertigt, macht beste Laune für einen guten langen Arbeitstag!

MALERISCH GESTALTET

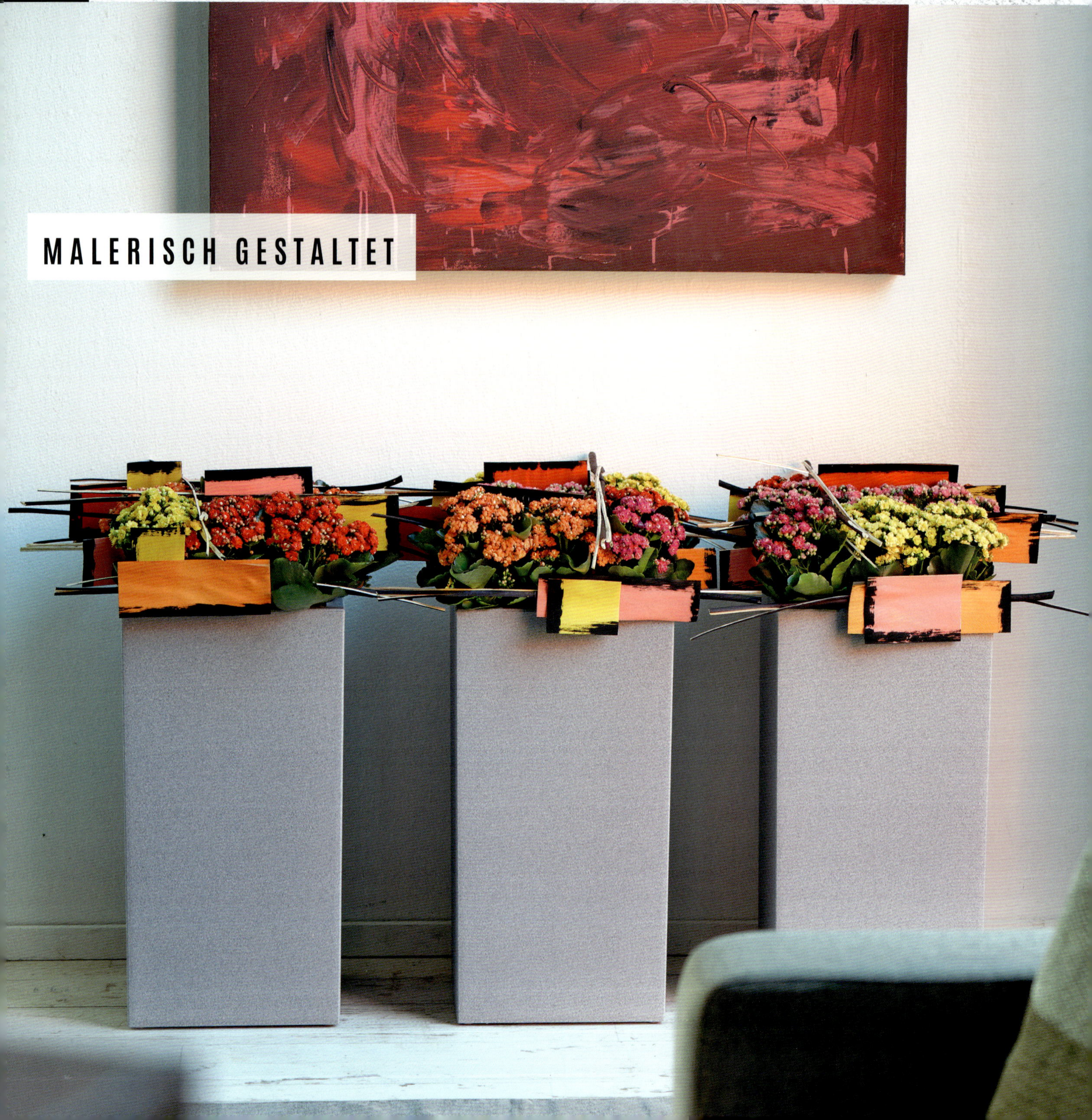

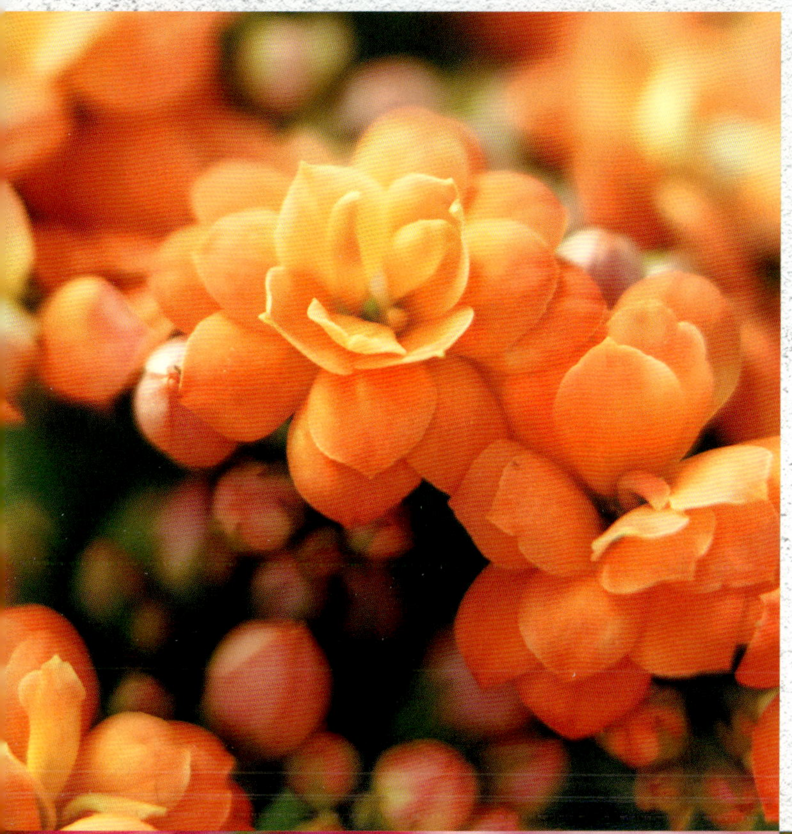

Genügsame Pflanzen, wie sie durch das sukkulent wachsende Flammende Käthchen (*Kalanchoe blossfeldiana*) repräsentiert werden, eignen sich für künstlerische Interpretationen von Bepflanzungen. Als zu den Dickblattgewächsen zählende Gattung speichern sie Wasser in den grünen Pflanzenteilen, benötigen entsprechend wenig Gießaufwand und auch seitens der Substratmenge sind sie genügsam. In diesen hüfthohen Pflanzgefäßen finden sich entsprechend flache, kleinere Pflanzeinsätze, so dass Staunässegefahr nicht gegeben ist.

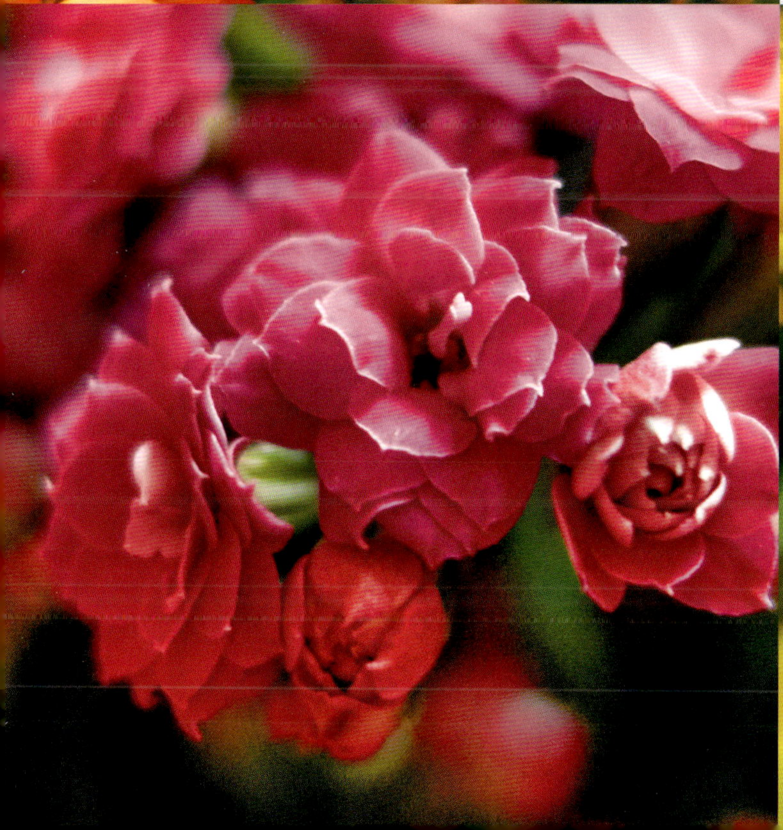

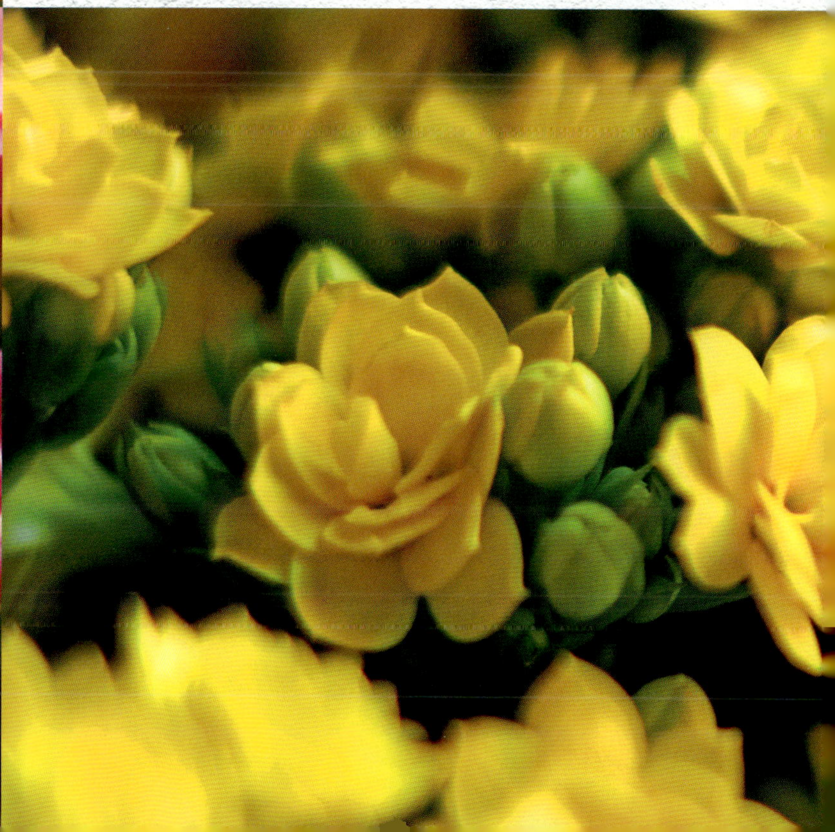

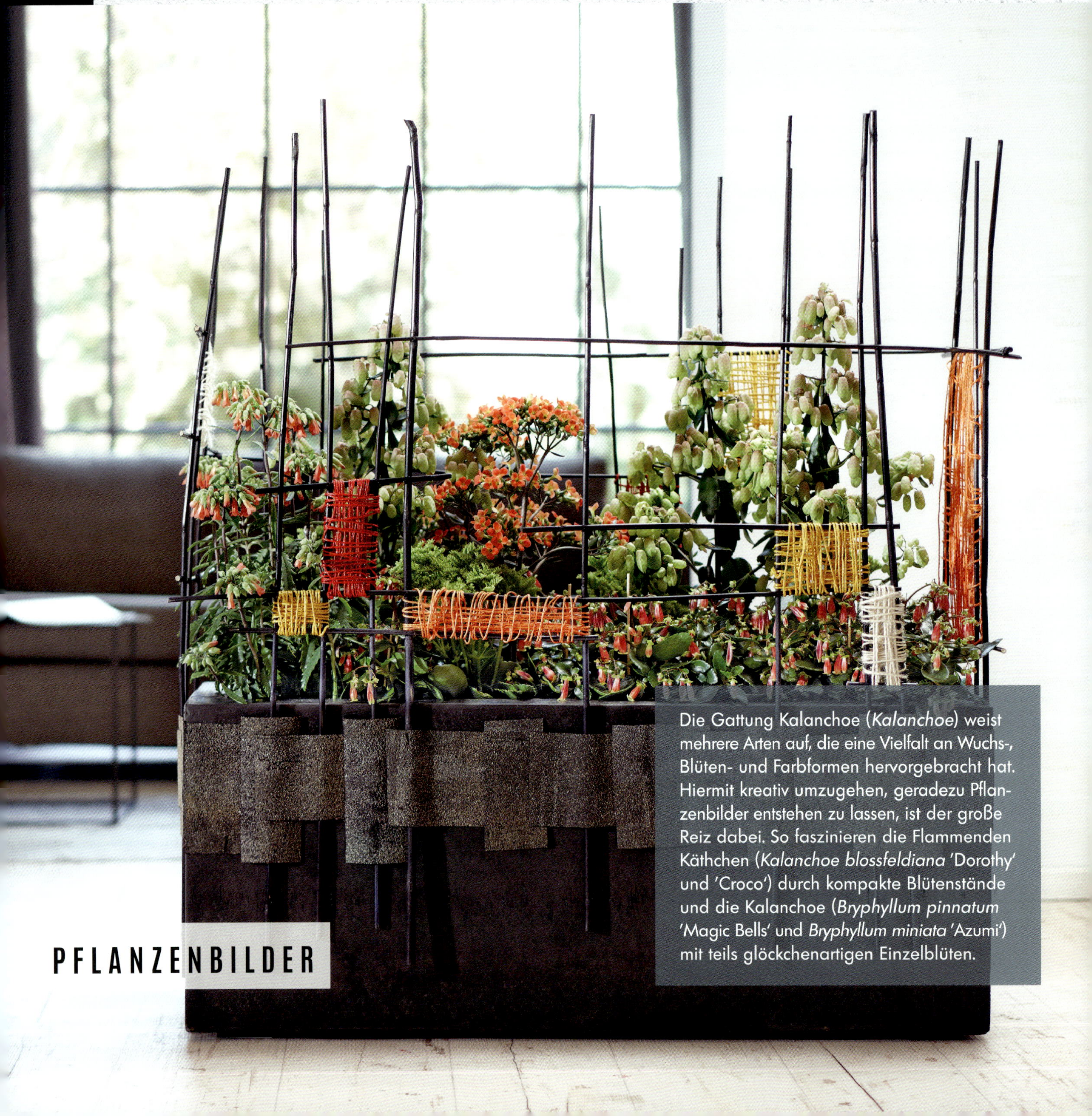

PFLANZENBILDER

Die Gattung Kalanchoe (*Kalanchoe*) weist mehrere Arten auf, die eine Vielfalt an Wuchs-, Blüten- und Farbformen hervorgebracht hat. Hiermit kreativ umzugehen, geradezu Pflanzenbilder entstehen zu lassen, ist der große Reiz dabei. So faszinieren die Flammenden Käthchen (*Kalanchoe blossfeldiana* 'Dorothy' und 'Croco') durch kompakte Blütenstände und die Kalanchoe (*Bryphyllum pinnatum* 'Magic Bells' und *Bryphyllum miniata* 'Azumi') mit teils glöckchenartigen Einzelblüten.

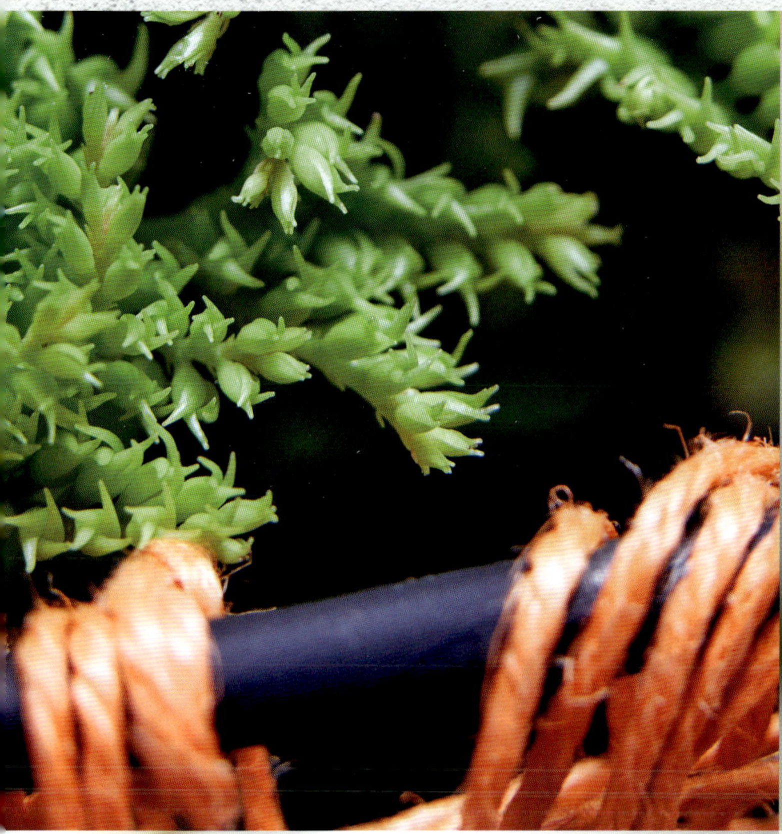

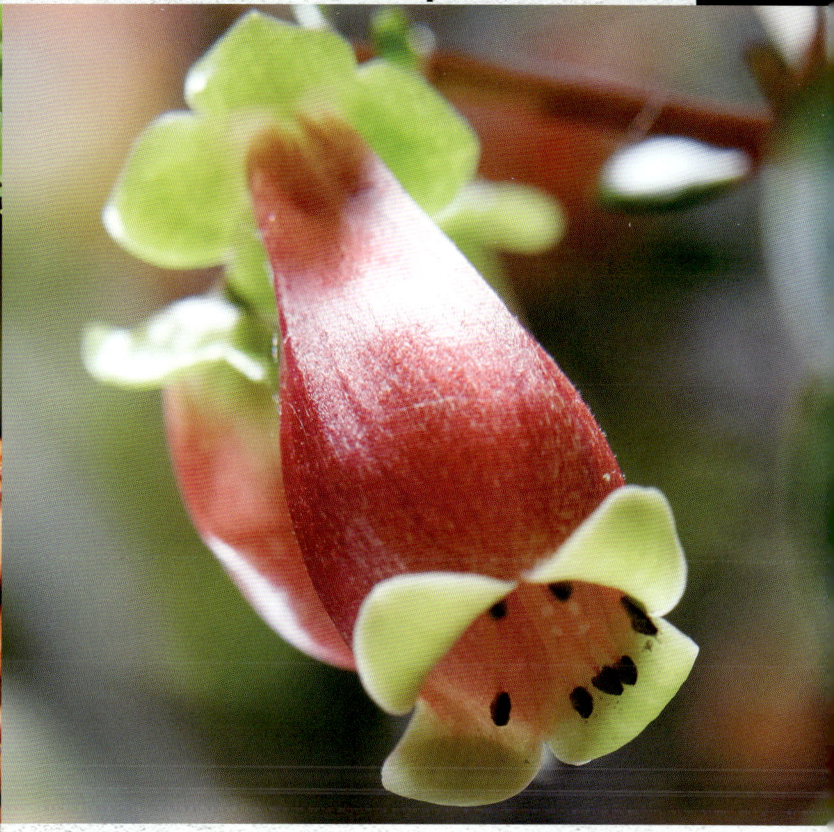

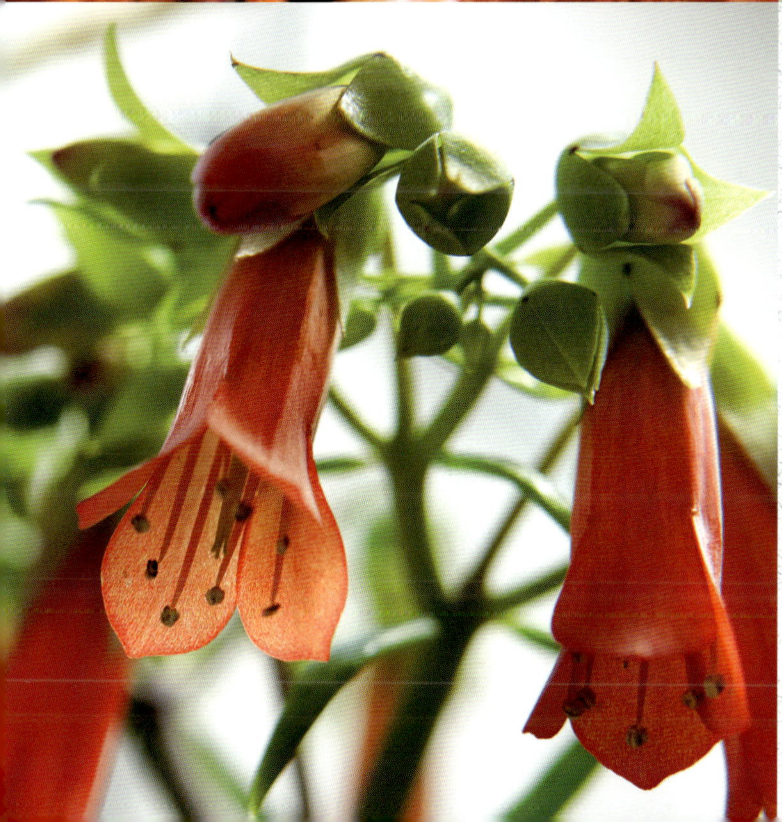

MONDRIAN LÄSST GRÜSSEN

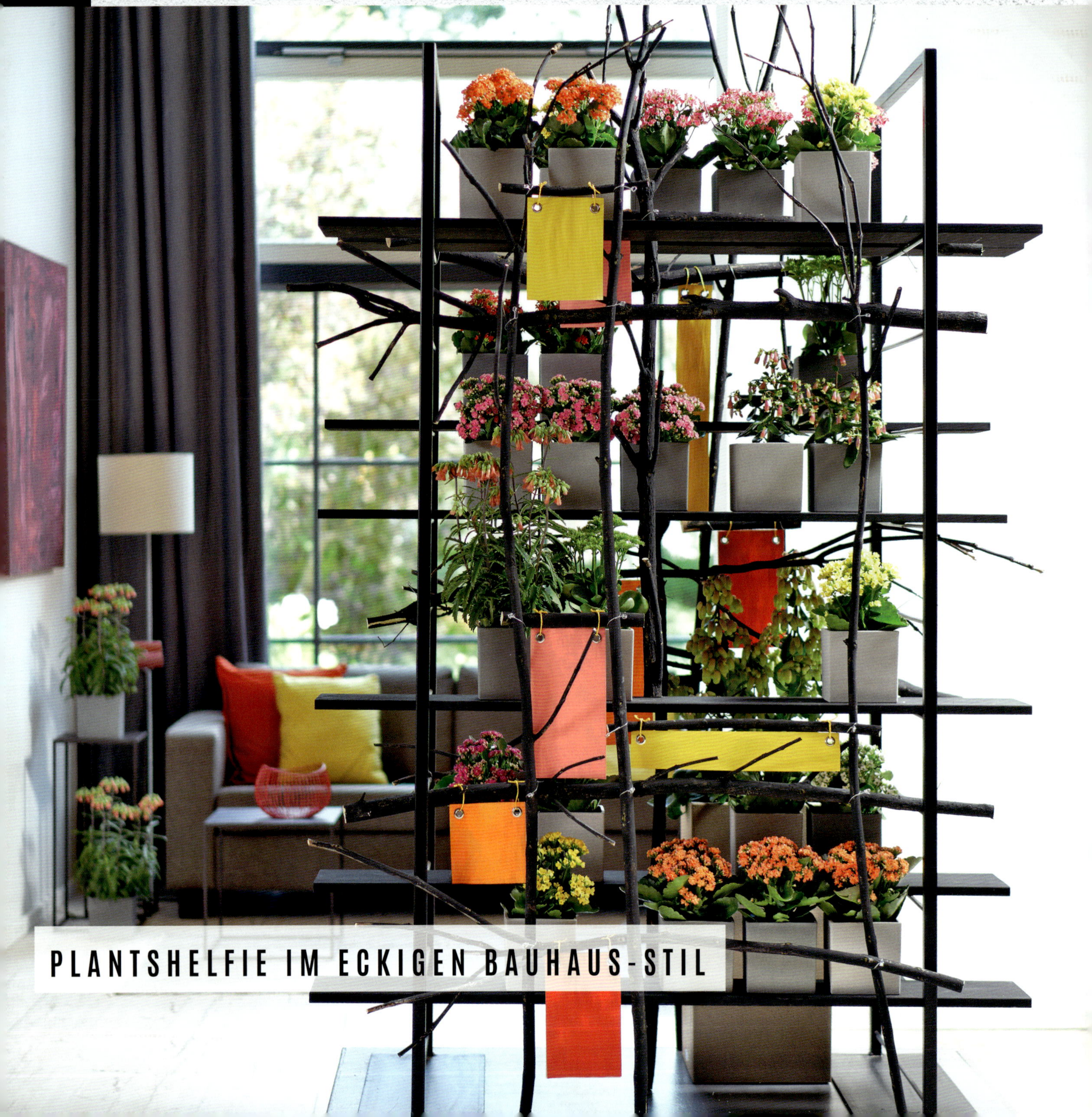

PLANTSHELFIE IM ECKIGEN BAUHAUS-STIL

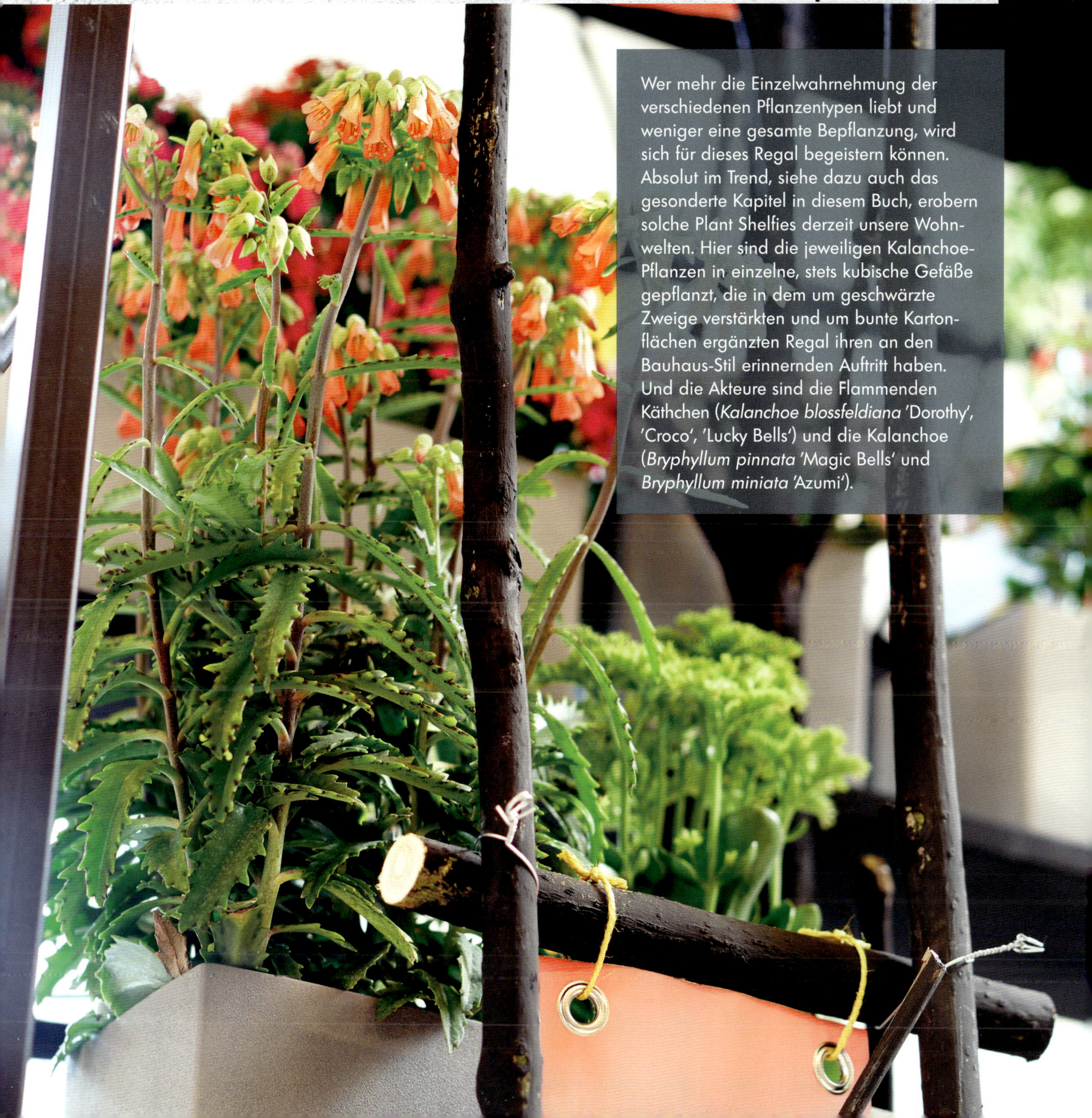

Wer mehr die Einzelwahrnehmung der verschiedenen Pflanzentypen liebt und weniger eine gesamte Bepflanzung, wird sich für dieses Regal begeistern können. Absolut im Trend, siehe dazu auch das gesonderte Kapitel in diesem Buch, erobern solche Plant Shelfies derzeit unsere Wohnwelten. Hier sind die jeweiligen Kalanchoe-Pflanzen in einzelne, stets kubische Gefäße gepflanzt, die in dem um geschwärzte Zweige verstärkten und um bunte Kartonflächen ergänzten Regal ihren an den Bauhaus-Stil erinnernden Auftritt haben. Und die Akteure sind die Flammenden Käthchen (*Kalanchoe blossfeldiana* 'Dorothy', 'Croco', 'Lucky Bells') und die Kalanchoe (*Bryphyllum pinnata* 'Magic Bells' und *Bryphyllum miniata* 'Azumi').

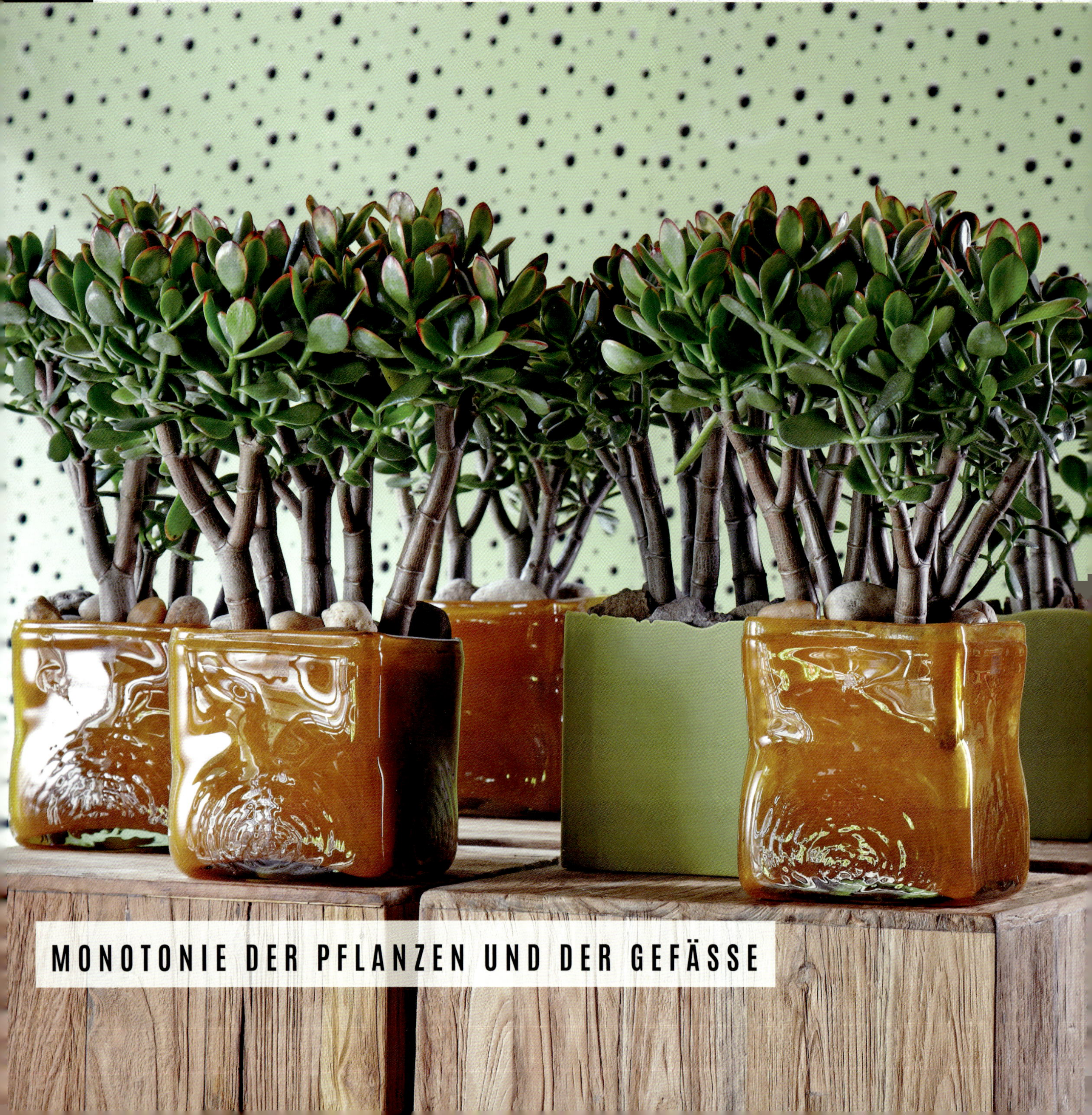

MONOTONIE DER PFLANZEN UND DER GEFÄSSE

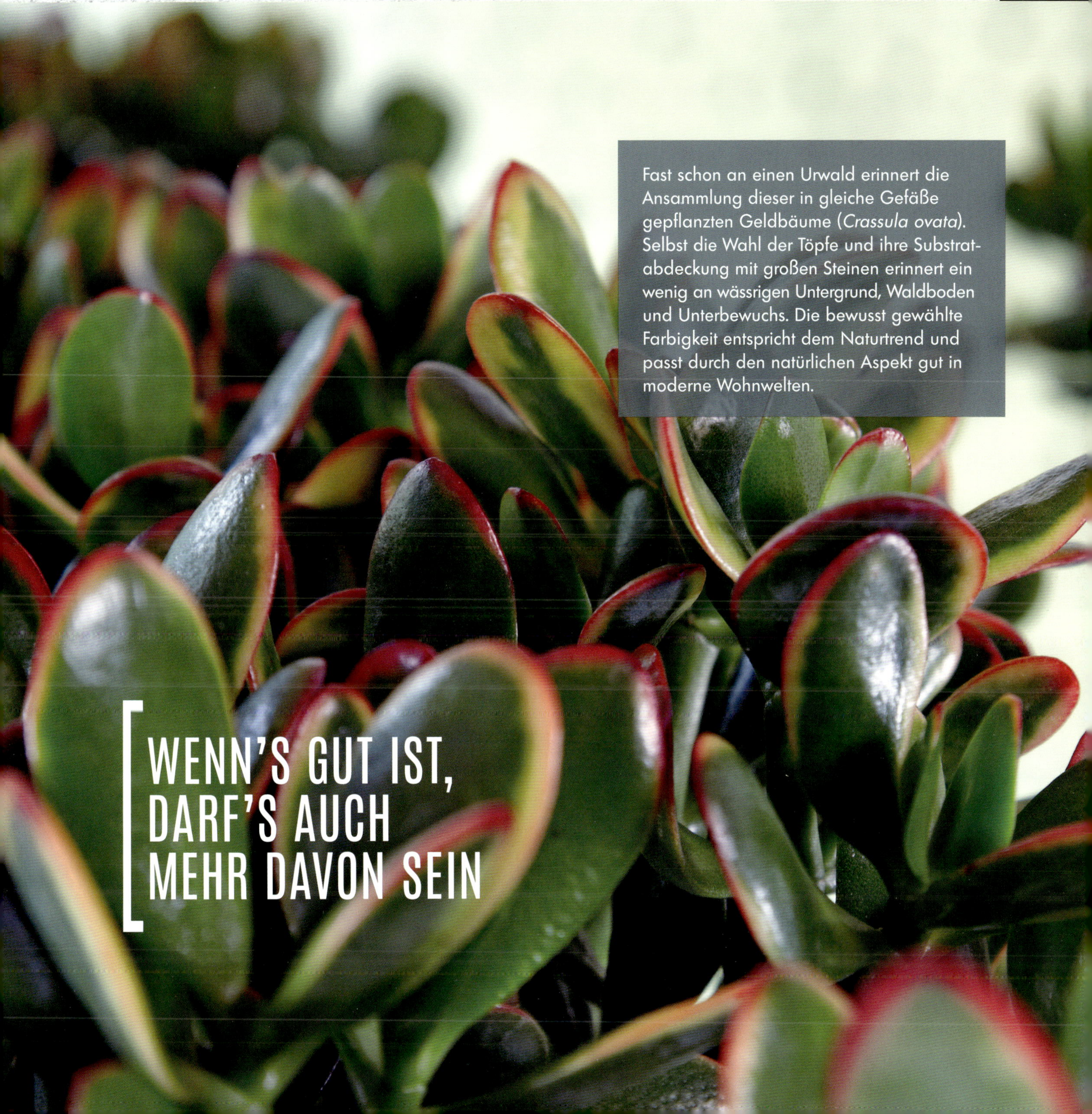

Fast schon an einen Urwald erinnert die Ansammlung dieser in gleiche Gefäße gepflanzten Geldbäume (*Crassula ovata*). Selbst die Wahl der Töpfe und ihre Substratabdeckung mit großen Steinen erinnert ein wenig an wässrigen Untergrund, Waldboden und Unterbewuchs. Die bewusst gewählte Farbigkeit entspricht dem Naturtrend und passt durch den natürlichen Aspekt gut in moderne Wohnwelten.

WENN'S GUT IST, DARF'S AUCH MEHR DAVON SEIN

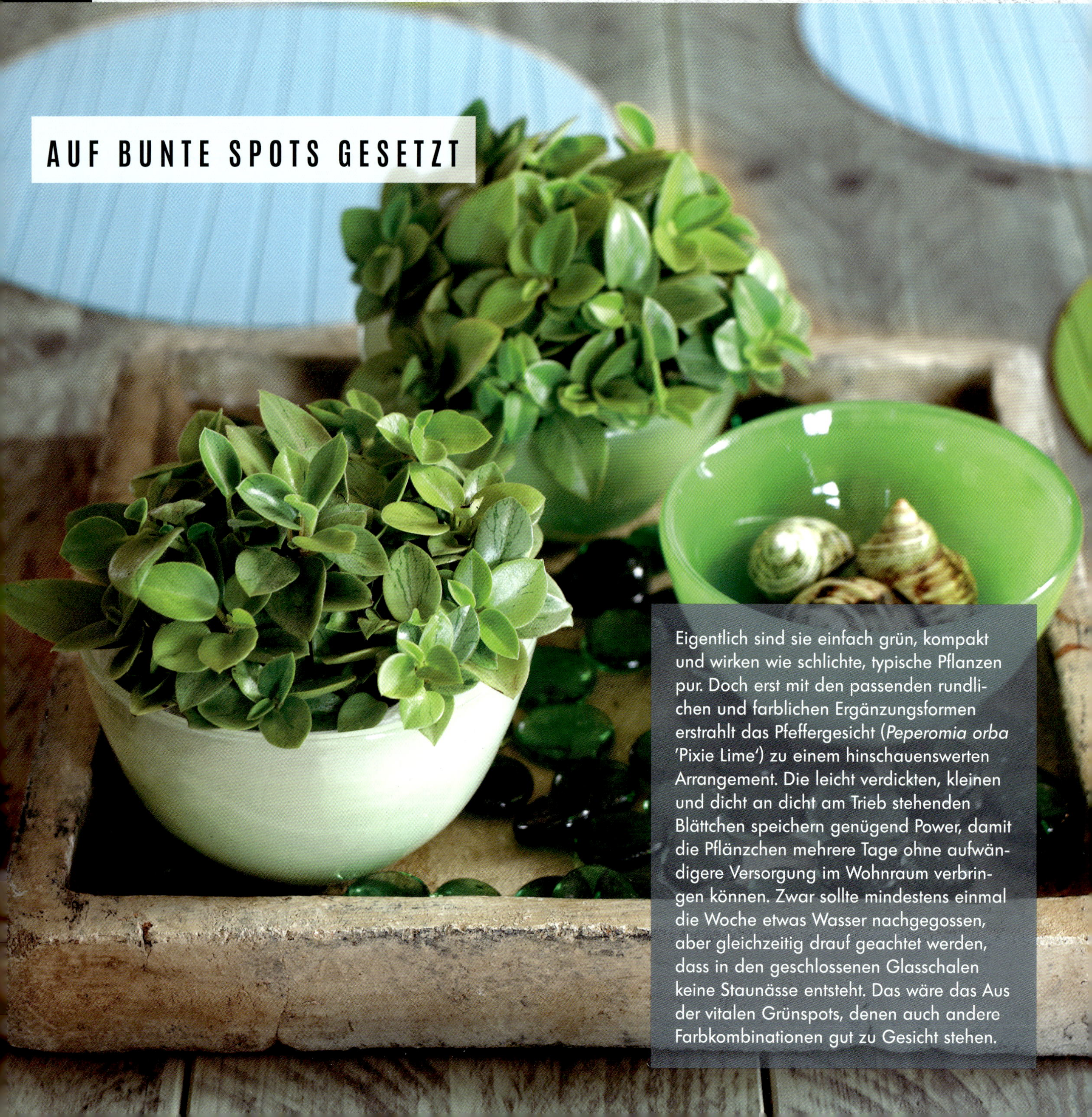

AUF BUNTE SPOTS GESETZT

Eigentlich sind sie einfach grün, kompakt und wirken wie schlichte, typische Pflanzen pur. Doch erst mit den passenden rundlichen und farblichen Ergänzungsformen erstrahlt das Pfeffergesicht (*Peperomia orba* 'Pixie Lime') zu einem hinschauenswerten Arrangement. Die leicht verdickten, kleinen und dicht an dicht am Trieb stehenden Blättchen speichern genügend Power, damit die Pflänzchen mehrere Tage ohne aufwändigere Versorgung im Wohnraum verbringen können. Zwar sollte mindestens einmal die Woche etwas Wasser nachgegossen, aber gleichzeitig drauf geachtet werden, dass in den geschlossenen Glasschalen keine Staunässe entsteht. Das wäre das Aus der vitalen Grünspots, denen auch andere Farbkombinationen gut zu Gesicht stehen.

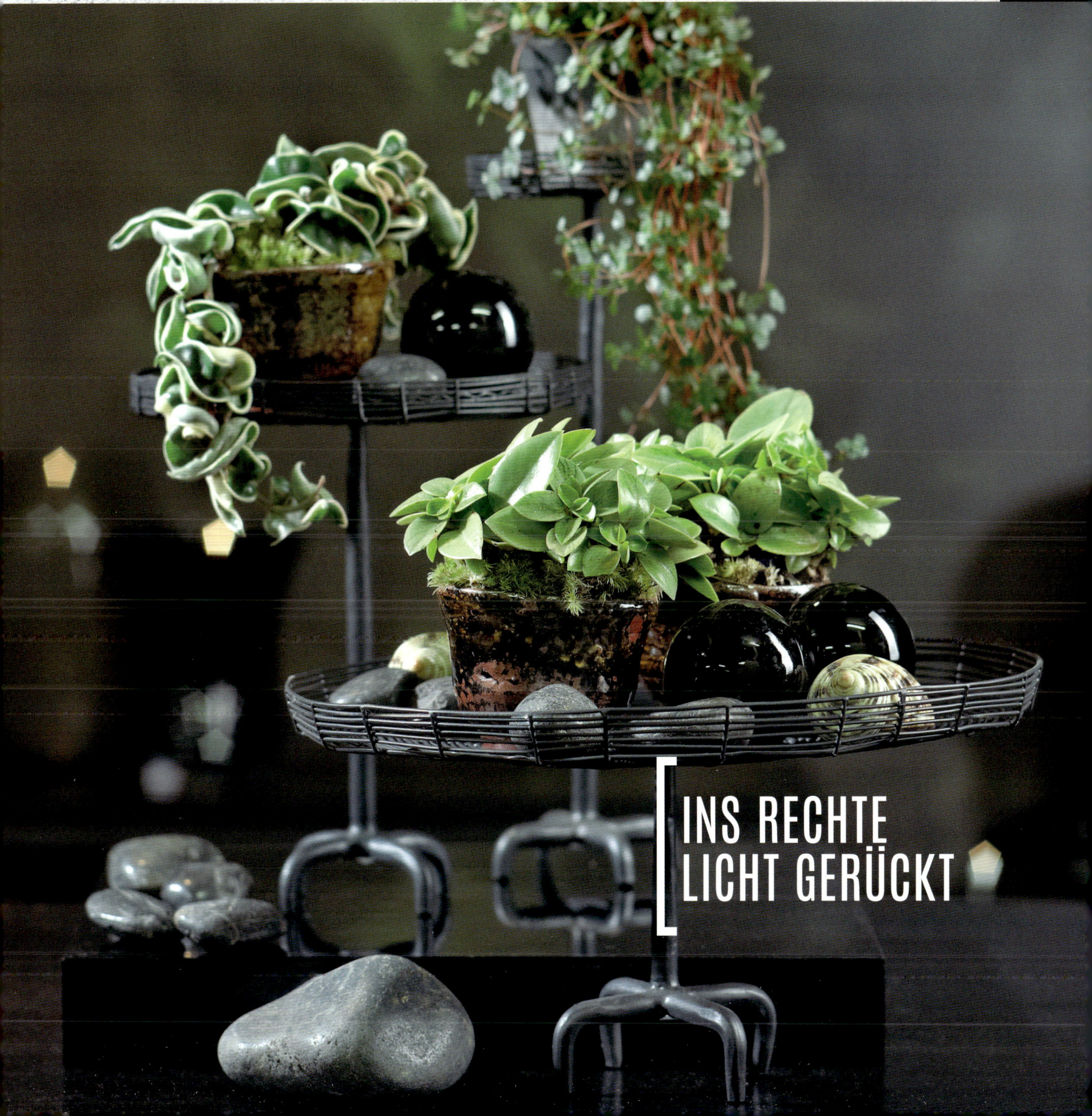

INS RECHTE LICHT GERÜCKT

PFLANZENOBJEKT MIT FARBMUT

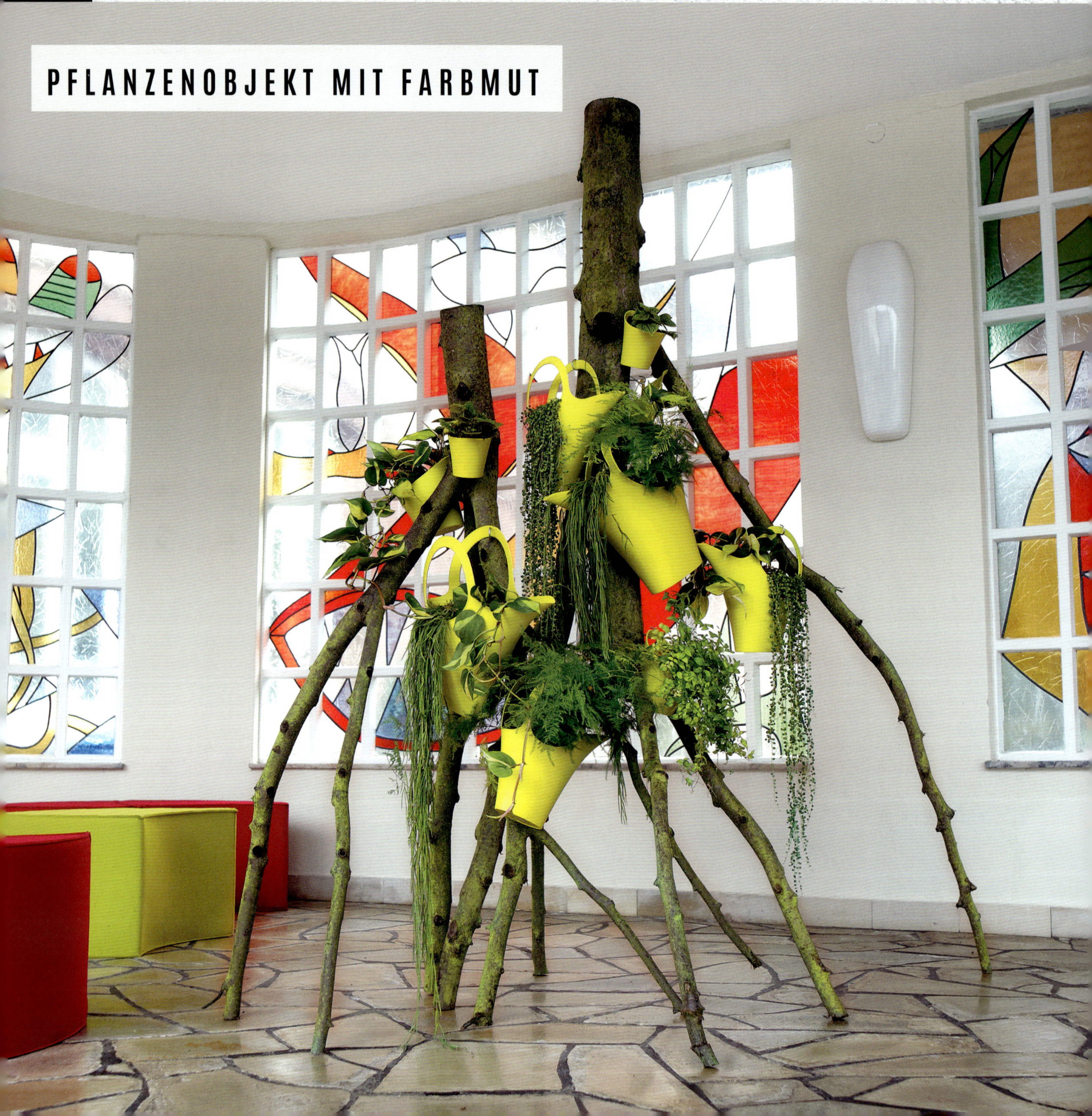

Die genügsamen, sukkulent wachsenden Pflanzenvertreter eignen sich bestens für kreative Auftritte wie hier in Plastikgießkannen. Wo andere Pflanzen aufgrund ihres Wasser- oder Pflegebedarfs an ihre Existenzgrenzen kommen, machen dies die Erbsenpflanze (*Senecio rowleyanus*), die Linealblättrige Hoya (*Hoya linearis*), der aufgrund seiner verdickten Wurzeln als Sukkulente geltende Stechwinden-Spargel (*Asparagus asparagoides*) sowie der Farnspargel (*Asparagus setaceus* 'Plumosus') problemlos mit. Dazu gesellen sich allenfalls Pflanzen mit ebenfalls sehr geringen Pflegeansprüchen wie der Philodendron (*Philodendron cordatum* 'Brasil') und die Kanonierblume (*Pilea involucrata* 'Moon Valley').

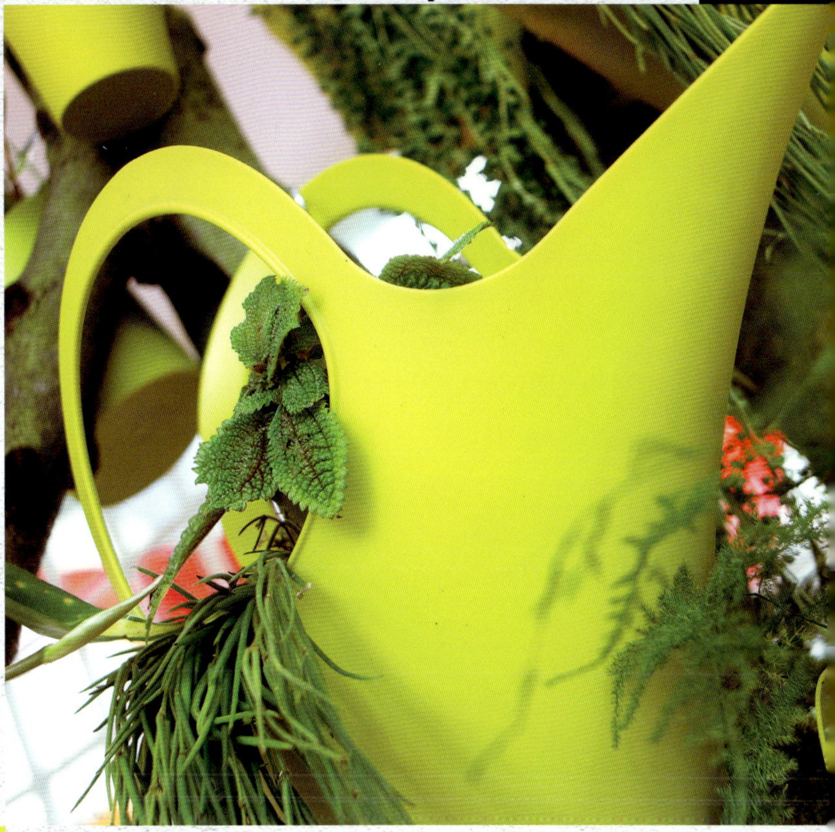

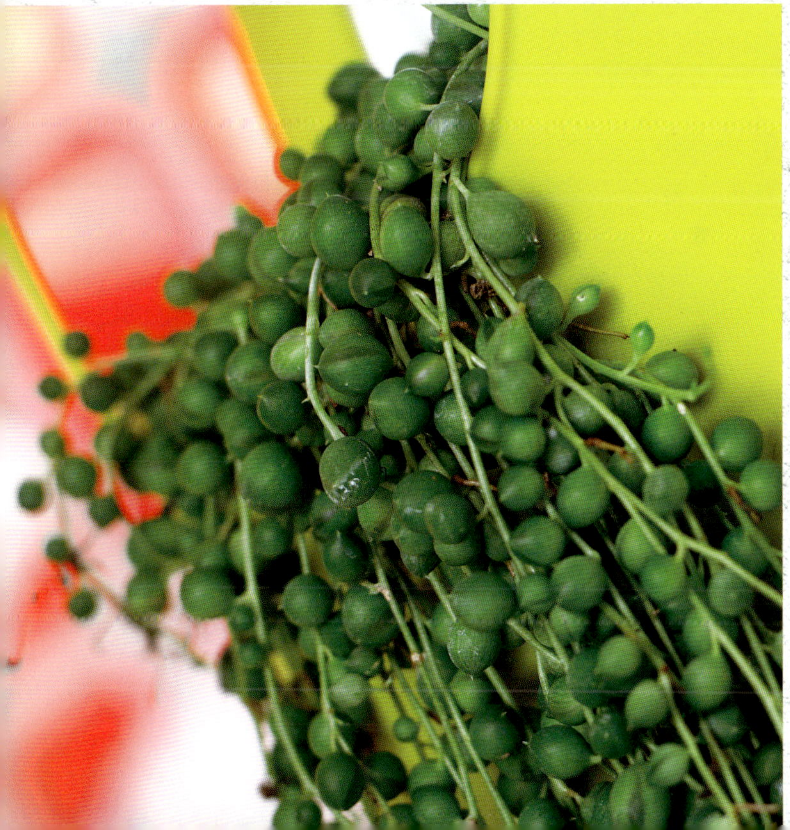

COLOUR ME BEAUTIFUL

GEFÄSSPARADE IN PINK

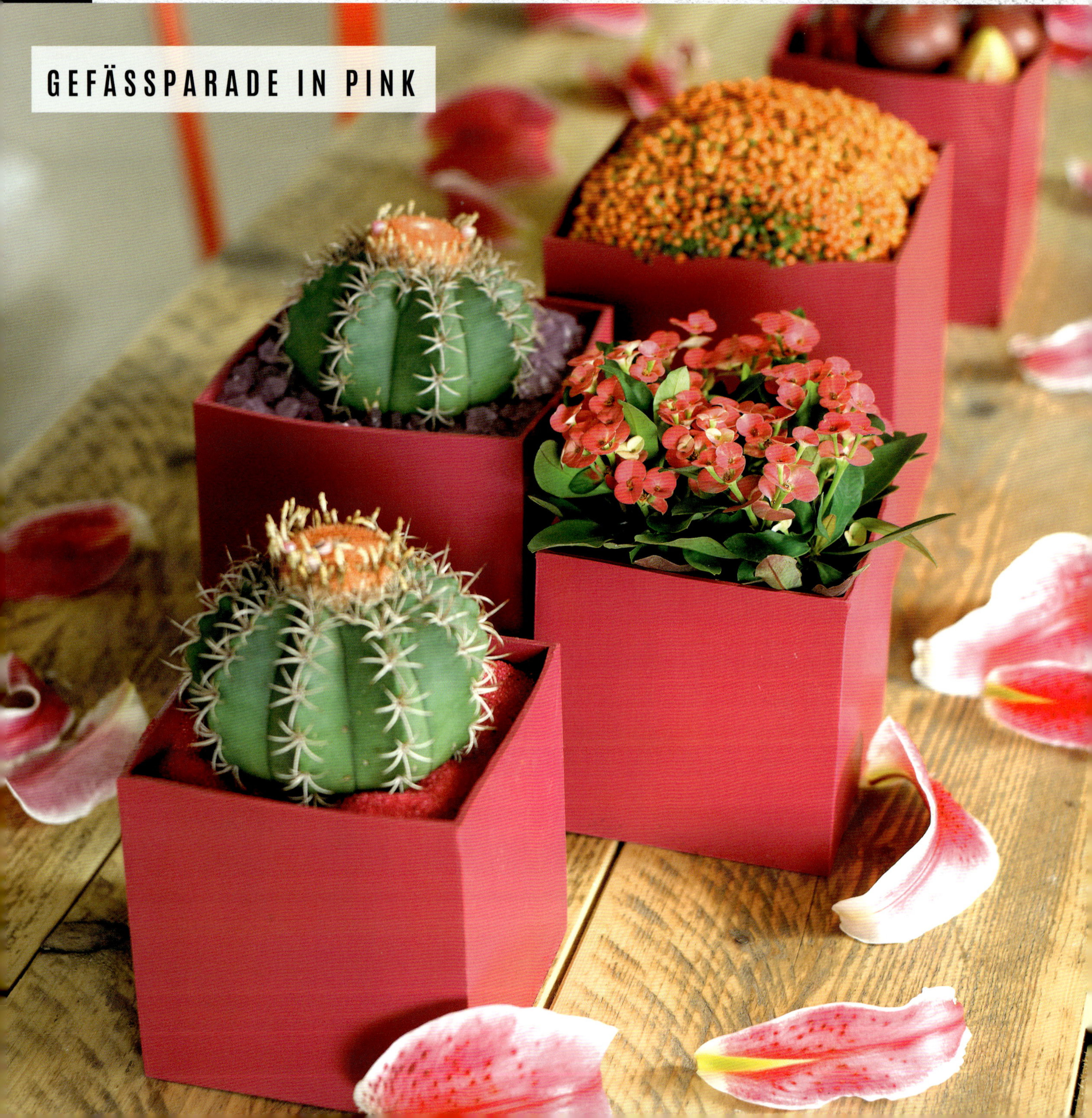

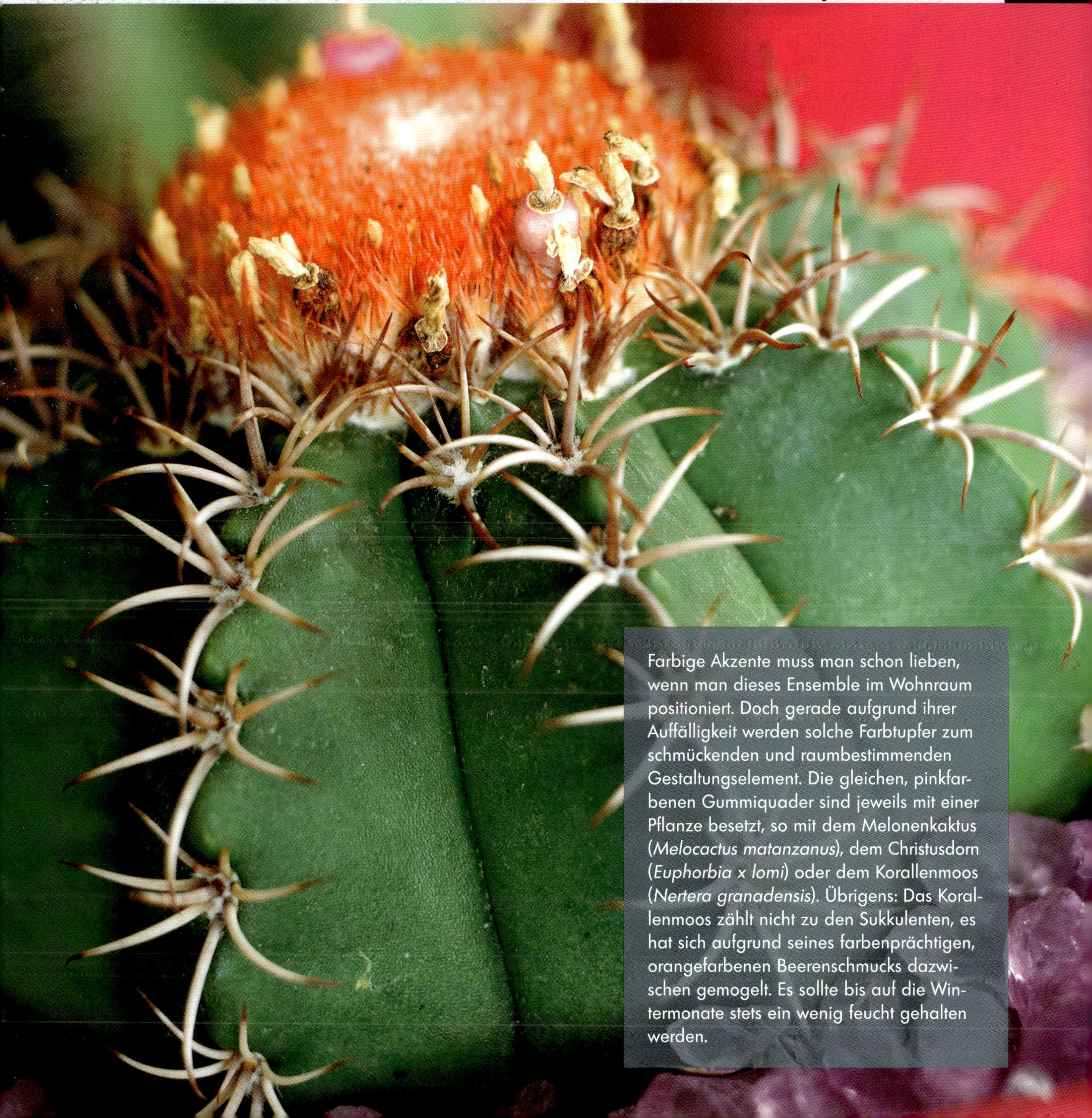

Farbige Akzente muss man schon lieben, wenn man dieses Ensemble im Wohnraum positioniert. Doch gerade aufgrund ihrer Auffälligkeit werden solche Farbtupfer zum schmückenden und raumbestimmenden Gestaltungselement. Die gleichen, pinkfarbenen Gummiquader sind jeweils mit einer Pflanze besetzt, so mit dem Melonenkaktus (*Melocactus matanzanus*), dem Christusdorn (*Euphorbia x lomi*) oder dem Korallenmoos (*Nertera granadensis*). Übrigens: Das Korallenmoos zählt nicht zu den Sukkulenten, es hat sich aufgrund seines farbenprächtigen, orangefarbenen Beerenschmucks dazwischen gemogelt. Es sollte bis auf die Wintermonate stets ein wenig feucht gehalten werden.

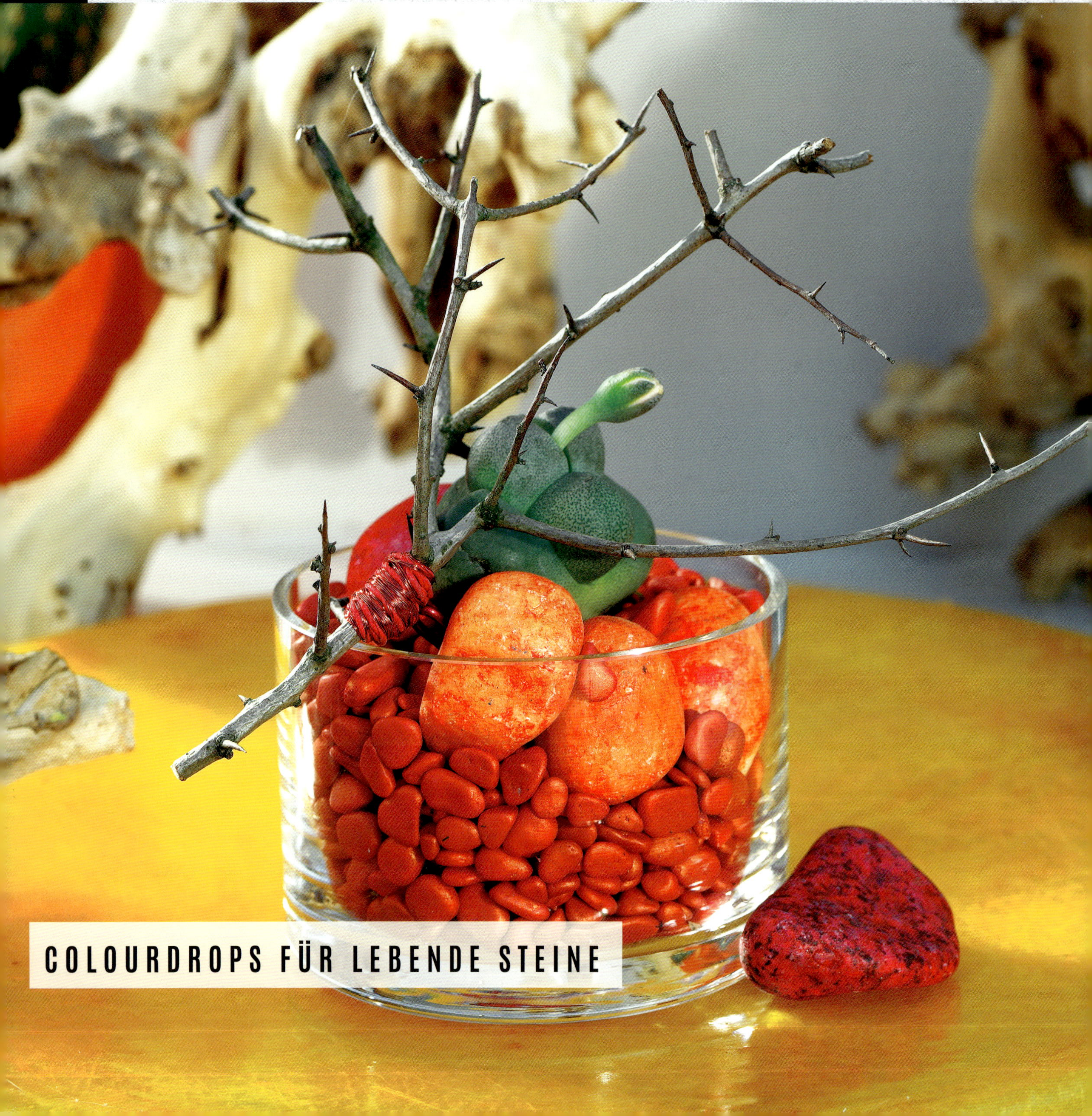

COLOURDROPS FÜR LEBENDE STEINE

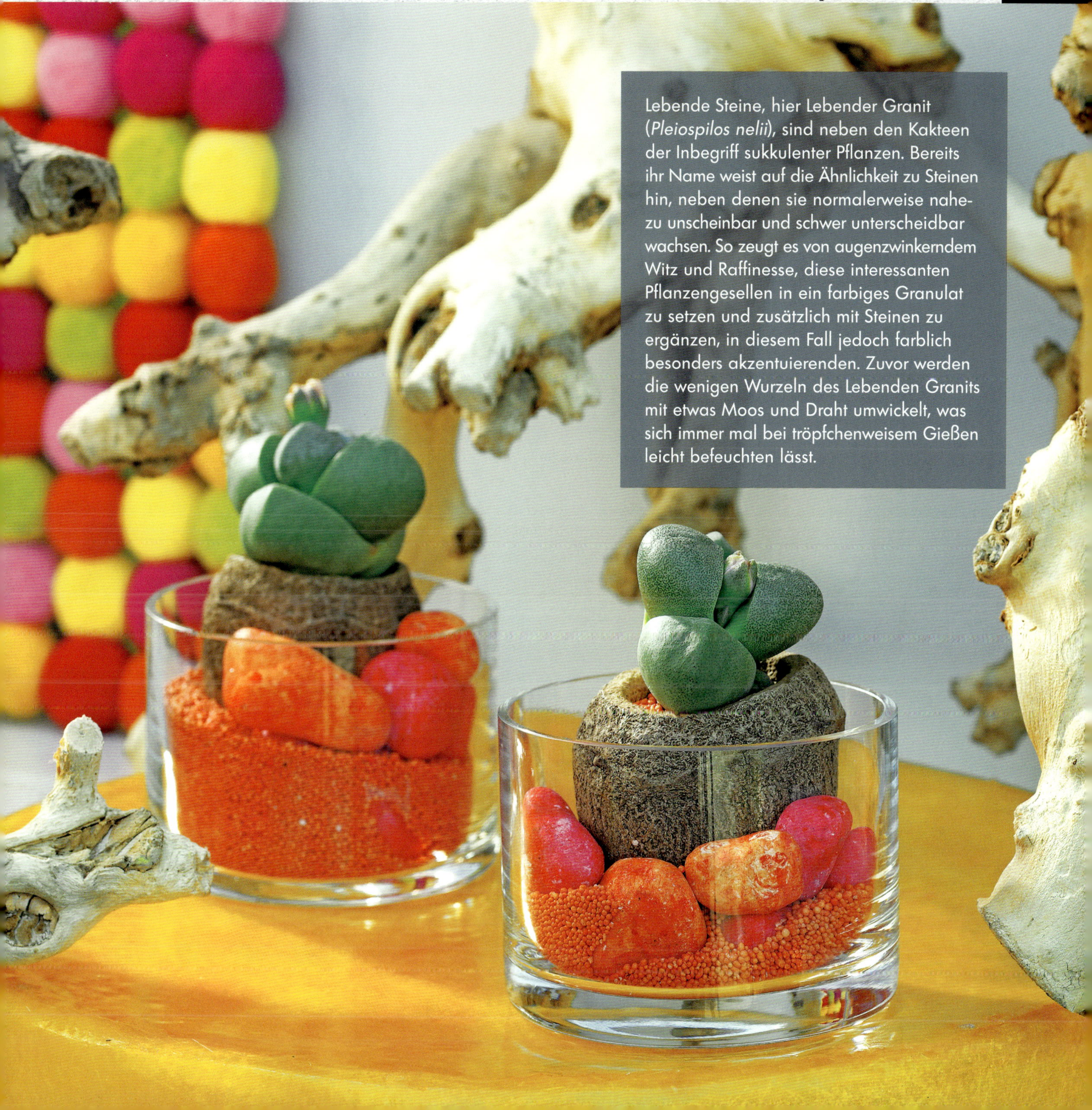

Lebende Steine, hier Lebender Granit (*Pleiospilos nelii*), sind neben den Kakteen der Inbegriff sukkulenter Pflanzen. Bereits ihr Name weist auf die Ähnlichkeit zu Steinen hin, neben denen sie normalerweise nahezu unscheinbar und schwer unterscheidbar wachsen. So zeugt es von augenzwinkerndem Witz und Raffinesse, diese interessanten Pflanzengesellen in ein farbiges Granulat zu setzen und zusätzlich mit Steinen zu ergänzen, in diesem Fall jedoch farblich besonders akzentuierenden. Zuvor werden die wenigen Wurzeln des Lebenden Granits mit etwas Moos und Draht umwickelt, was sich immer mal bei tröpfchenweisem Gießen leicht befeuchten lässt.

[PLANT SHELFIES

BEGRÜNTE REGALE

Sie sind die neuen Wohnraumstatisten: die mit grünem Leben besetzten Regale oder Möbeloberflächen. Plant Shelfies ist ihre Bezeichnung, die liebevoll mit dem Begriff des Selfies spielt, des von sich selbst gemachten und durch die Social-Media-Kanäle geteilten Bildes. Denn man zeigt sie gerne, seine Raumteiler, Wandvorsteher oder Sideboards, auf denen sich das grüne Sammelsurium der geliebten Pflanzen tummelt. Ob mit anderen Accessoires oder ohne Begleiter und schöne ausstellenswerte Dinge bleibt jedem selbst überlassen. In jedem Fall bieten die Plant Shelfies einen raumbestimmenden, attraktiven Anblick und werden somit recht unmittelbar zur grünen Seele des Raumes.

DER LOGENPLATZ, WENN'S MITTENDRIN SEIN SOLL

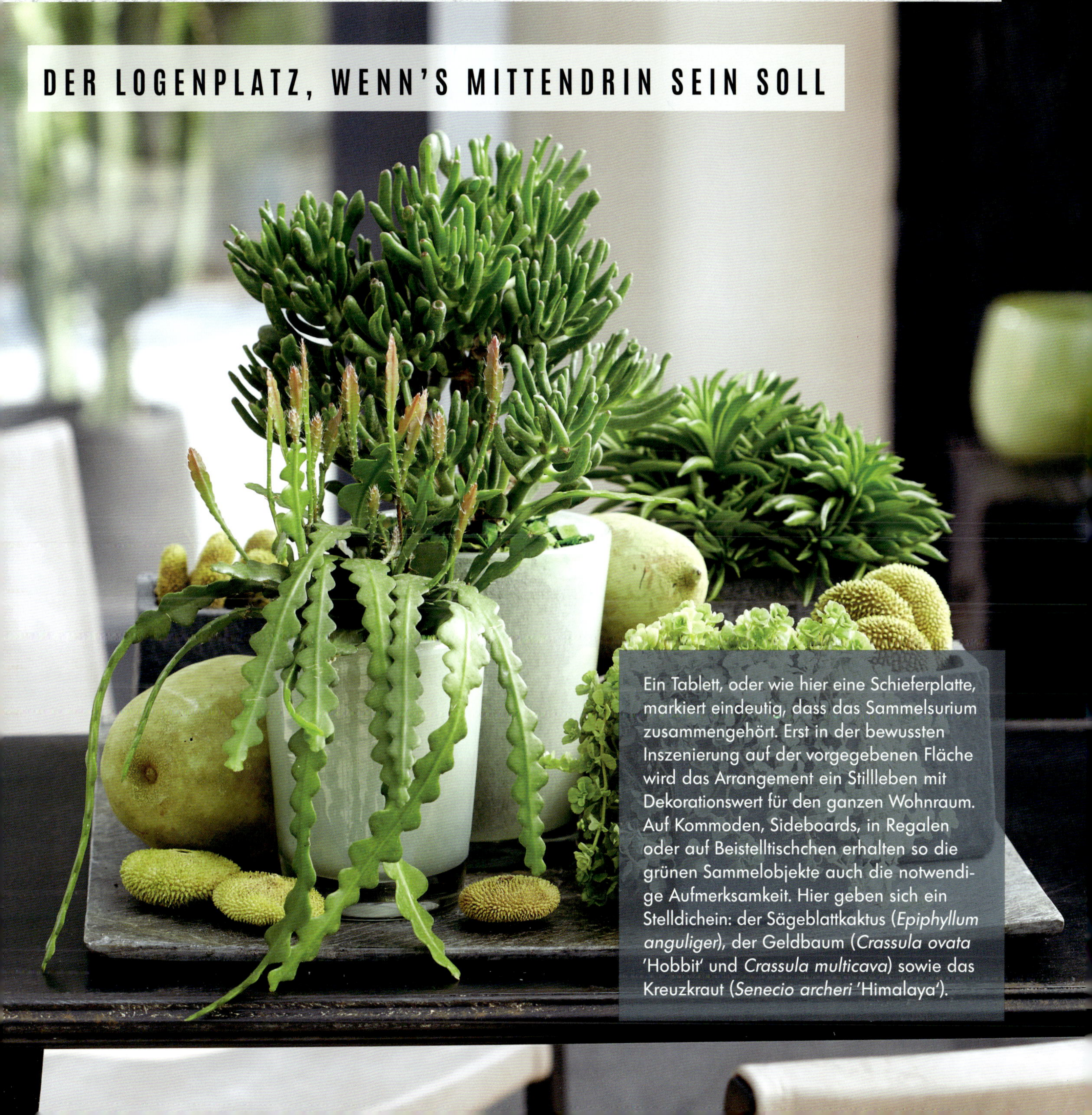

Ein Tablett, oder wie hier eine Schieferplatte, markiert eindeutig, dass das Sammelsurium zusammengehört. Erst in der bewussten Inszenierung auf der vorgegebenen Fläche wird das Arrangement ein Stillleben mit Dekorationswert für den ganzen Wohnraum. Auf Kommoden, Sideboards, in Regalen oder auf Beistelltischchen erhalten so die grünen Sammelobjekte auch die notwendige Aufmerksamkeit. Hier geben sich ein Stelldichein: der Sägeblattkaktus (*Epiphyllum anguliger*), der Geldbaum (*Crassula ovata* 'Hobbit' und *Crassula multicava*) sowie das Kreuzkraut (*Senecio archeri* 'Himalaya').

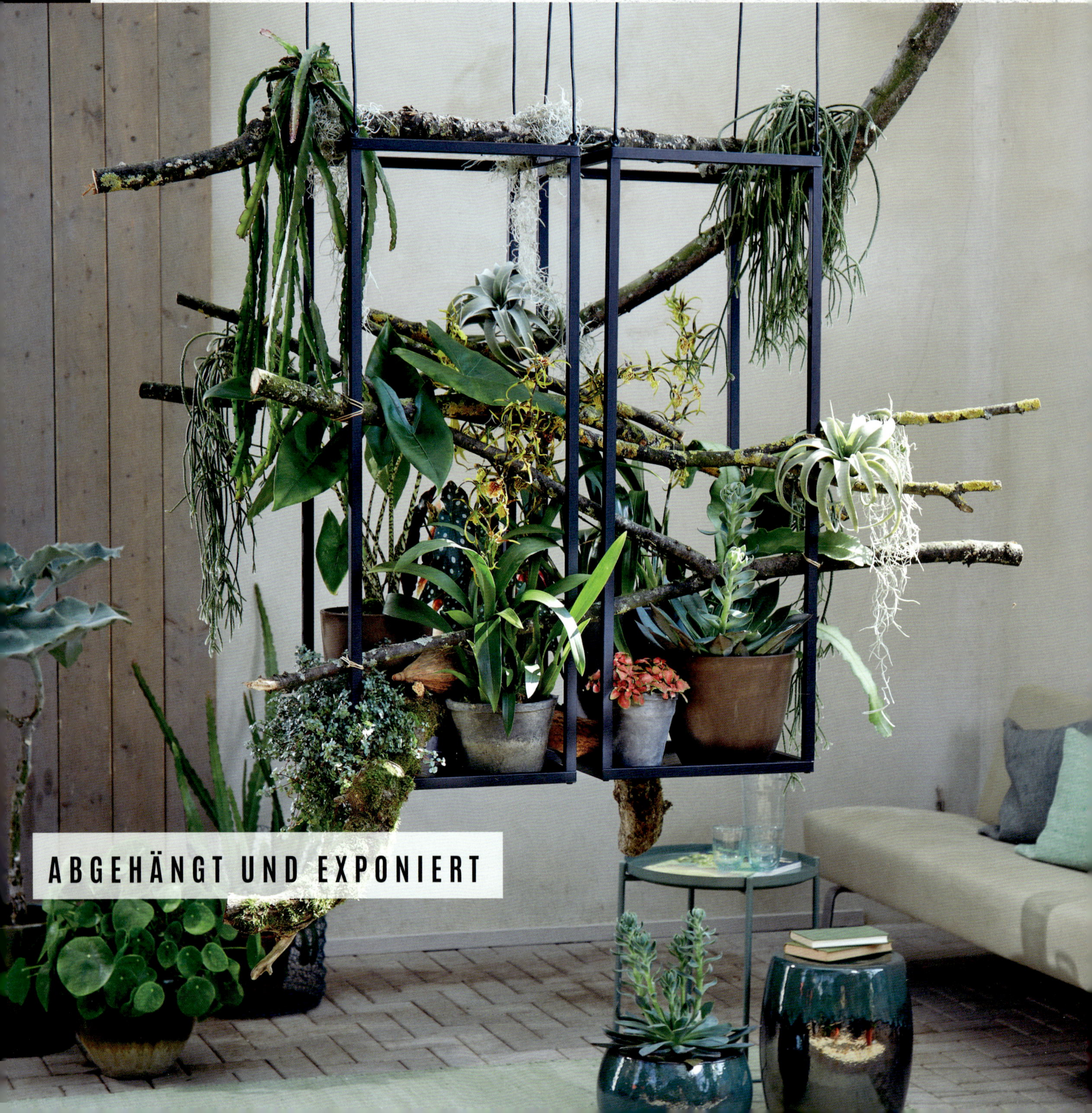

ABGEHÄNGT UND EXPONIERT

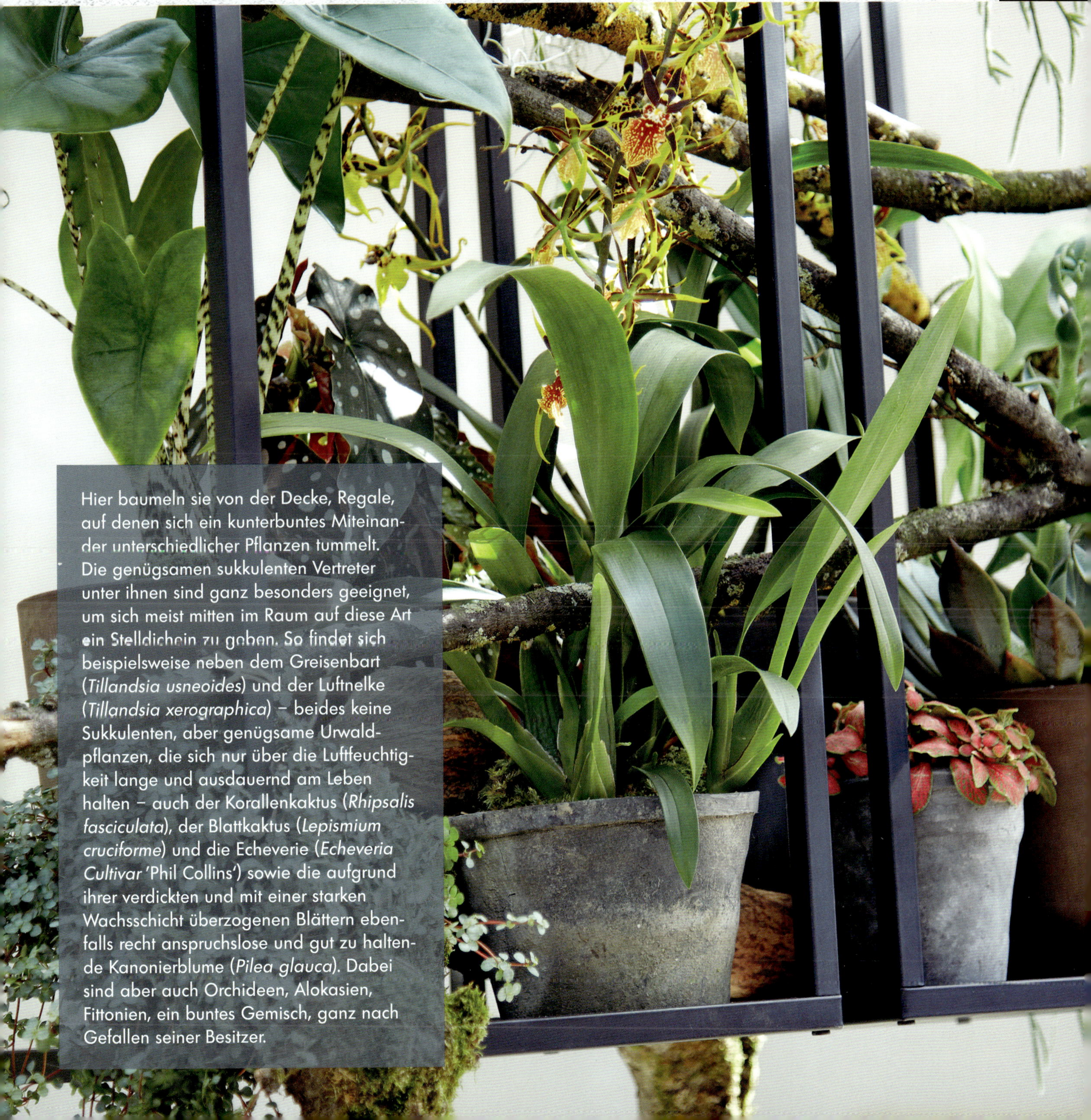

Hier baumeln sie von der Decke, Regale, auf denen sich ein kunterbuntes Miteinander unterschiedlicher Pflanzen tummelt. Die genügsamen sukkulenten Vertreter unter ihnen sind ganz besonders geeignet, um sich meist mitten im Raum auf diese Art ein Stelldichein zu geben. So findet sich beispielsweise neben dem Greisenbart (*Tillandsia usneoides*) und der Luftnelke (*Tillandsia xerographica*) – beides keine Sukkulenten, aber genügsame Urwaldpflanzen, die sich nur über die Luftfeuchtigkeit lange und ausdauernd am Leben halten – auch der Korallenkaktus (*Rhipsalis fasciculata*), der Blattkaktus (*Lepismium cruciforme*) und die Echeverie (*Echeveria Cultivar* 'Phil Collins') sowie die aufgrund ihrer verdickten und mit einer starken Wachsschicht überzogenen Blättern ebenfalls recht anspruchslose und gut zu haltende Kanonierblume (*Pilea glauca*). Dabei sind aber auch Orchideen, Alokasien, Fittonien, ein buntes Gemisch, ganz nach Gefallen seiner Besitzer.

KUNTERBUNTES VIELPFLANZENGEMISCH

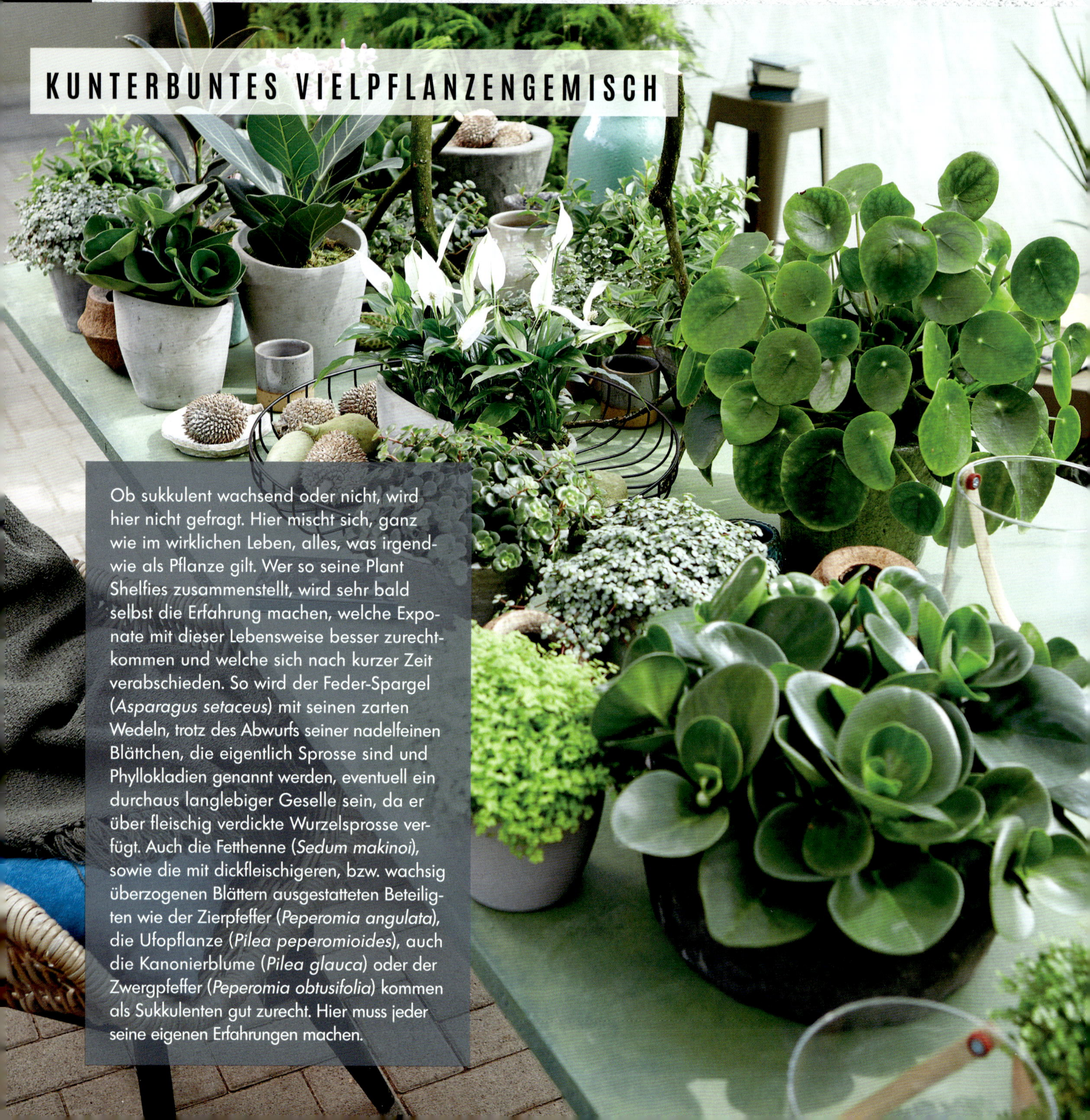

Ob sukkulent wachsend oder nicht, wird hier nicht gefragt. Hier mischt sich, ganz wie im wirklichen Leben, alles, was irgendwie als Pflanze gilt. Wer so seine Plant Shelfies zusammenstellt, wird sehr bald selbst die Erfahrung machen, welche Exponate mit dieser Lebensweise besser zurechtkommen und welche sich nach kurzer Zeit verabschieden. So wird der Feder-Spargel (*Asparagus setaceus*) mit seinen zarten Wedeln, trotz des Abwurfs seiner nadelfeinen Blättchen, die eigentlich Sprosse sind und Phyllokladien genannt werden, eventuell ein durchaus langlebiger Geselle sein, da er über fleischig verdickte Wurzelsprosse verfügt. Auch die Fetthenne (*Sedum makinoi*), sowie die mit dickfleischigeren, bzw. wachsig überzogenen Blättern ausgestatteten Beteiligten wie der Zierpfeffer (*Peperomia angulata*), die Ufopflanze (*Pilea peperomioides*), auch die Kanonierblume (*Pilea glauca*) oder der Zwergpfeffer (*Peperomia obtusifolia*) kommen als Sukkulenten gut zurecht. Hier muss jeder seine eigenen Erfahrungen machen.

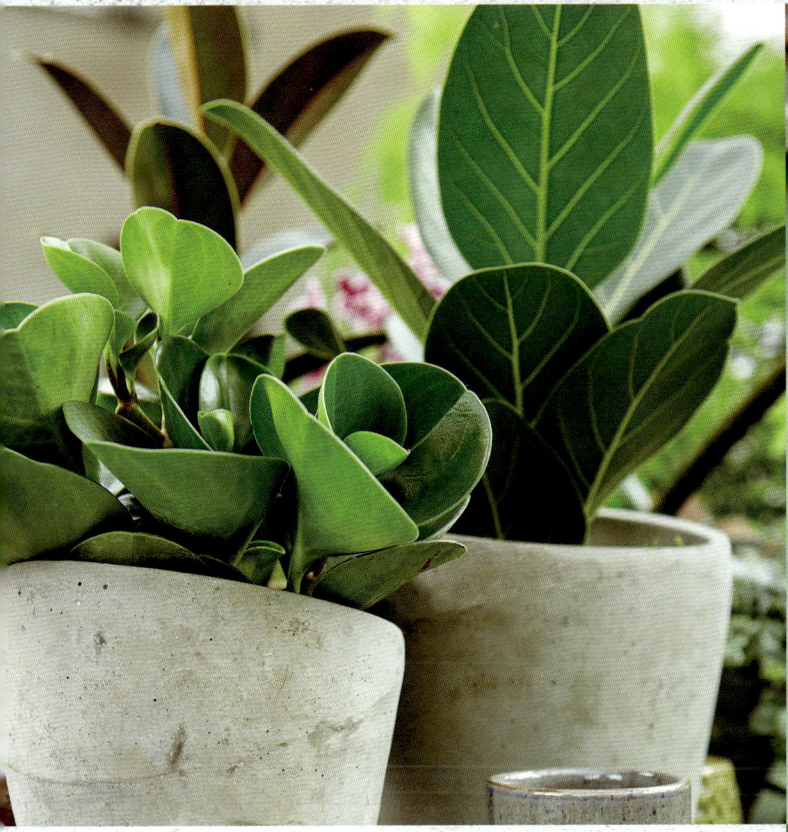

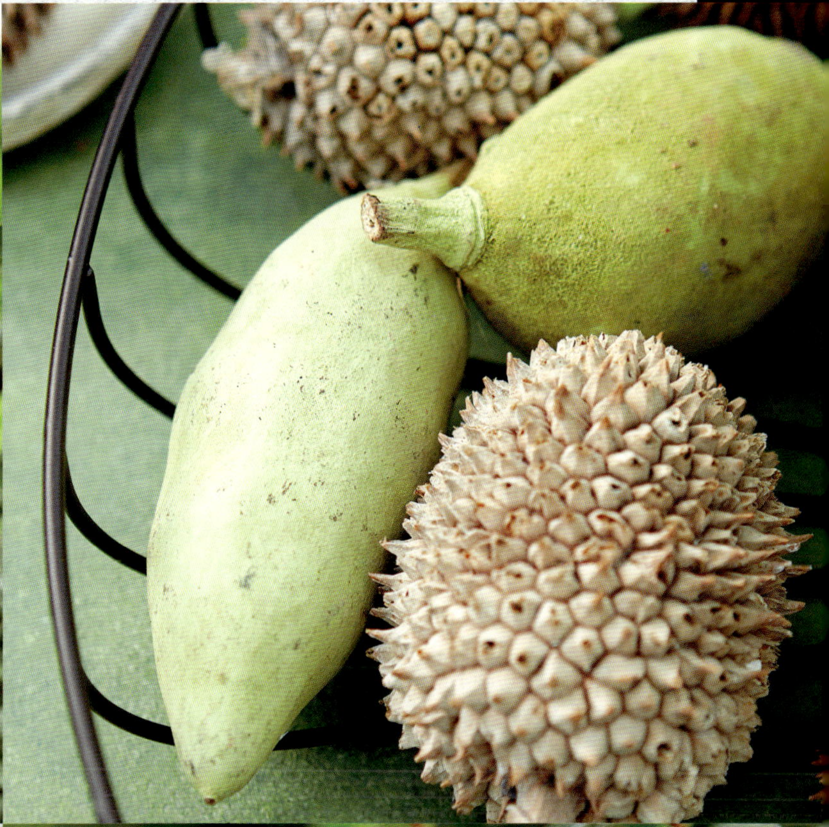

WIDERSTANDS-FÄHIG, URIG UND ATTRAKTIV

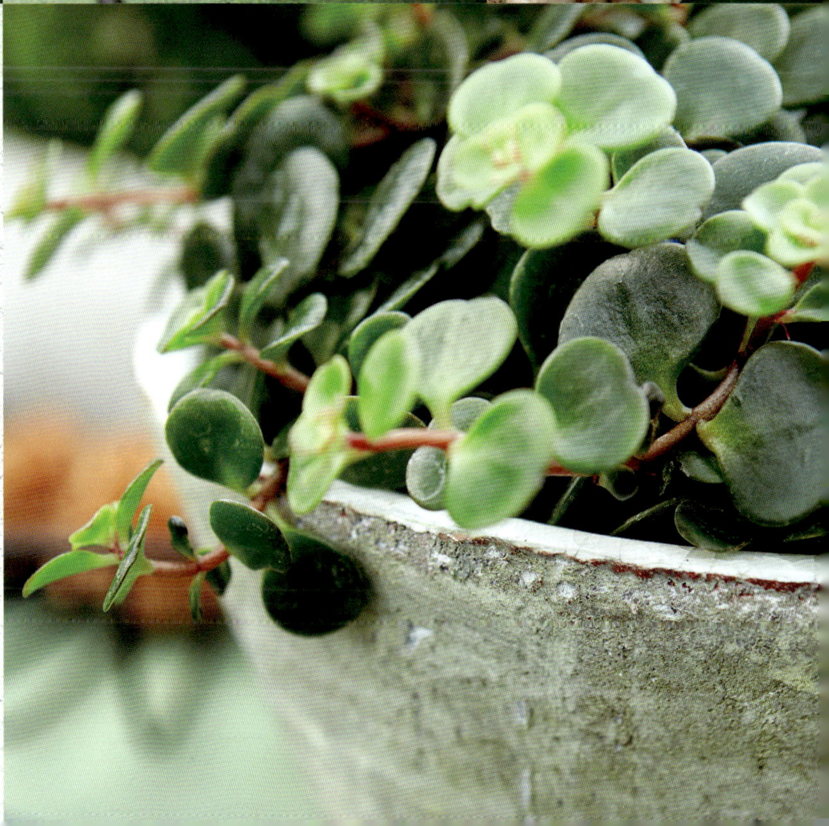

PARADE DER STARKEN GESELLEN

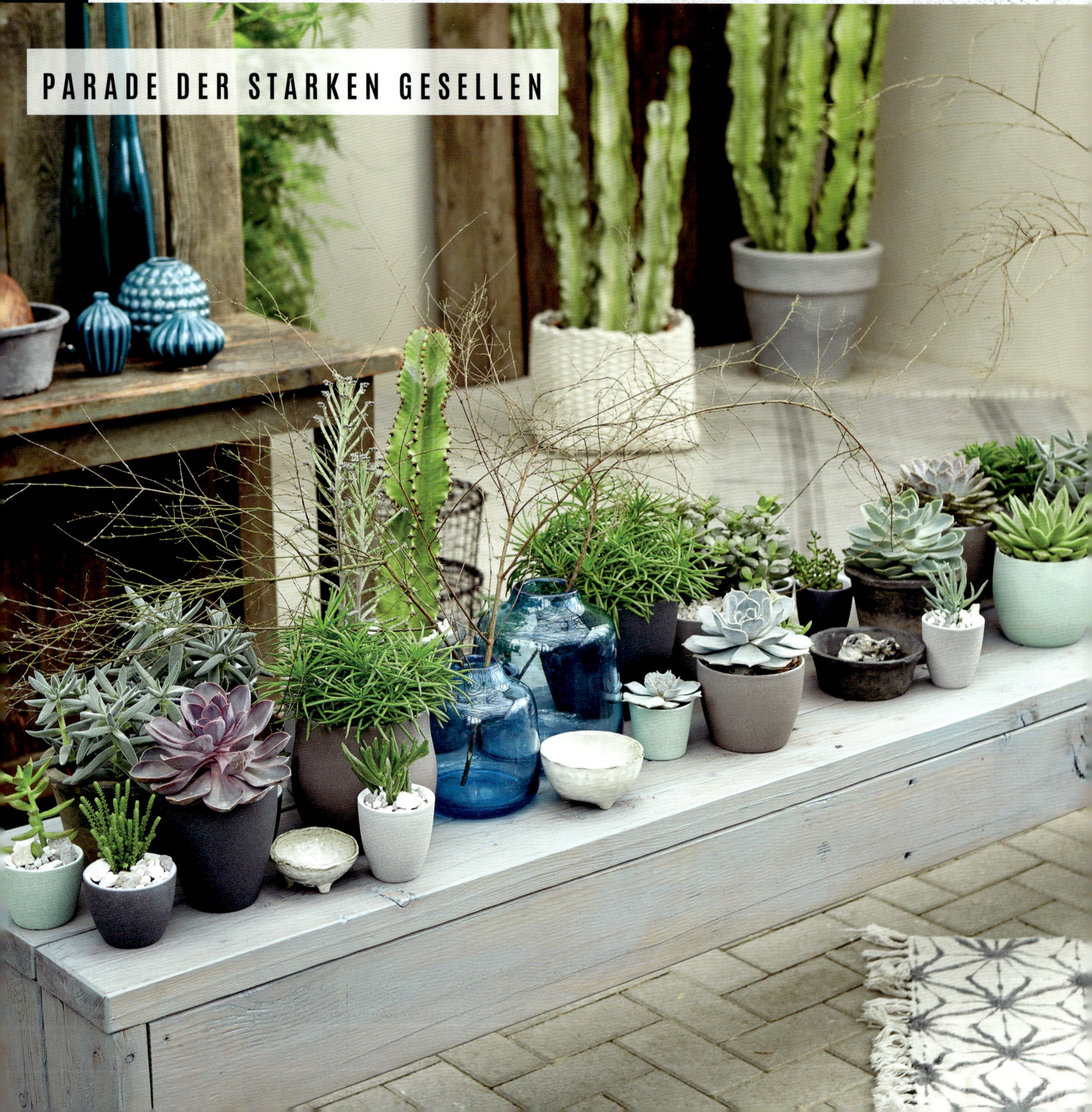

Keinesfalls degradiert zu Hinterbänklern fühlen sich die überwiegend rosettenartig wachsenden Sukkulenten wie die verschiedenen Blattrosetten (*Echeveria elegans, Echeveria agavoides, Echeveria* 'Perle von Nürnberg', *Echeveria runyonii*). Vielmehr suchen ihre Gesellschaft das Dickblatt (*Crassula mesembryanthemoides*), das Brutblatt (*Kalanchoe delagoensis*), der Geldbaum (*Crassula ovata* 'Minor' und 'Hobbit') sowie das Kreuzkraut (*Senecio serpens, Senecio archeri* 'Himalaya') und die säulenartig wachsenden Wolfsmilchgewächse (*Euphorbia ammak*).

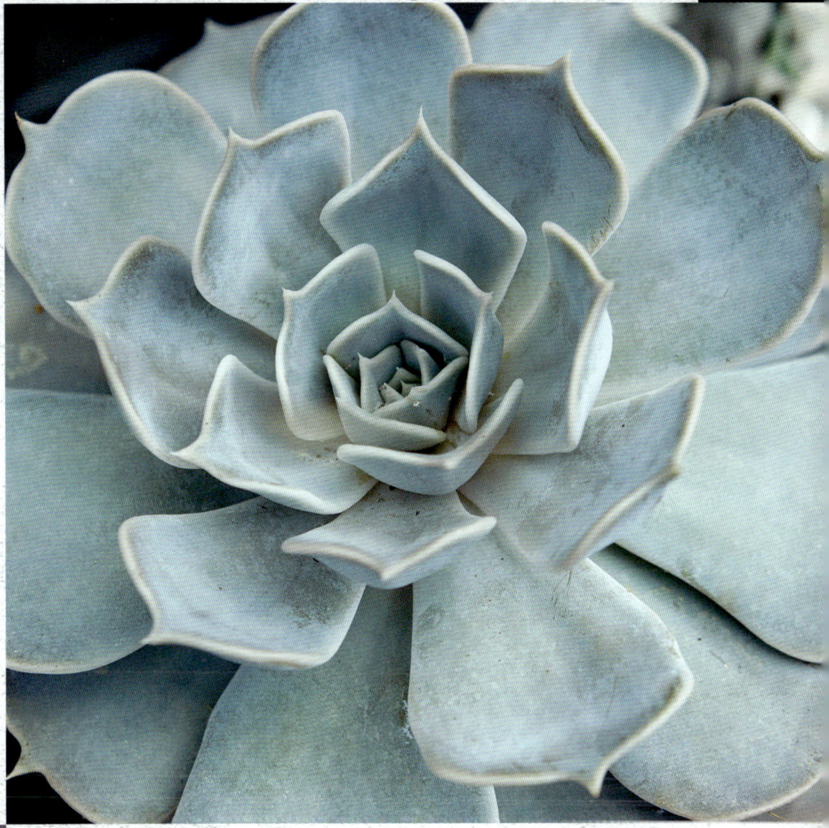

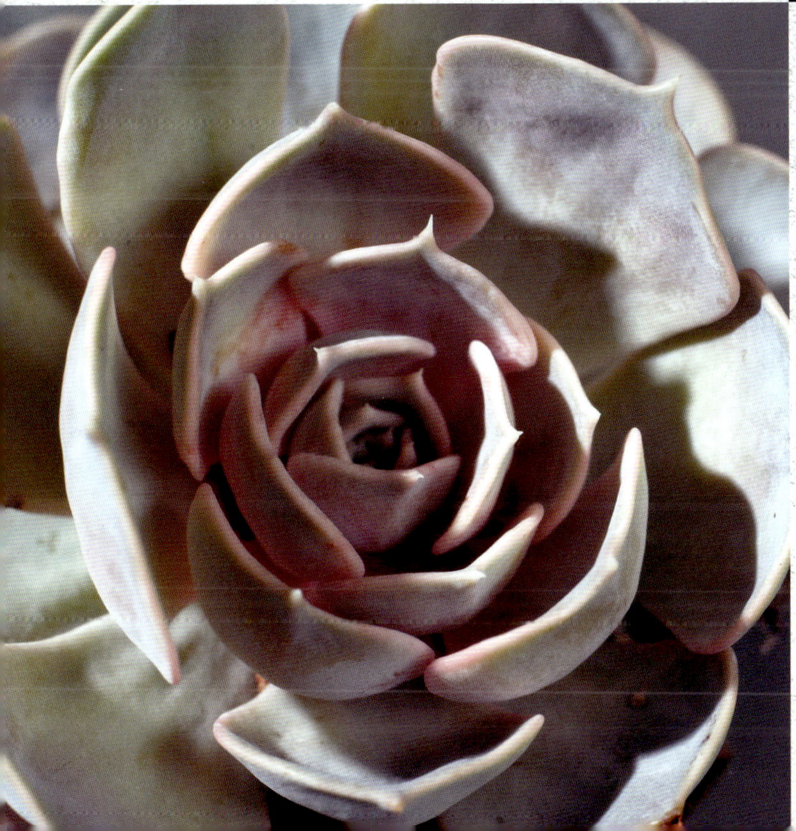

SCHÖN, SCHÖNER, AM SCHÖNSTEN

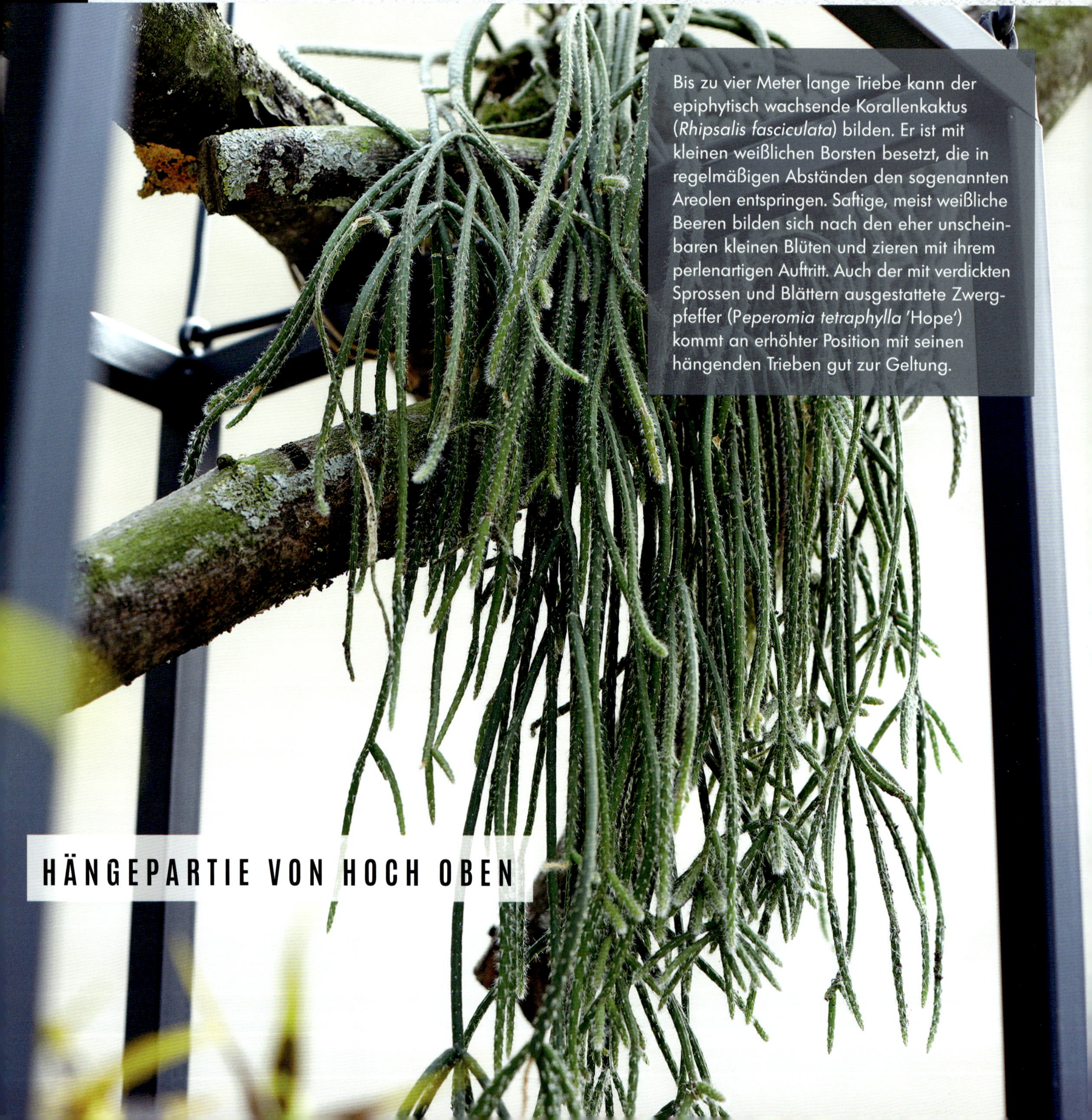

Bis zu vier Meter lange Triebe kann der epiphytisch wachsende Korallenkaktus (*Rhipsalis fasciculata*) bilden. Er ist mit kleinen weißlichen Borsten besetzt, die in regelmäßigen Abständen den sogenannten Areolen entspringen. Saftige, meist weißliche Beeren bilden sich nach den eher unscheinbaren kleinen Blüten und zieren mit ihrem perlenartigen Auftritt. Auch der mit verdickten Sprossen und Blättern ausgestattete Zwergpfeffer (*Peperomia tetraphylla* 'Hope') kommt an erhöhter Position mit seinen hängenden Trieben gut zur Geltung.

HÄNGEPARTIE VON HOCH OBEN

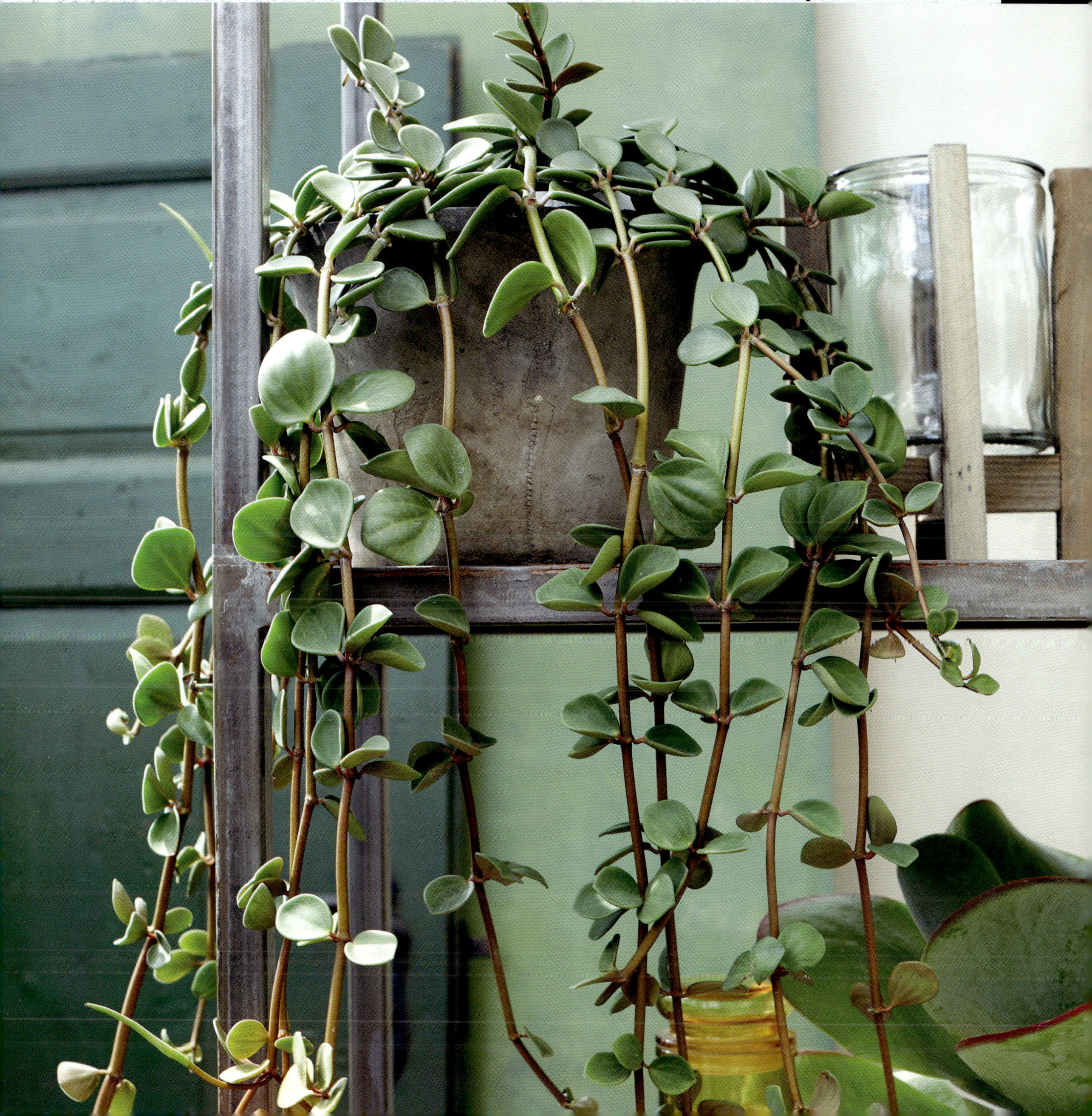

AUF DEN BESTEN PLÄTZEN

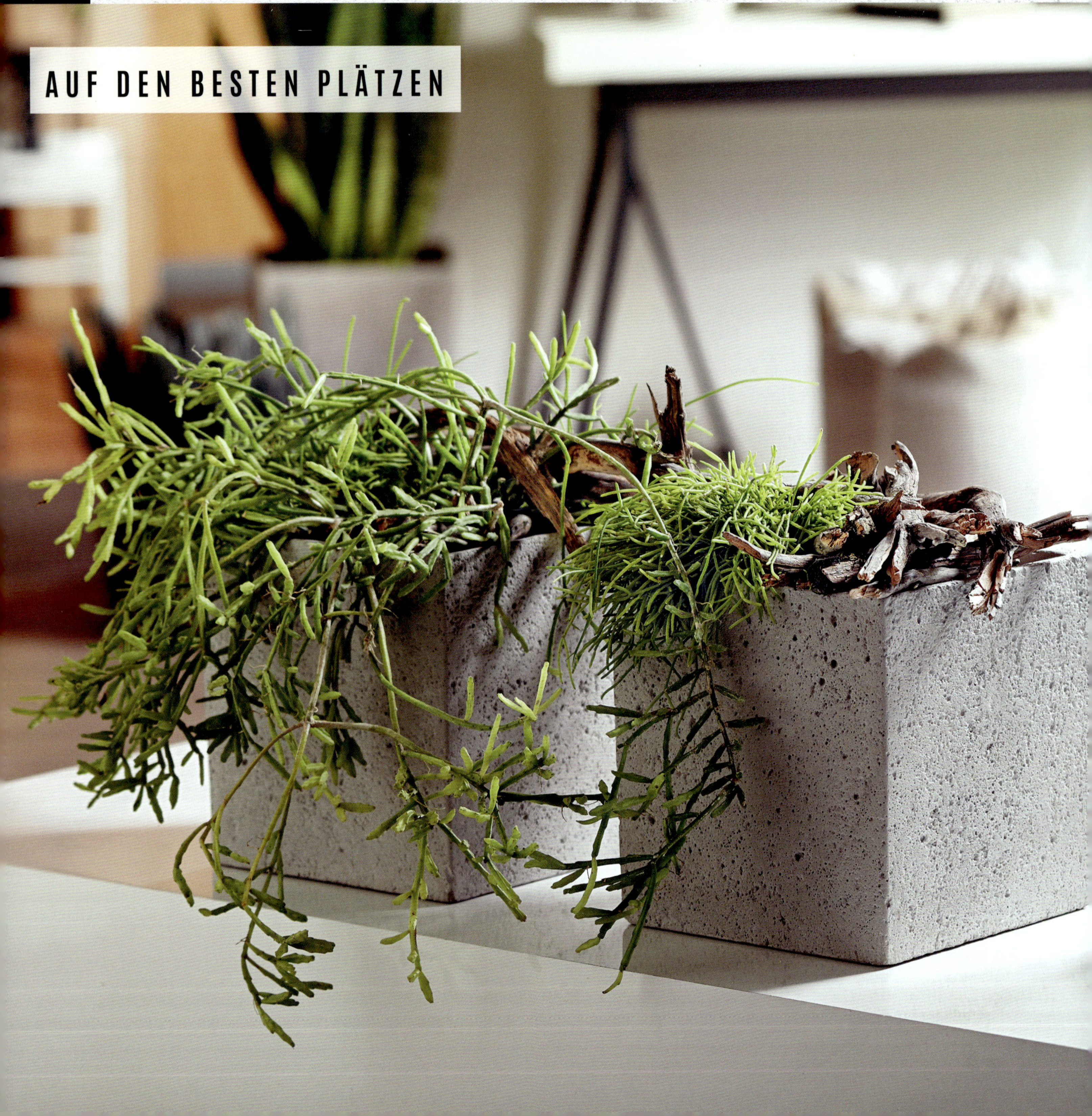

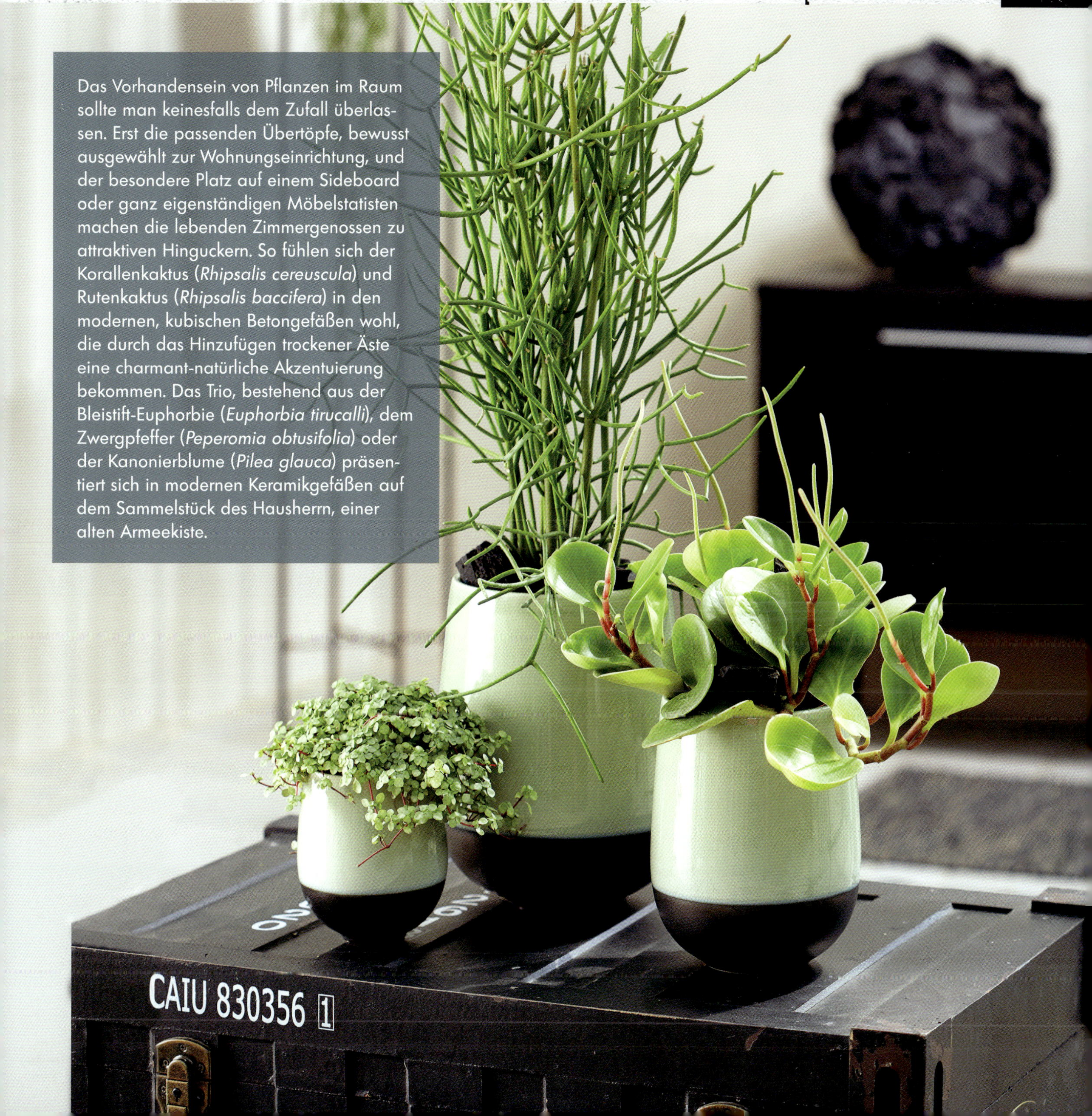

Das Vorhandensein von Pflanzen im Raum sollte man keinesfalls dem Zufall überlassen. Erst die passenden Übertöpfe, bewusst ausgewählt zur Wohnungseinrichtung, und der besondere Platz auf einem Sideboard oder ganz eigenständigen Möbelstatisten machen die lebenden Zimmergenossen zu attraktiven Hinguckern. So fühlen sich der Korallenkaktus (*Rhipsalis cereuscula*) und Rutenkaktus (*Rhipsalis baccifera*) in den modernen, kubischen Betongefäßen wohl, die durch das Hinzufügen trockener Äste eine charmant-natürliche Akzentuierung bekommen. Das Trio, bestehend aus der Bleistift-Euphorbie (*Euphorbia tirucalli*), dem Zwergpfeffer (*Peperomia obtusifolia*) oder der Kanonierblume (*Pilea glauca*) präsentiert sich in modernen Keramikgefäßen auf dem Sammelstück des Hausherrn, einer alten Armeekiste.

HANGING ON

DAS NEUE AMPELPFLANZEN-COMEBACK

Die siebziger Jahre des vergangenen Jahrhunderts kommen zurück. Zumindest wenn man dies am Revival der berühmten Makramee-Pflanzenampel festmacht. Wie damals schweben Pflanzen wieder in luftiger Höhe und lassen ihre lang herabhängenden Triebe frei im Raum baumeln. Seile, Stricke, bunte Garne, Fransenbänder, Bast, Kunststofffäden, Drähte, Kabel oder Gummistrippen – alles, was sich kunstvoll verknüpfen lässt, adelt die grünen Mitbewohner zum tollen Raumschmuck mit Weitblick. Nur eines ist wichtig: Da selbst sukkulente Pflanzen hin und wieder gegossen werden sollten, muss der an sich mit einem Bodenloch versehene Kulturtopf zwecks Belüftung des Substrats zusätzlich von einem dichten Unterteller oder Übertopf umgeben sein. Sonst tröpfelt es womöglich vom schaukelnden Plätzchen aus.

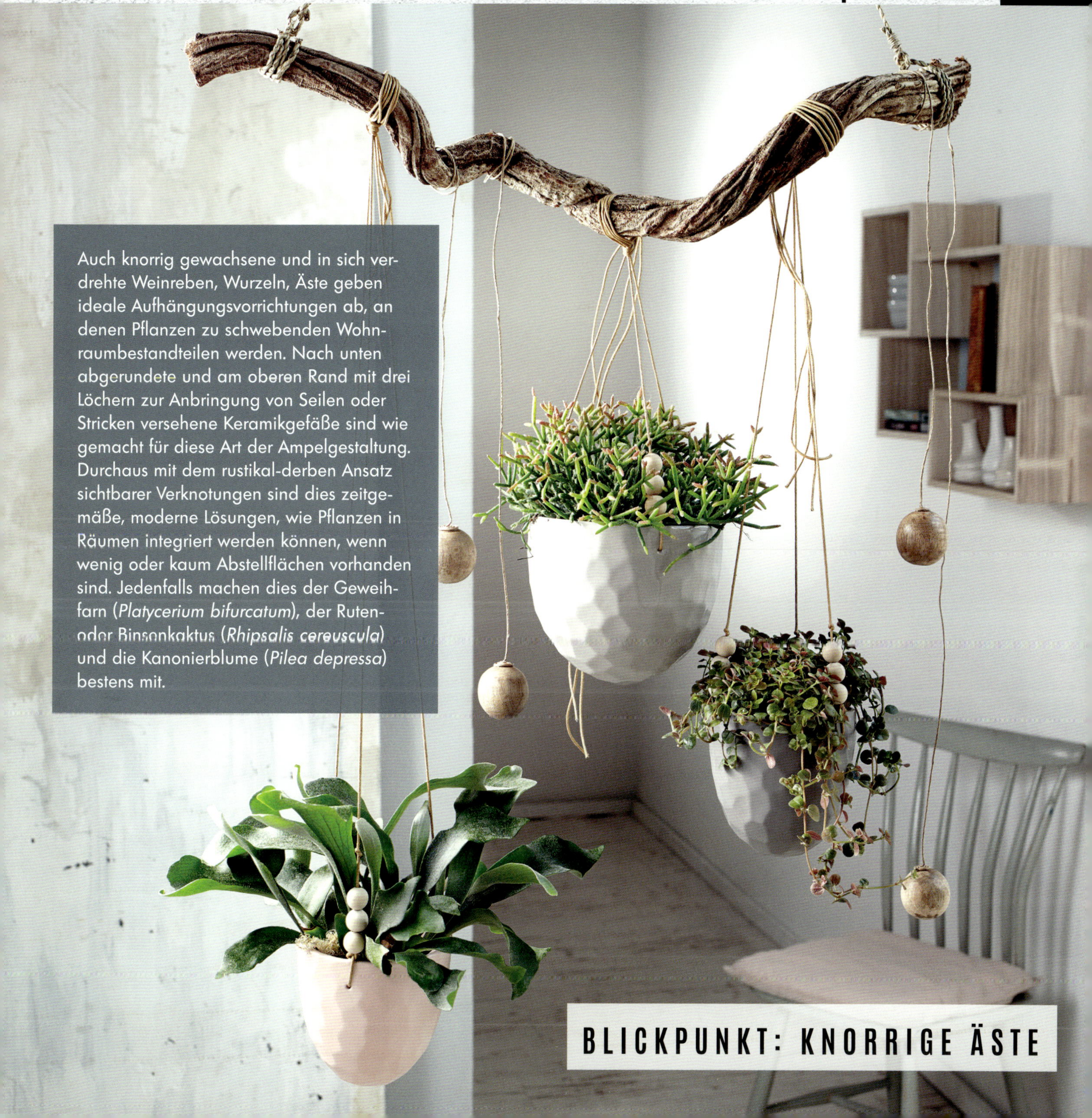

Auch knorrig gewachsene und in sich verdrehte Weinreben, Wurzeln, Äste geben ideale Aufhängungsvorrichtungen ab, an denen Pflanzen zu schwebenden Wohnraumbestandteilen werden. Nach unten abgerundete und am oberen Rand mit drei Löchern zur Anbringung von Seilen oder Stricken versehene Keramikgefäße sind wie gemacht für diese Art der Ampelgestaltung. Durchaus mit dem rustikal-derben Ansatz sichtbarer Verknotungen sind dies zeitgemäße, moderne Lösungen, wie Pflanzen in Räumen integriert werden können, wenn wenig oder kaum Abstellflächen vorhanden sind. Jedenfalls machen dies der Geweihfarn (*Platycerium bifurcatum*), der Ruten- oder Binsenkaktus (*Rhipsalis cereuscula*) und die Kanonierblume (*Pilea depressa*) bestens mit.

BLICKPUNKT: KNORRIGE ÄSTE

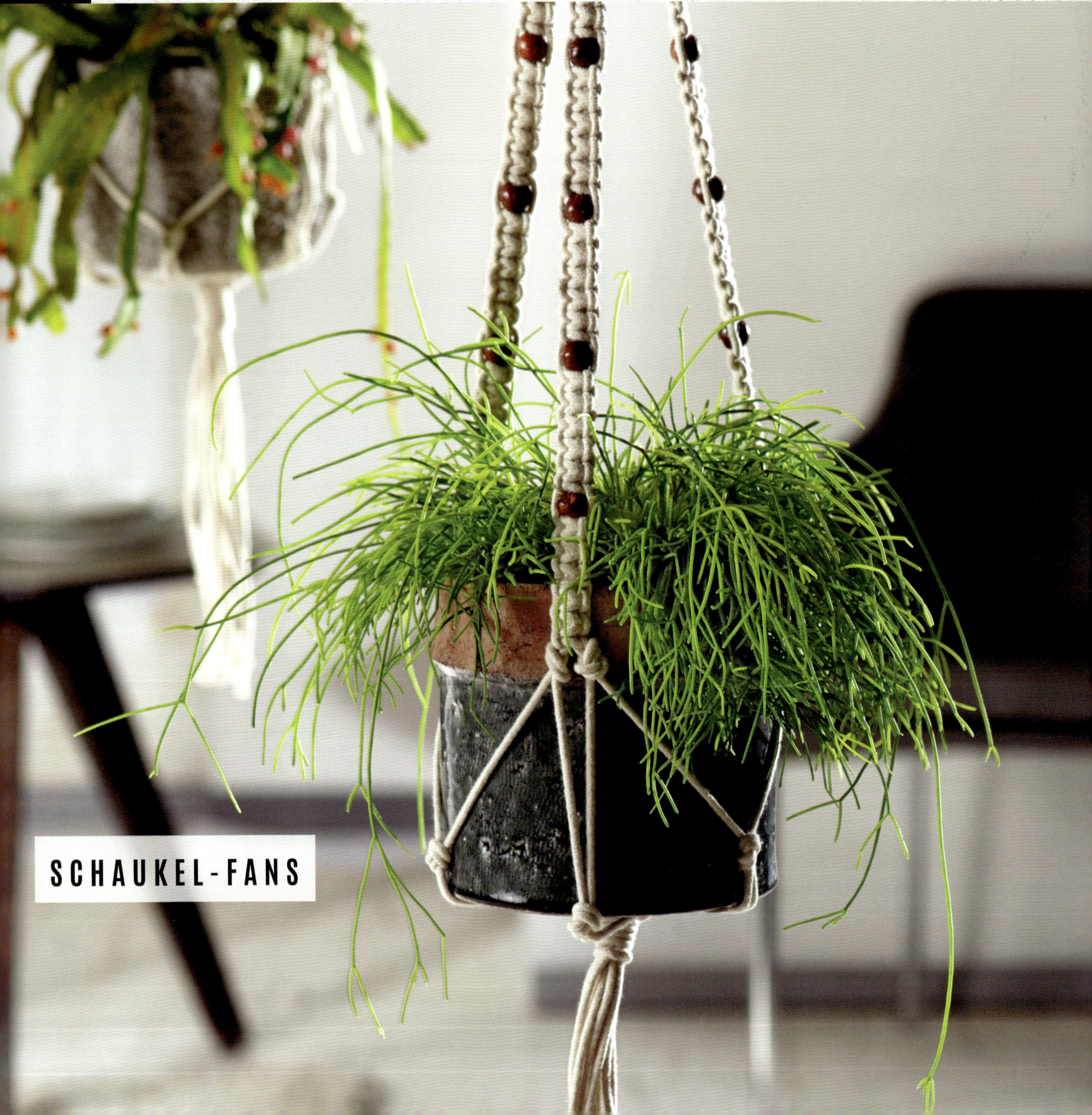

SCHAUKEL-FANS

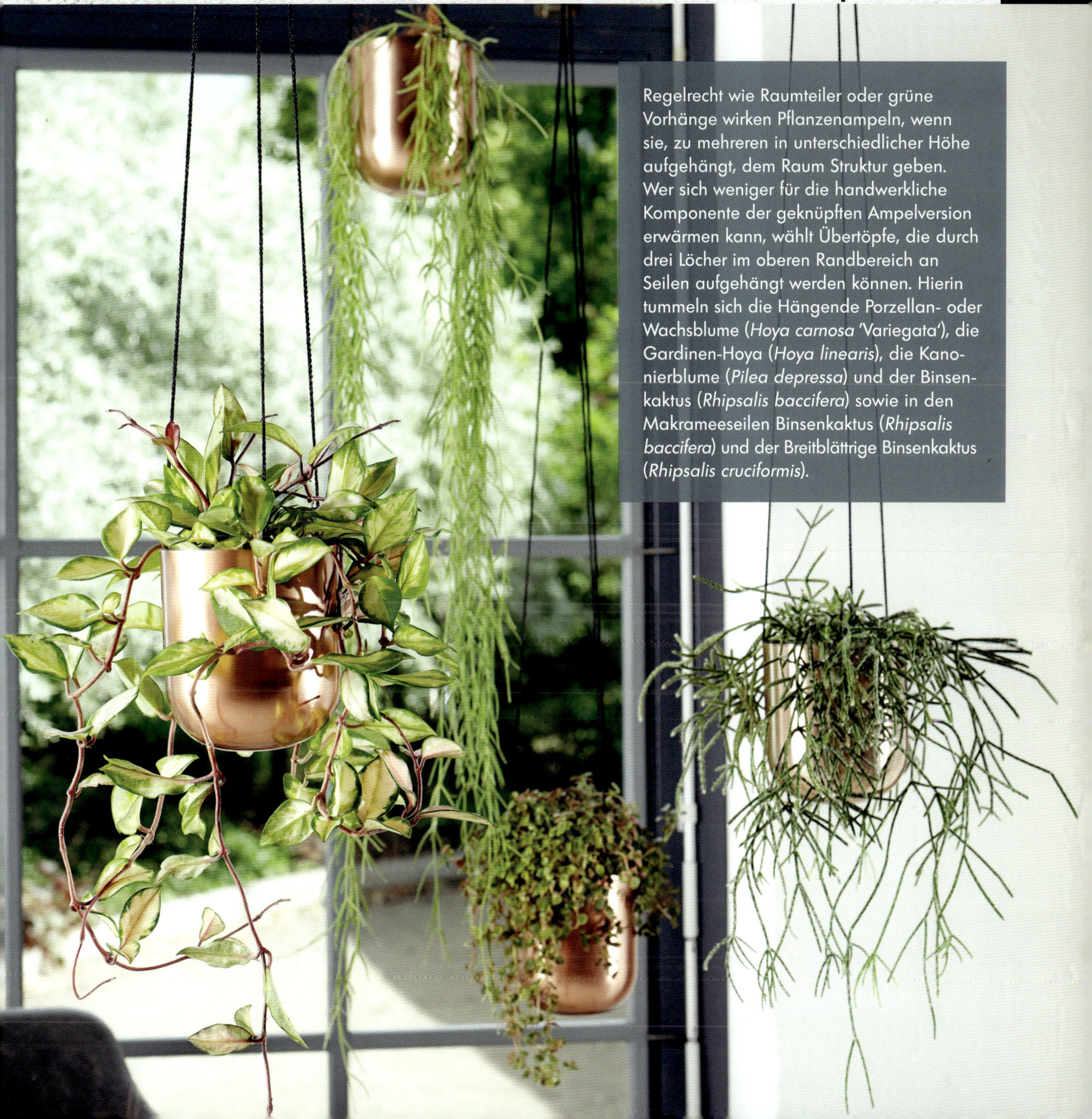

Regelrecht wie Raumteiler oder grüne Vorhänge wirken Pflanzenampeln, wenn sie, zu mehreren in unterschiedlicher Höhe aufgehängt, dem Raum Struktur geben. Wer sich weniger für die handwerkliche Komponente der geknüpften Ampelversion erwärmen kann, wählt Übertöpfe, die durch drei Löcher im oberen Randbereich an Seilen aufgehängt werden können. Hierin tummeln sich die Hängende Porzellan- oder Wachsblume (*Hoya carnosa* 'Variegata'), die Gardinen-Hoya (*Hoya linearis*), die Kanonierblume (*Pilea depressa*) und der Binsenkaktus (*Rhipsalis baccifera*) sowie in den Makrameeseilen Binsenkaktus (*Rhipsalis baccifera*) und der Breitblättrige Binsenkaktus (*Rhipsalis cruciformis*).

GEMÜTLICH IM HÄNGEKORB

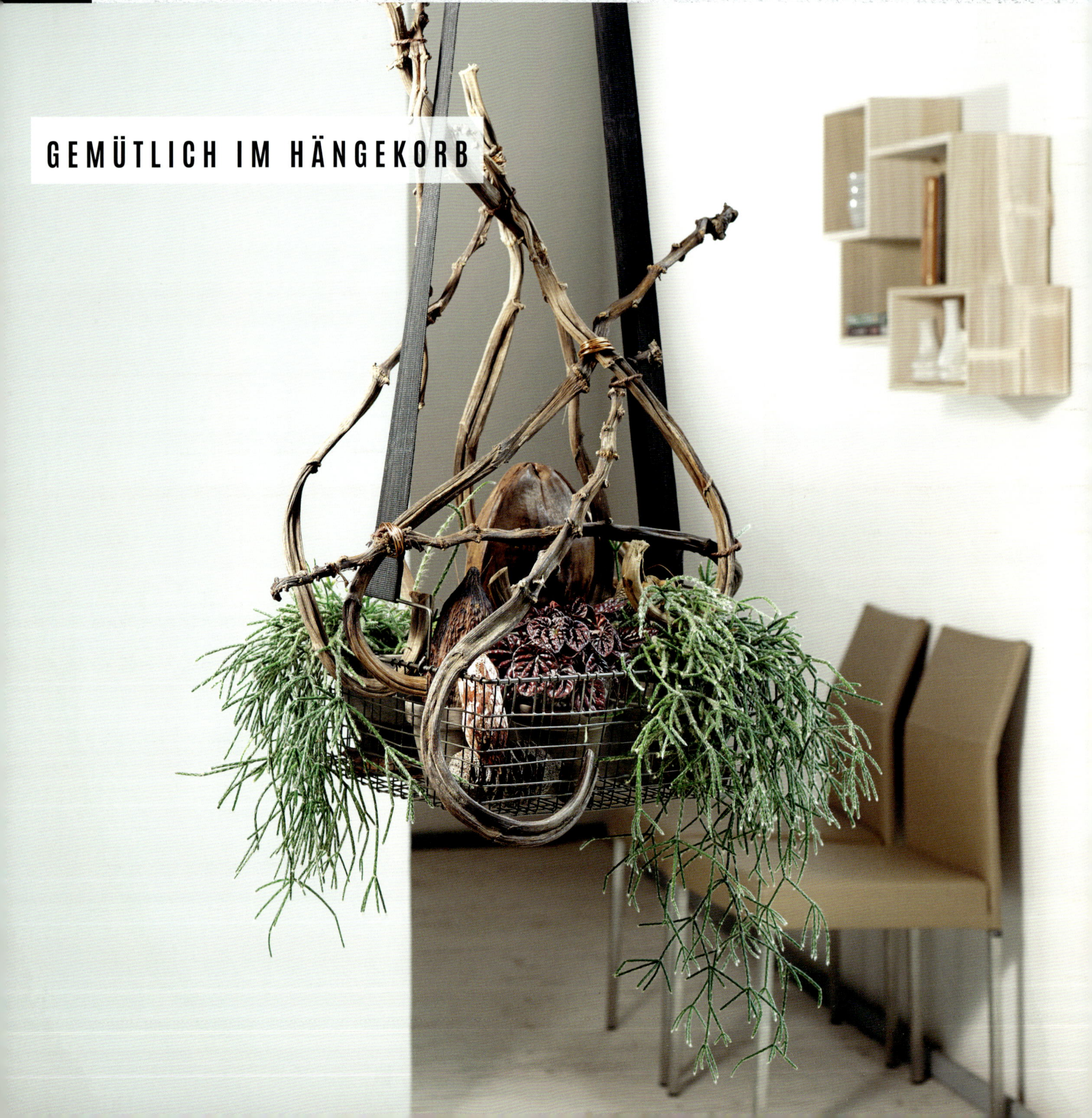

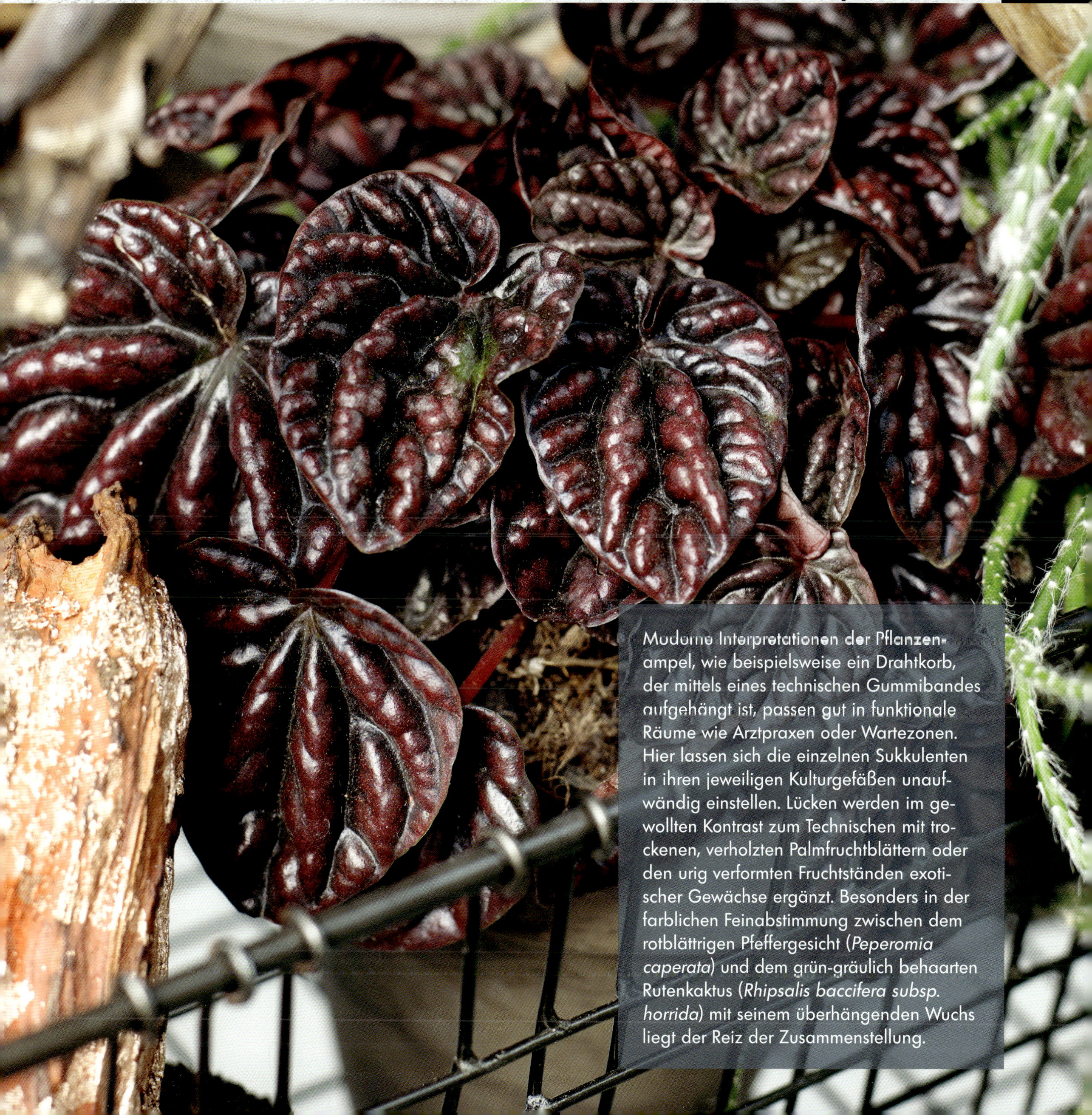

Moderne Interpretationen der Pflanzenampel, wie beispielsweise ein Drahtkorb, der mittels eines technischen Gummibandes aufgehängt ist, passen gut in funktionale Räume wie Arztpraxen oder Wartezonen. Hier lassen sich die einzelnen Sukkulenten in ihren jeweiligen Kulturgefäßen unaufwändig einstellen. Lücken werden im gewollten Kontrast zum Technischen mit trockenen, verholzten Palmfruchtblättern oder den urig verformten Fruchtständen exotischer Gewächse ergänzt. Besonders in der farblichen Feinabstimmung zwischen dem rotblättrigen Pfeffergesicht (*Peperomia caperata*) und dem grün-gräulich behaarten Rutenkaktus (*Rhipsalis baccifera subsp. horrida*) mit seinem überhängenden Wuchs liegt der Reiz der Zusammenstellung.

PFLANZENNESTER IM ZWEIGGEÄST

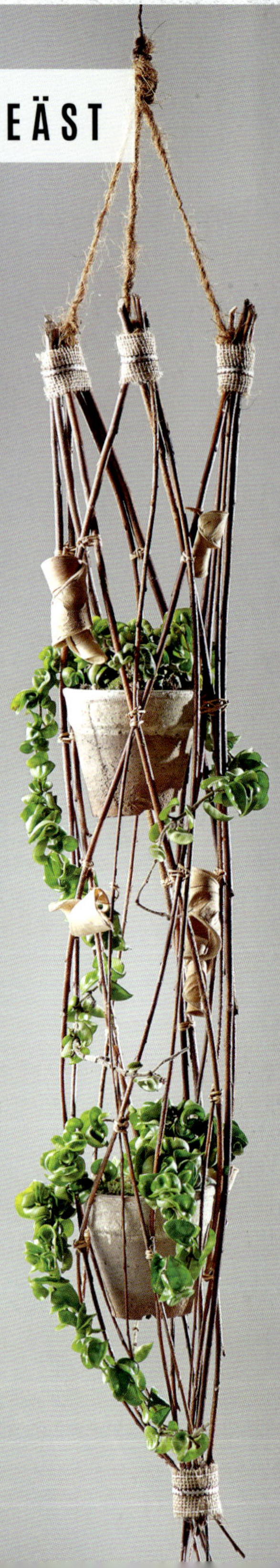

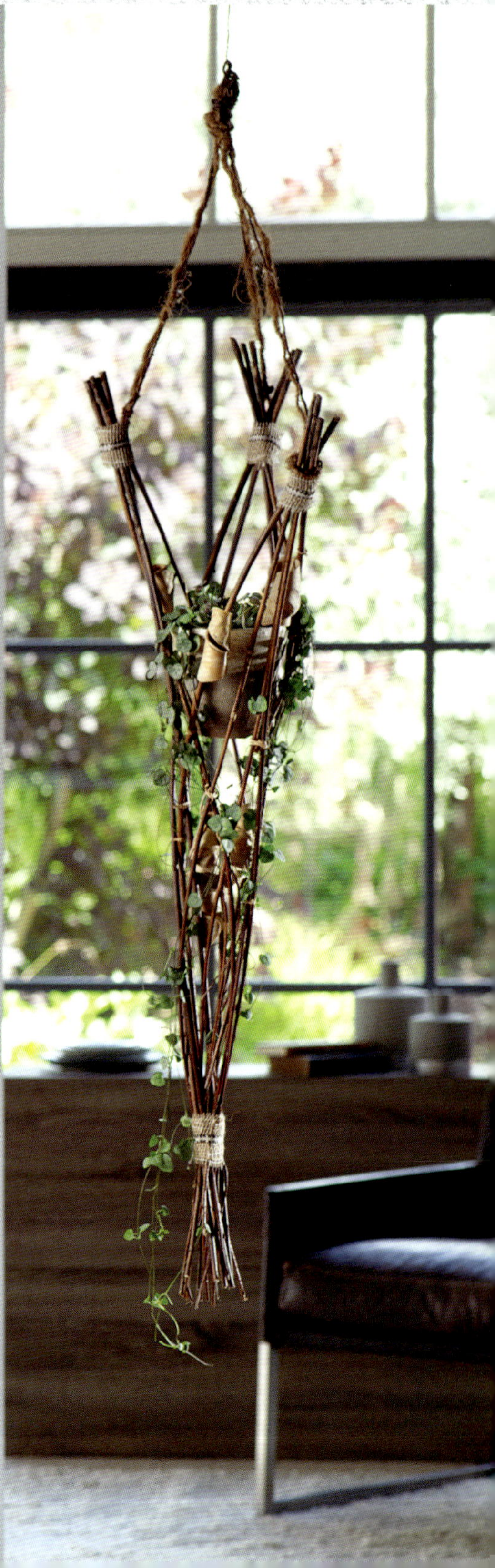

Kunstvoll mit Rebenbindedraht untereinander verknüpfte und an Seilen aufgehängte Äste werden zu nestähnlichen Pflanzenampeln, wenn sie die Möglichkeit bieten, bepflanzte Töpfe einzuhängen. Auch bei den als sukkulent geltenden und nur wenig Feuchtigkeit verlangenden Pflanzen, wie der Wachsblume (*Hoya carnosa* 'Compacta') mit ihren verdickten, wachsartig überzogenen Blättern oder der Leuchterblume (*Ceropegia linearis subsp. woodii*), müssen die Kulturtöpfe die Möglichkeit des Bewässerns bieten. Sie dürfen also keine Löcher im Bodenbereich aufweisen. In jedem Fall sollte diese Pflanzendarstellung an einem Platz hängen, wo möglicherweise heraustretende Wassertröpfchen nicht ein edles Parkett schädigen.

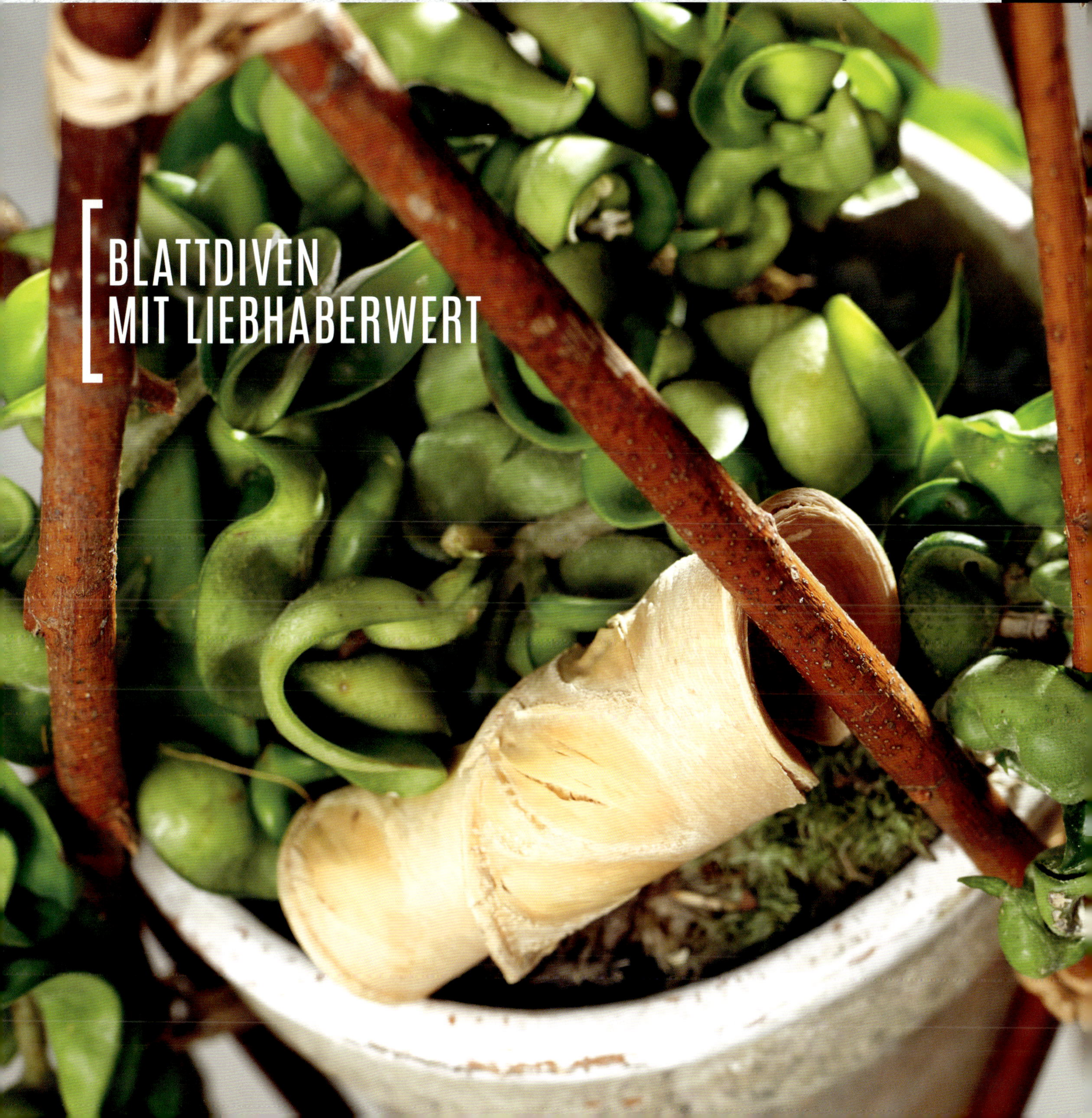

BLATTDIVEN MIT LIEBHABERWERT

LIANENGLEICHE DSCHUNGELPFLANZUNGEN

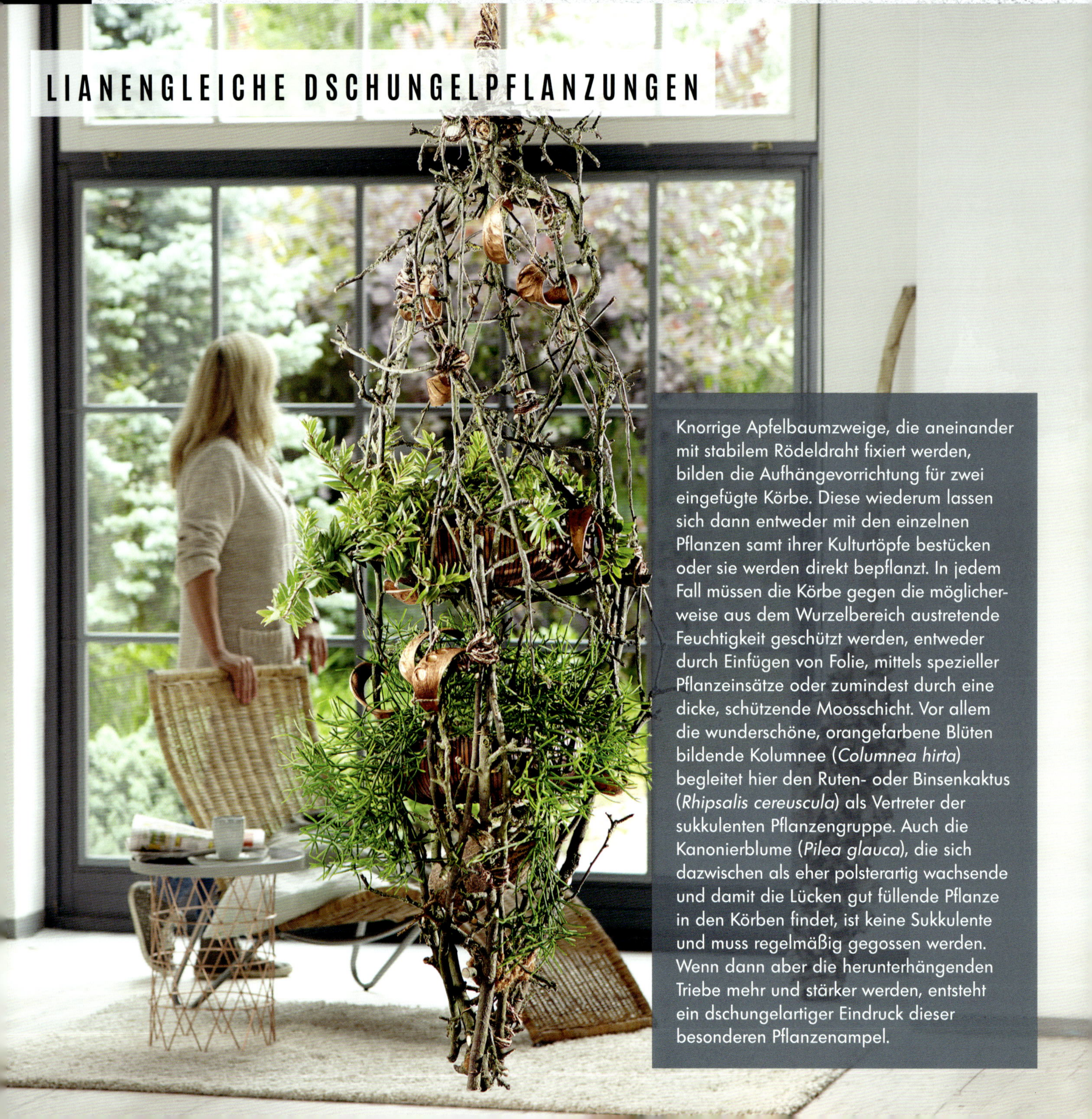

Knorrige Apfelbaumzweige, die aneinander mit stabilem Rödeldraht fixiert werden, bilden die Aufhängevorrichtung für zwei eingefügte Körbe. Diese wiederum lassen sich dann entweder mit den einzelnen Pflanzen samt ihrer Kulturtöpfe bestücken oder sie werden direkt bepflanzt. In jedem Fall müssen die Körbe gegen die möglicherweise aus dem Wurzelbereich austretende Feuchtigkeit geschützt werden, entweder durch Einfügen von Folie, mittels spezieller Pflanzeinsätze oder zumindest durch eine dicke, schützende Moosschicht. Vor allem die wunderschöne, orangefarbene Blüten bildende Kolumnee (*Columnea hirta*) begleitet hier den Ruten- oder Binsenkaktus (*Rhipsalis cereuscula*) als Vertreter der sukkulenten Pflanzengruppe. Auch die Kanonierblume (*Pilea glauca*), die sich dazwischen als eher polsterartig wachsende und damit die Lücken gut füllende Pflanze in den Körben findet, ist keine Sukkulente und muss regelmäßig gegossen werden. Wenn dann aber die herunterhängenden Triebe mehr und stärker werden, entsteht ein dschungelartiger Eindruck dieser besonderen Pflanzenampel.

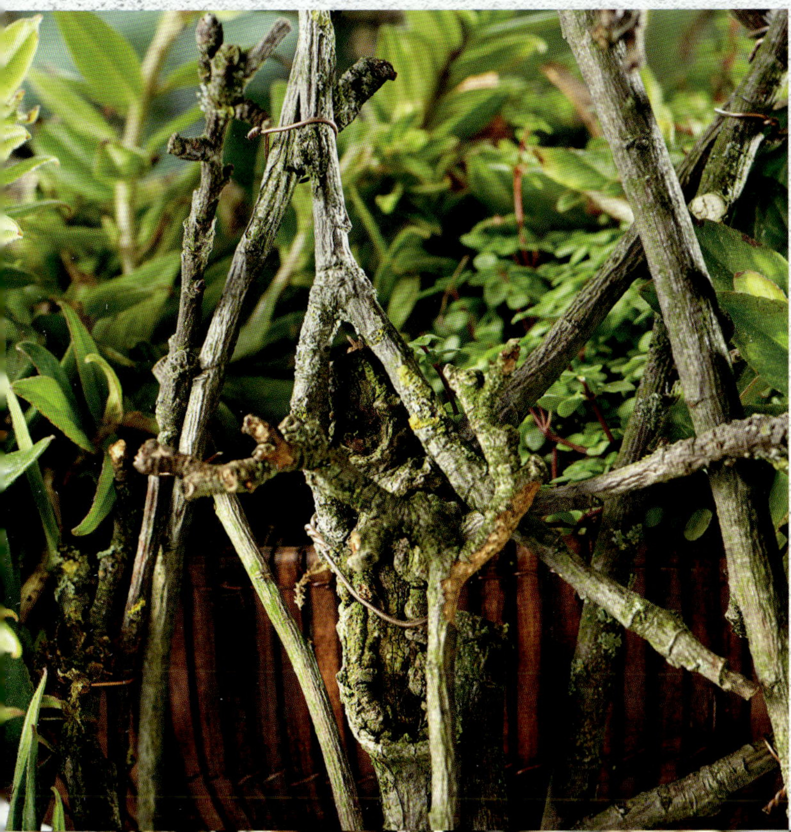

LEBENDIGER PFLANZEN-VORHANG

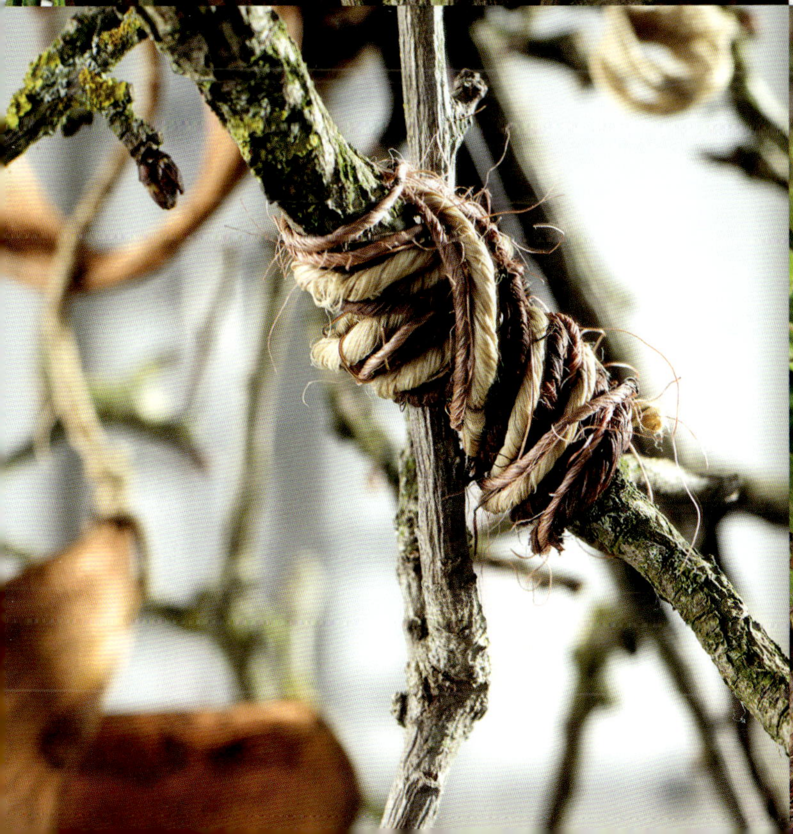

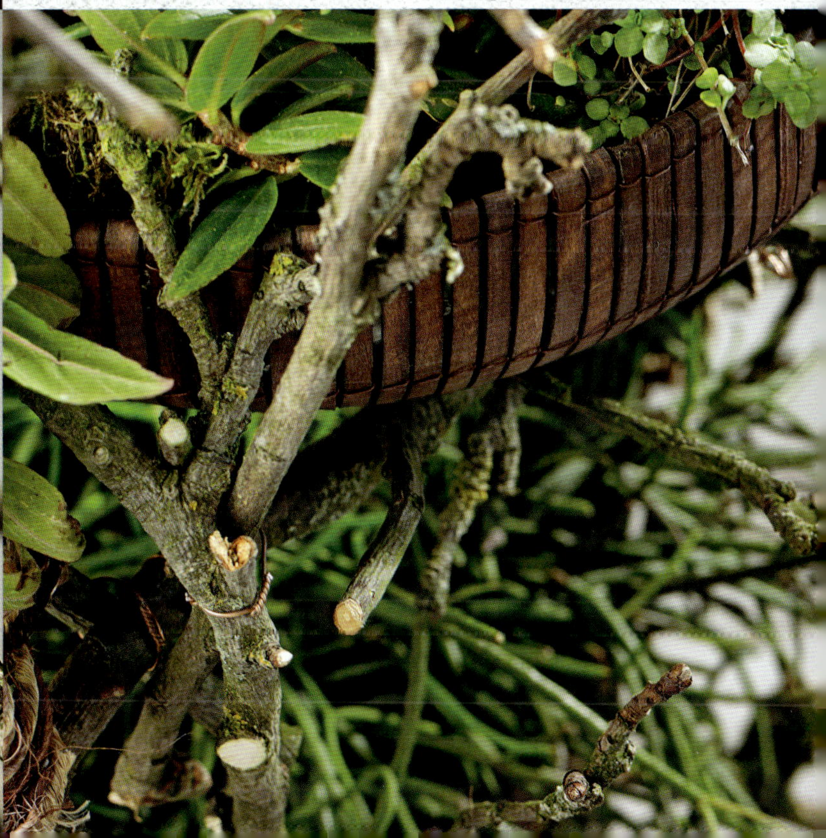

SCHWEBENDER DRAHTGITTERKORB

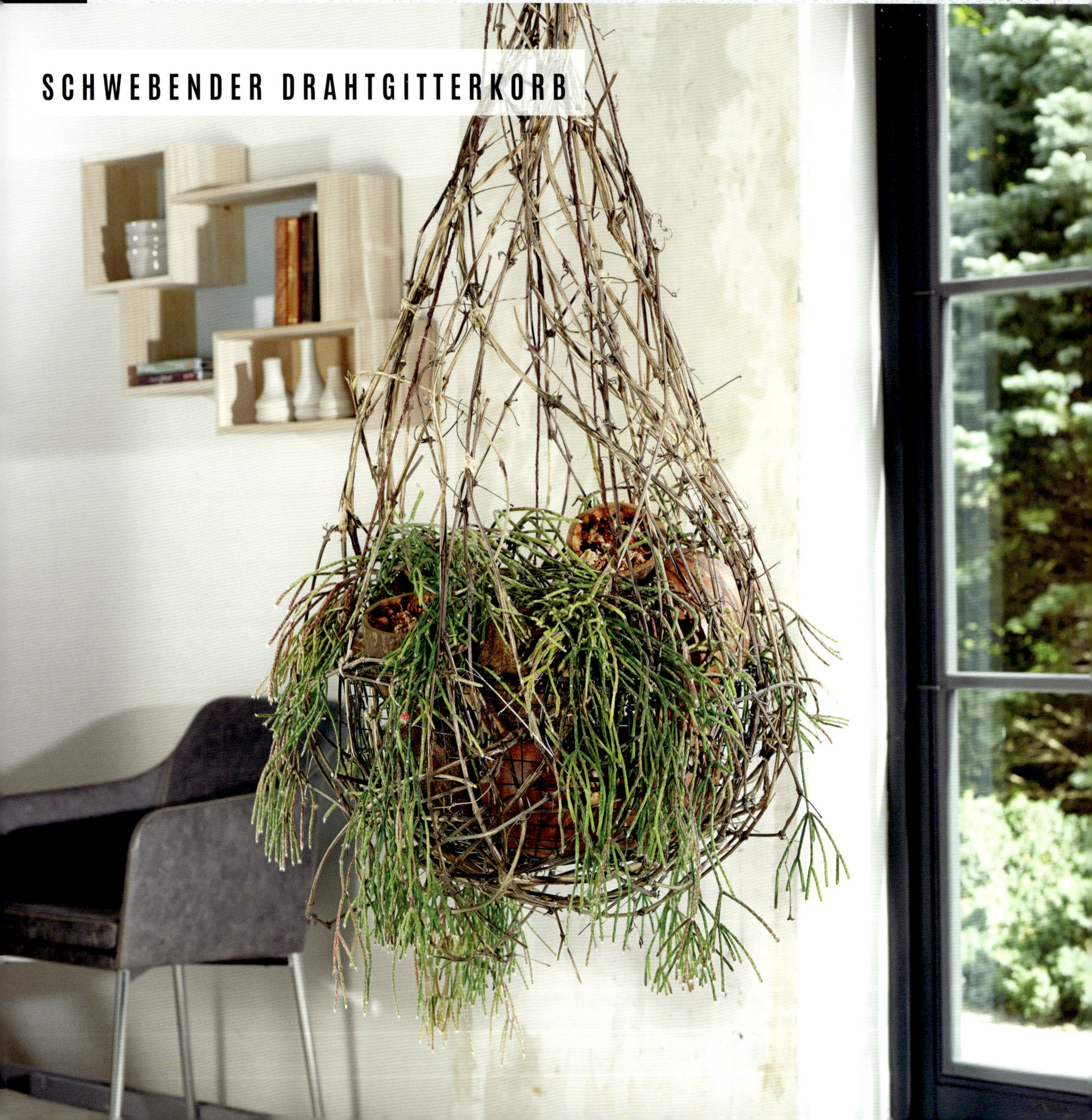

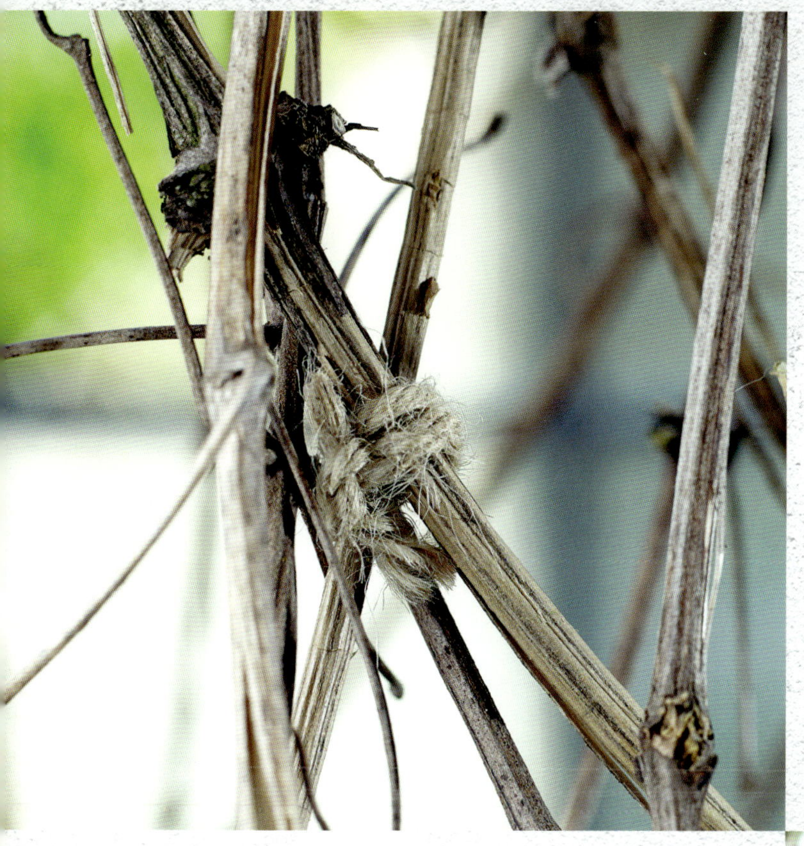

Viele Möglichkeiten des Einstellens, Anbindens oder miteinander Verknüpfens bieten Drahtkörbe als Basis für Pflanzenampeln. Sie selbst wirken fast unauffällig und überlassen den hieraus in den Raum strebenden Pflanzentrieben oder der floristisch-kreativen Aufhängungsvorrichtung den wirkungsvollen Auftritt. Das Hinzufügen von Trockenfloralien, sei es aus technisch-gestalterischer Sicht oder aus dekorativen Gründen, passt prima, da auch an Naturstandorten Frischgrünes mit Trockenem in Harmonie existiert. Es perfektioniert geradezu solche Gestaltungen wie diese, bei der mehreren Exemplaren vom Ruten- oder Binsenkaktus (*Rhipsalis baccifera*) das luftige Nest bereitet wird.

RANKEN, FASERN, ZWEIGE NATURNAH

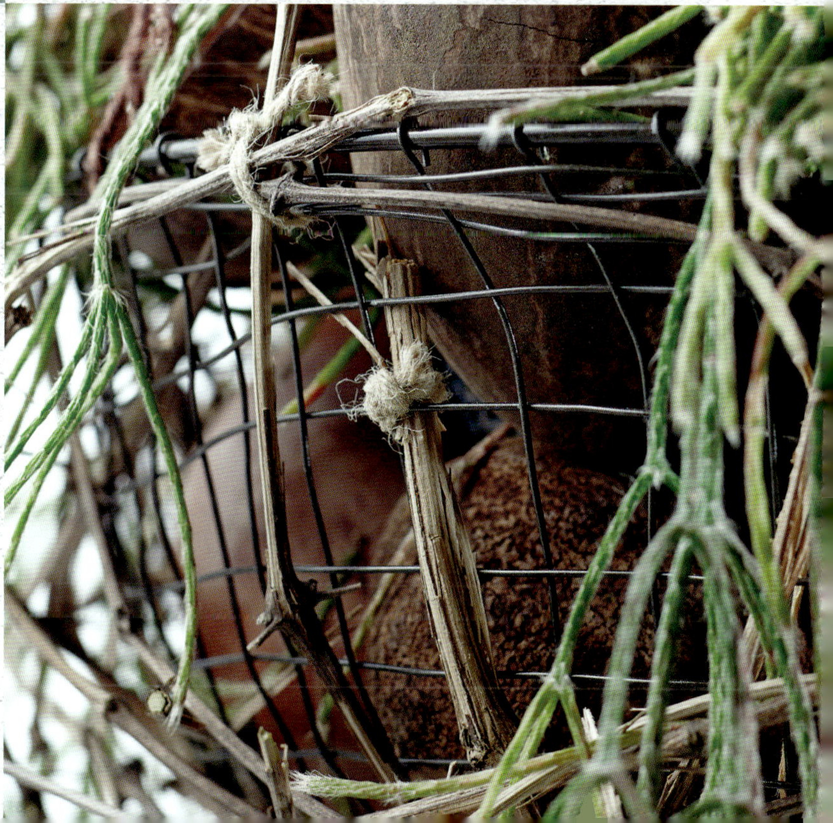

AMPELVIELFALT IN VARIATIONEN

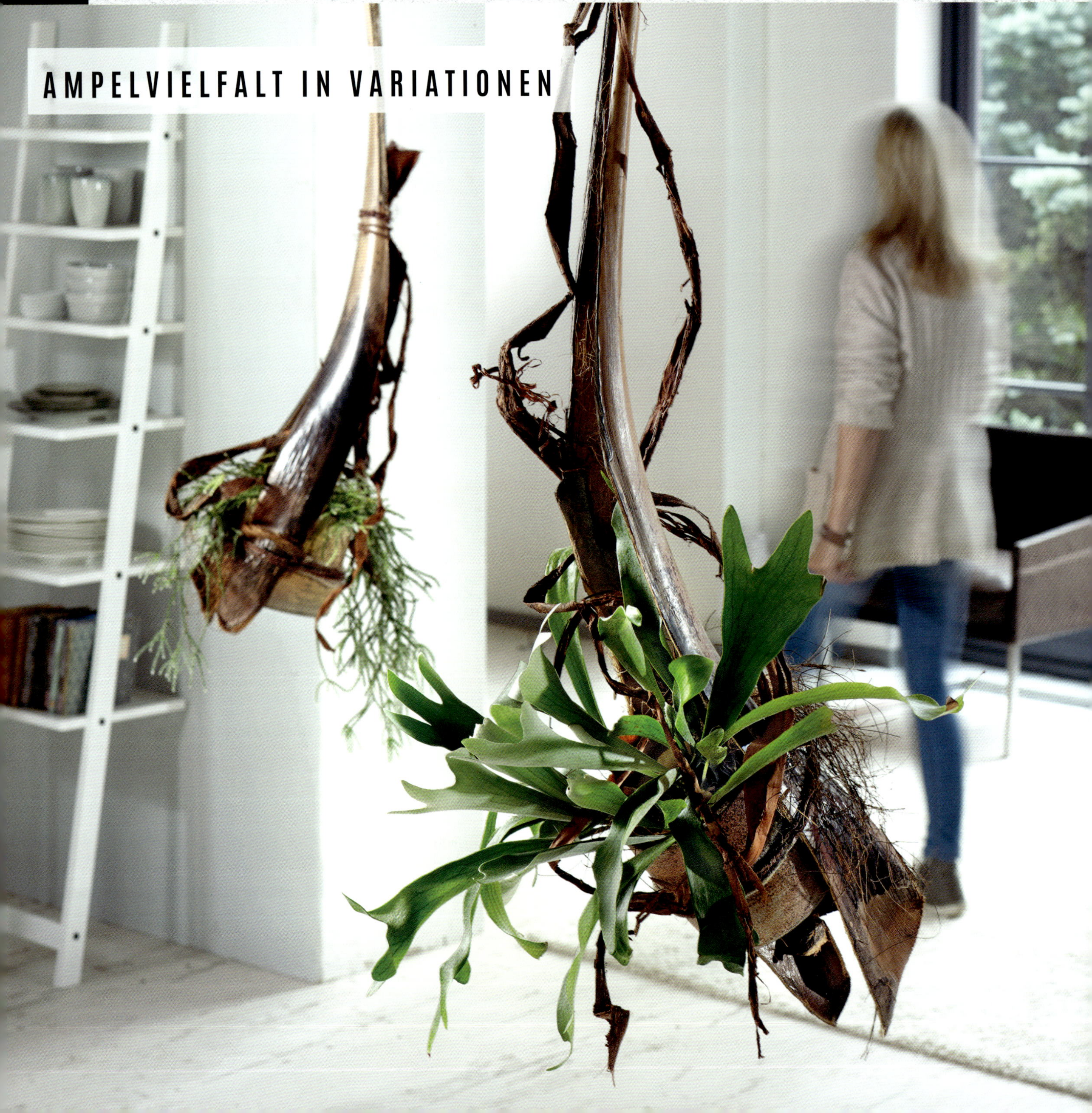

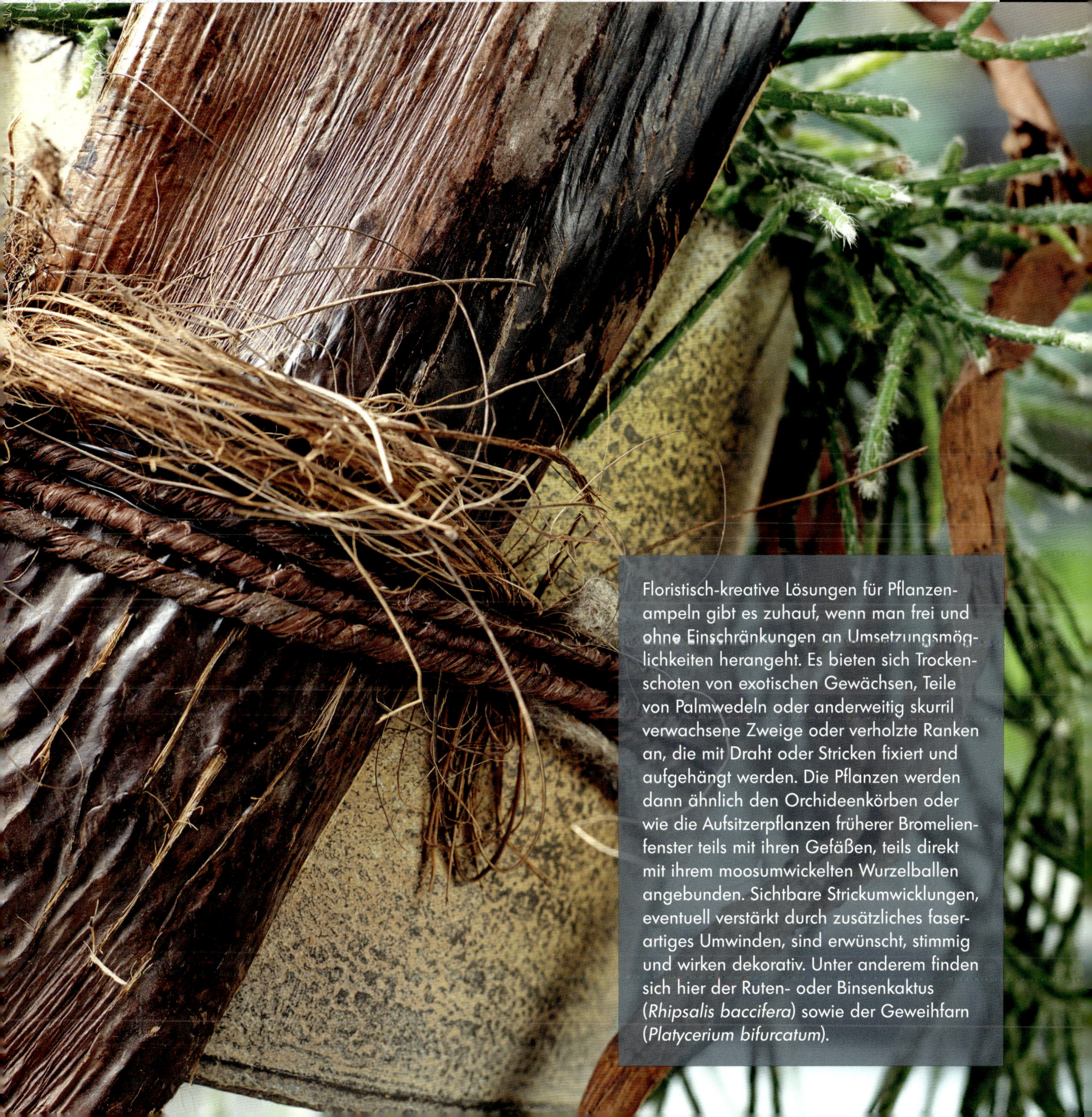

Floristisch-kreative Lösungen für Pflanzenampeln gibt es zuhauf, wenn man frei und ohne Einschränkungen an Umsetzungsmöglichkeiten herangeht. Es bieten sich Trockenschoten von exotischen Gewächsen, Teile von Palmwedeln oder anderweitig skurril verwachsene Zweige oder verholzte Ranken an, die mit Draht oder Stricken fixiert und aufgehängt werden. Die Pflanzen werden dann ähnlich den Orchideenkörben oder wie die Aufsitzerpflanzen früherer Bromelienfenster teils mit ihren Gefäßen, teils direkt mit ihrem moosumwickelten Wurzelballen angebunden. Sichtbare Strickumwicklungen, eventuell verstärkt durch zusätzliches faserartiges Umwinden, sind erwünscht, stimmig und wirken dekorativ. Unter anderem finden sich hier der Ruten- oder Binsenkaktus (*Rhipsalis baccifera*) sowie der Geweihfarn (*Platycerium bifurcatum*).

HÄNGENDE WANNE FÜR EIN URGESTEIN UNTER DEN PFLANZEN

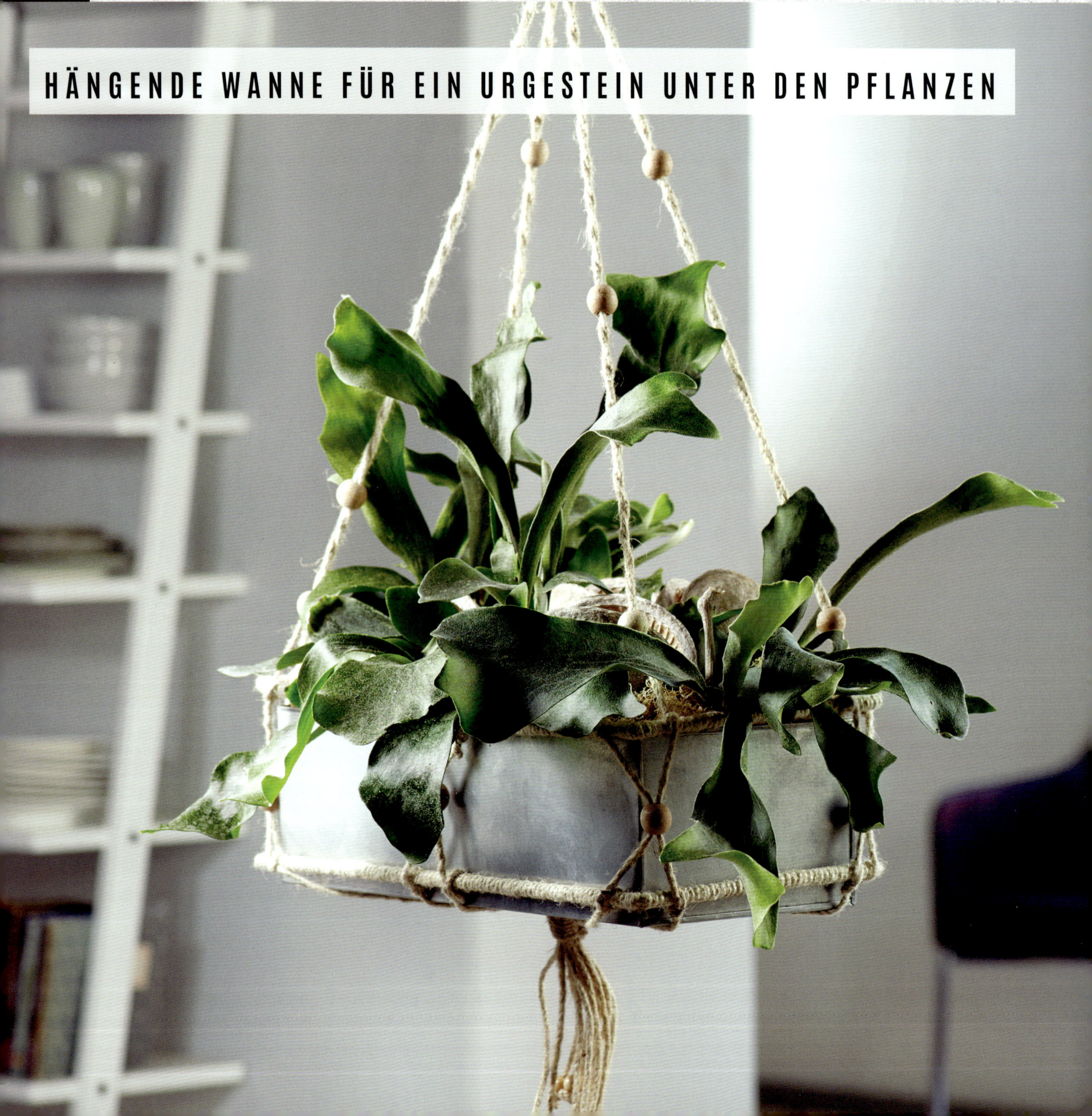

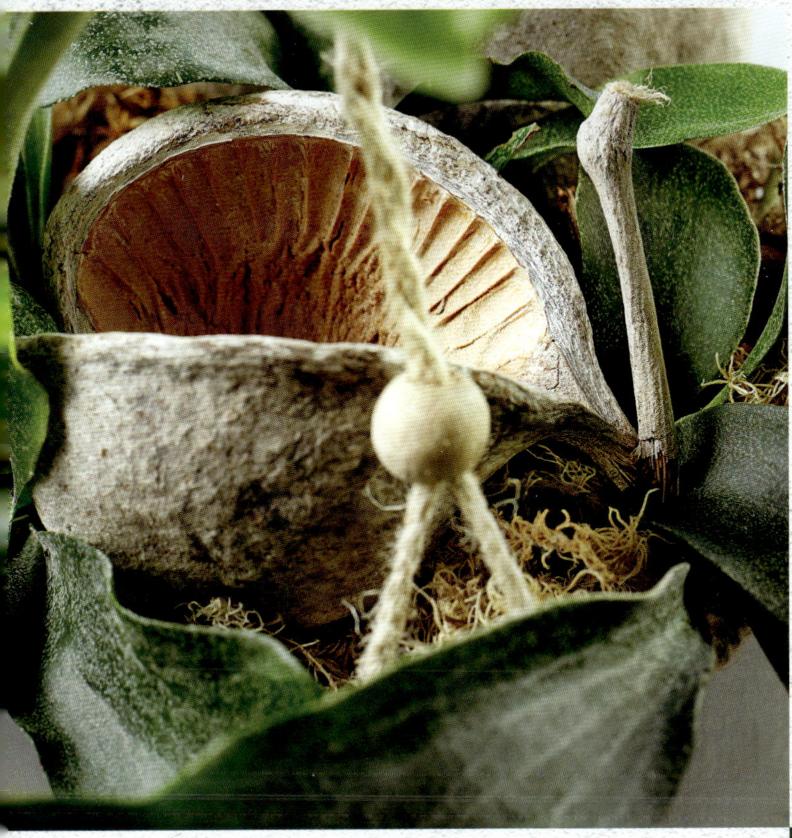

LIEBHABER SCHÄTZCHEN OHNE HALALI-ALLÜREN

Auch den Geweihfarn (*Platycerium bifurcatum*) kann man nur bedingt zu den Sukkulenten zählen. Er benötigt ein wenig Gießaufwand, da er zwar mit wenig Wasser auskommt, die Feuchtigkeit aber auch über seine großen Blattflächen aufnimmt. Empfohlen wird ein wöchentliches Tauchbad, nachdem die Pflanze und auch der Erdballen wieder ausreichend abtrocknen müssen, damit die sich dicht und fest an ihre Unterlage anklammernden Schildblätter nicht faulen. Seine geweihartigen Wedel, die dieser Pflanze den Namen gegeben haben, sind filzig oder samtig behaart, was auf einen Verdunstungsschutz hinweist. Außerdem dienen die Haare der Wasseraufnahme.

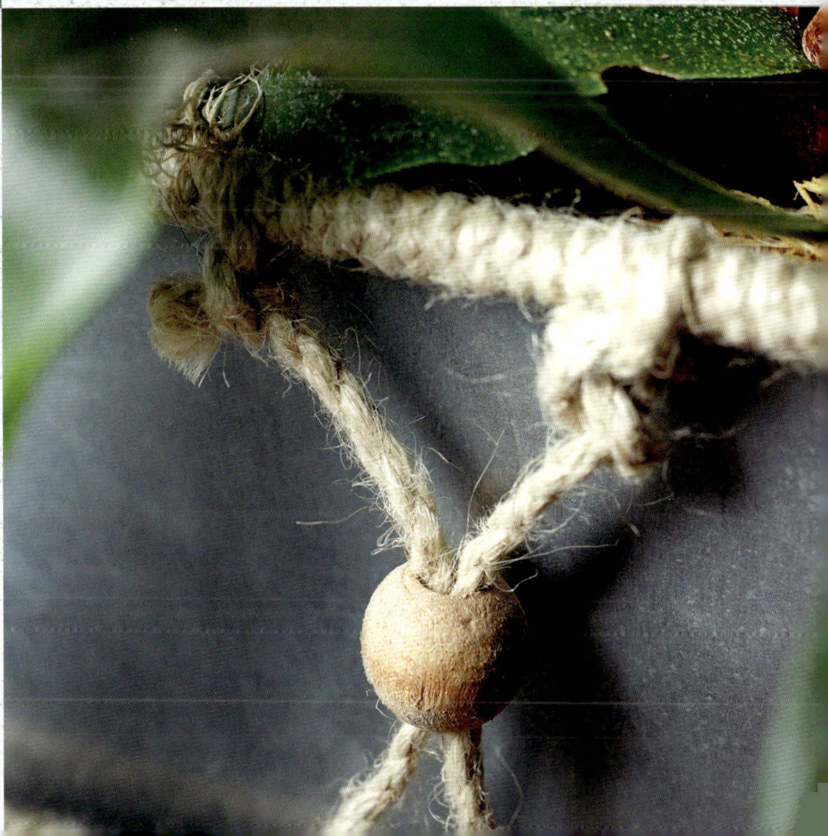

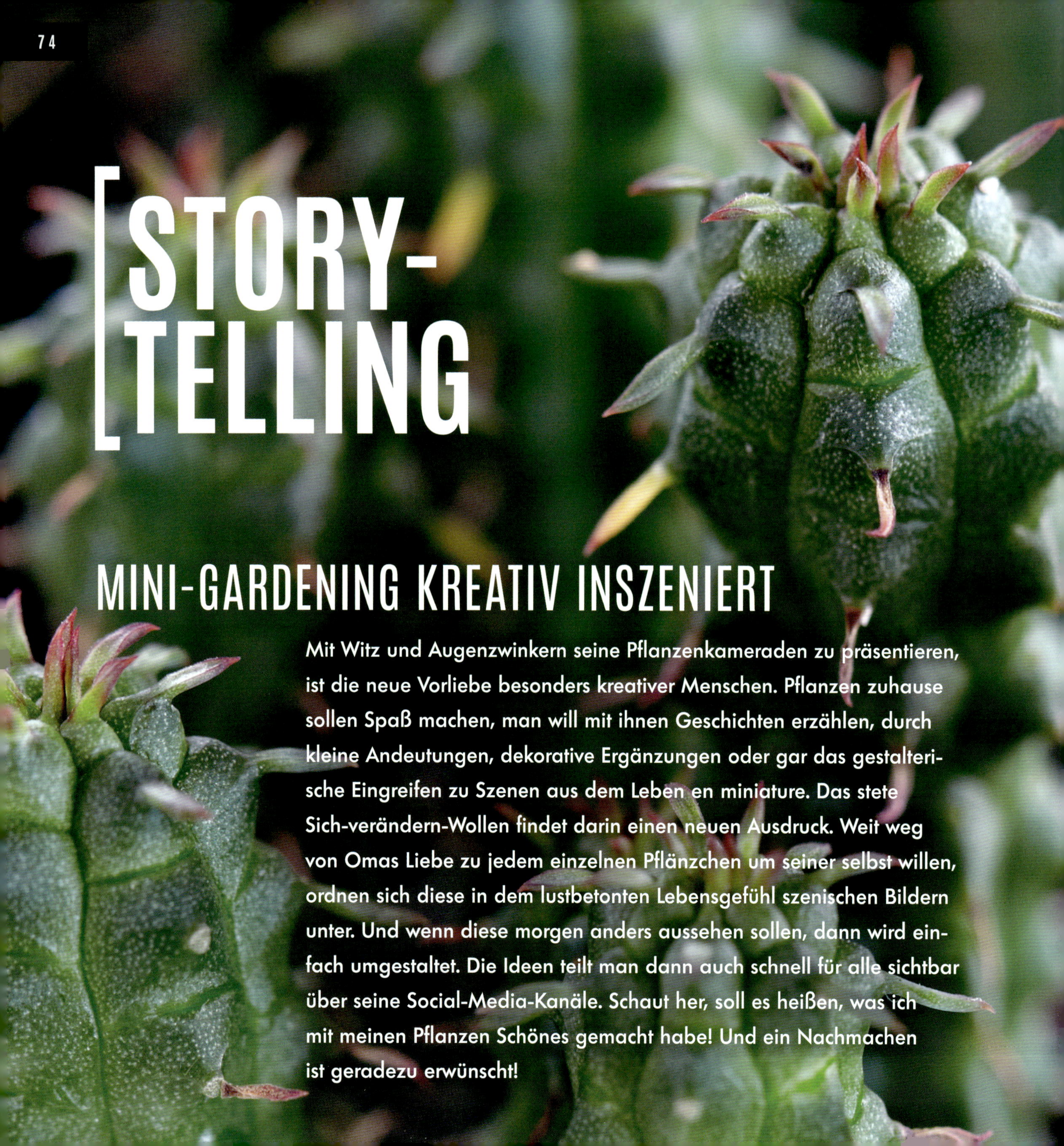

STORY-TELLING

MINI-GARDENING KREATIV INSZENIERT

Mit Witz und Augenzwinkern seine Pflanzenkameraden zu präsentieren, ist die neue Vorliebe besonders kreativer Menschen. Pflanzen zuhause sollen Spaß machen, man will mit ihnen Geschichten erzählen, durch kleine Andeutungen, dekorative Ergänzungen oder gar das gestalterische Eingreifen zu Szenen aus dem Leben en miniature. Das stete Sich-verändern-Wollen findet darin einen neuen Ausdruck. Weit weg von Omas Liebe zu jedem einzelnen Pflänzchen um seiner selbst willen, ordnen sich diese in dem lustbetonten Lebensgefühl szenischen Bildern unter. Und wenn diese morgen anders aussehen sollen, dann wird einfach umgestaltet. Die Ideen teilt man dann auch schnell für alle sichtbar über seine Social-Media-Kanäle. Schaut her, soll es heißen, was ich mit meinen Pflanzen Schönes gemacht habe! Und ein Nachmachen ist geradezu erwünscht!

PIEKSIGE GESELLEN

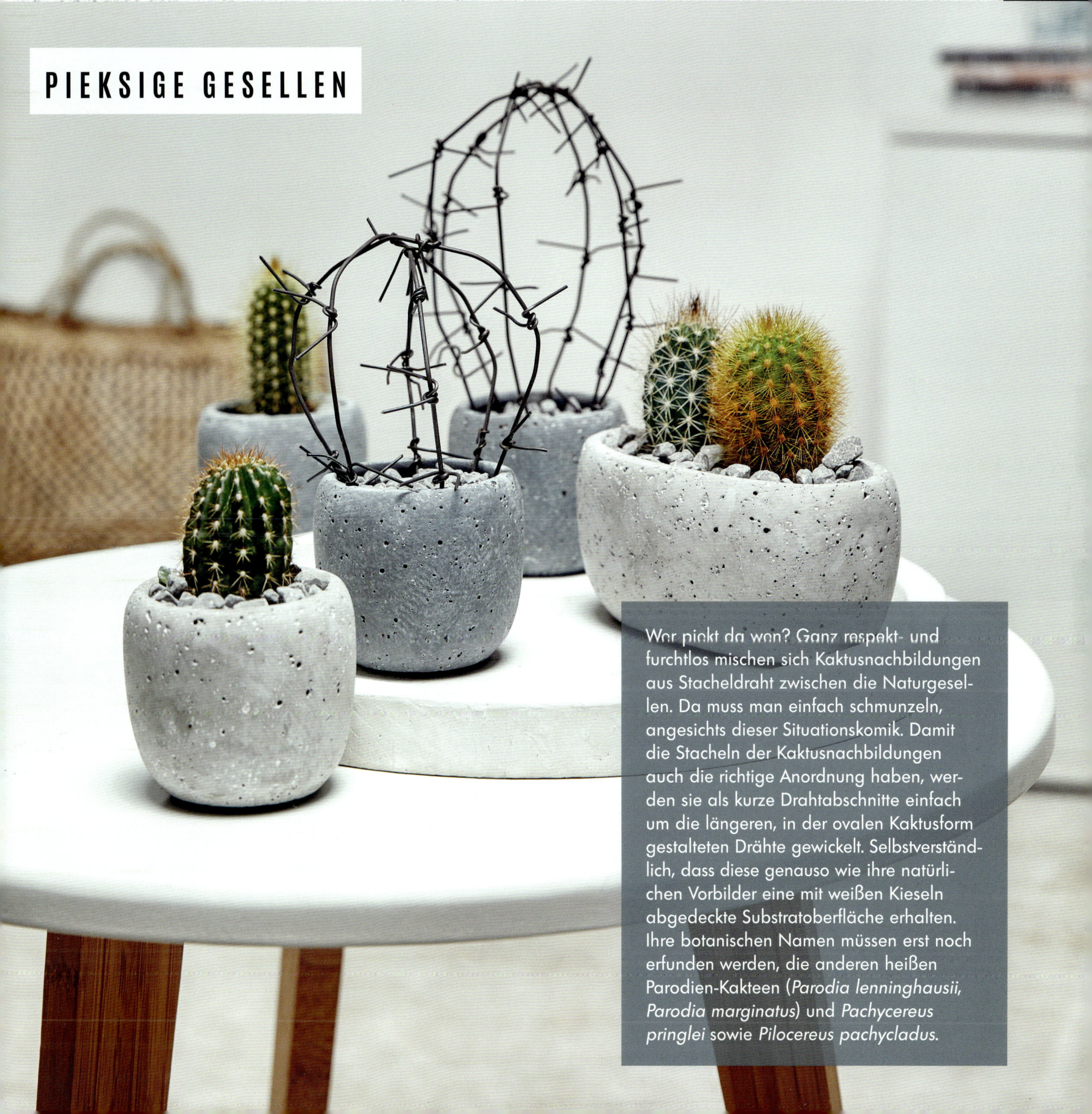

Wer piekt da wen? Ganz respekt- und furchtlos mischen sich Kaktusnachbildungen aus Stacheldraht zwischen die Naturgesellen. Da muss man einfach schmunzeln, angesichts dieser Situationskomik. Damit die Stacheln der Kaktusnachbildungen auch die richtige Anordnung haben, werden sie als kurze Drahtabschnitte einfach um die längeren, in der ovalen Kaktusform gestalteten Drähte gewickelt. Selbstverständlich, dass diese genauso wie ihre natürlichen Vorbilder eine mit weißen Kieseln abgedeckte Substratoberfläche erhalten. Ihre botanischen Namen müssen erst noch erfunden werden, die anderen heißen Parodien-Kakteen (*Parodia lenninghausii, Parodia marginatus*) und *Pachycereus pringlei* sowie *Pilocereus pachycladus.*

DIE WÜSTE LEBT

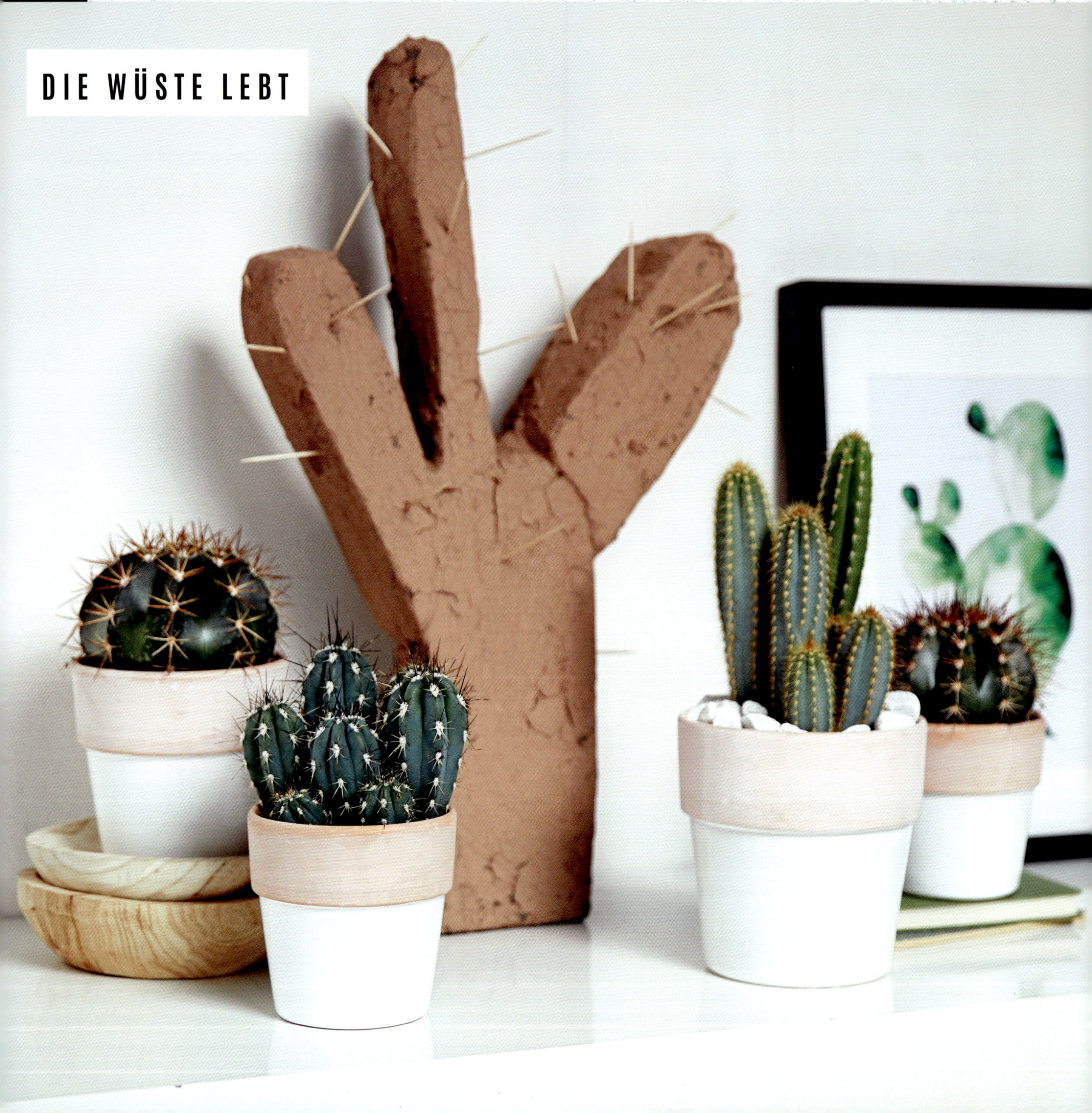

Nach Hause geholt in den hellen Tongefäßen, erhalten die säulen- und kugelartigen Kakteen (*Pachycereus pecten-aboriginum, Pilosocereus pachycladus, Melocactus bahiensis*) einen exponierten Platz auf dem Sideboard. Der Eyecatcher, der unmissverständlich klarmacht, worum es hier geht, ist ein aus Ton gefertigtes Kaktusobjekt. Da geht der Blick dann weiter ins Bücherregal, auf dem sich ebenfalls die genügsamen, dickköpfigen Pflanzenvertreter niedergelassen haben, wie die verschiedenen Kakteen (*Parodia lenninghausii, Mammillaria magnimamma, Mammillaria elongata*).

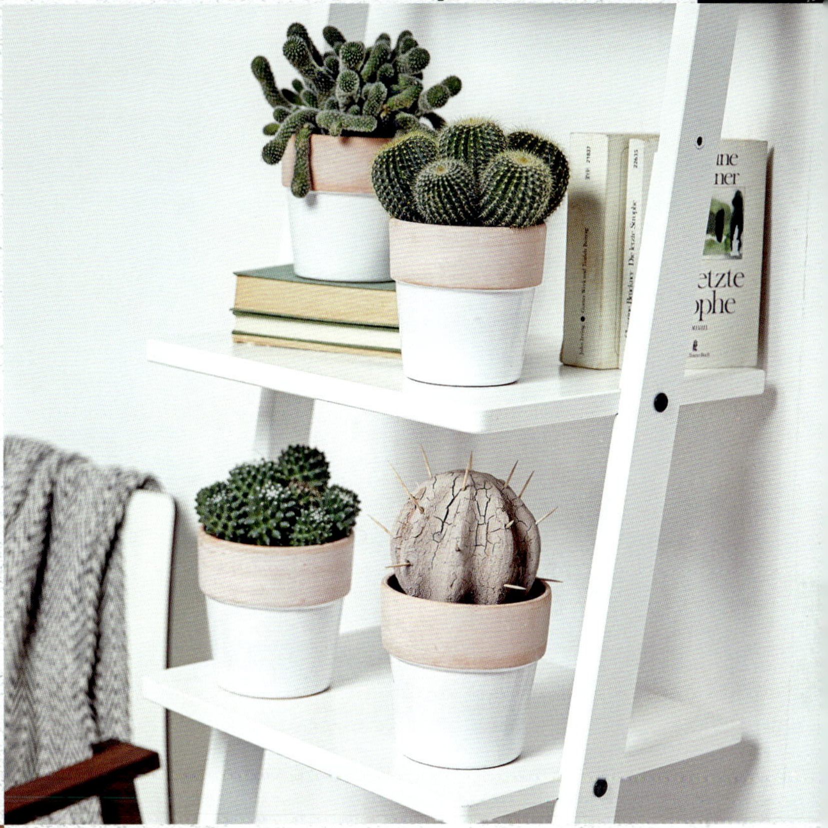

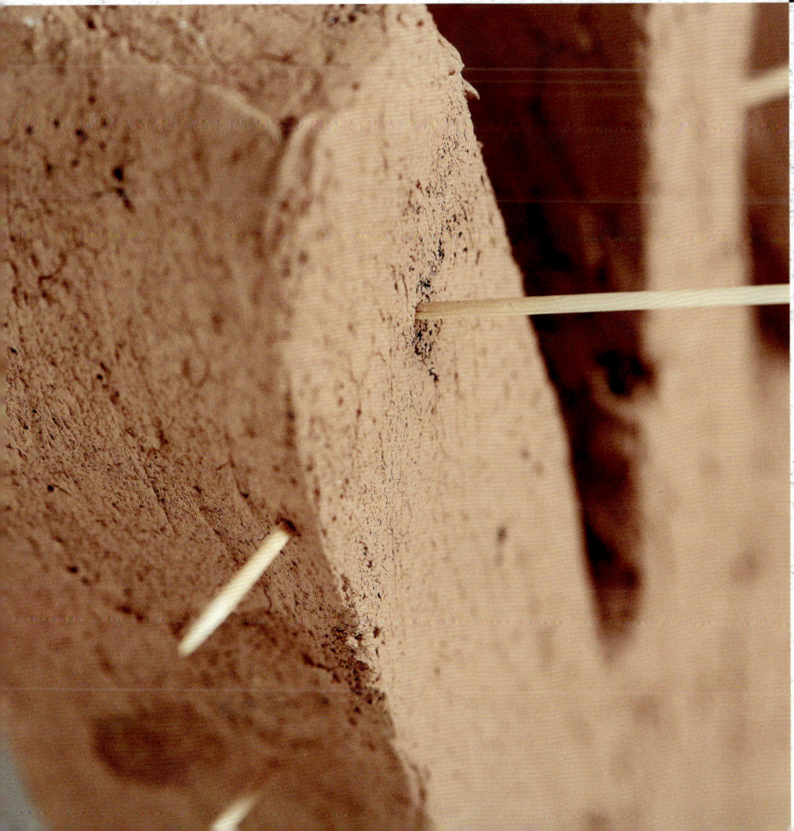

FERNES LAND GANZ NAH UND VERTRAUT

GARTENSZENE MIT LIEGESTUHL

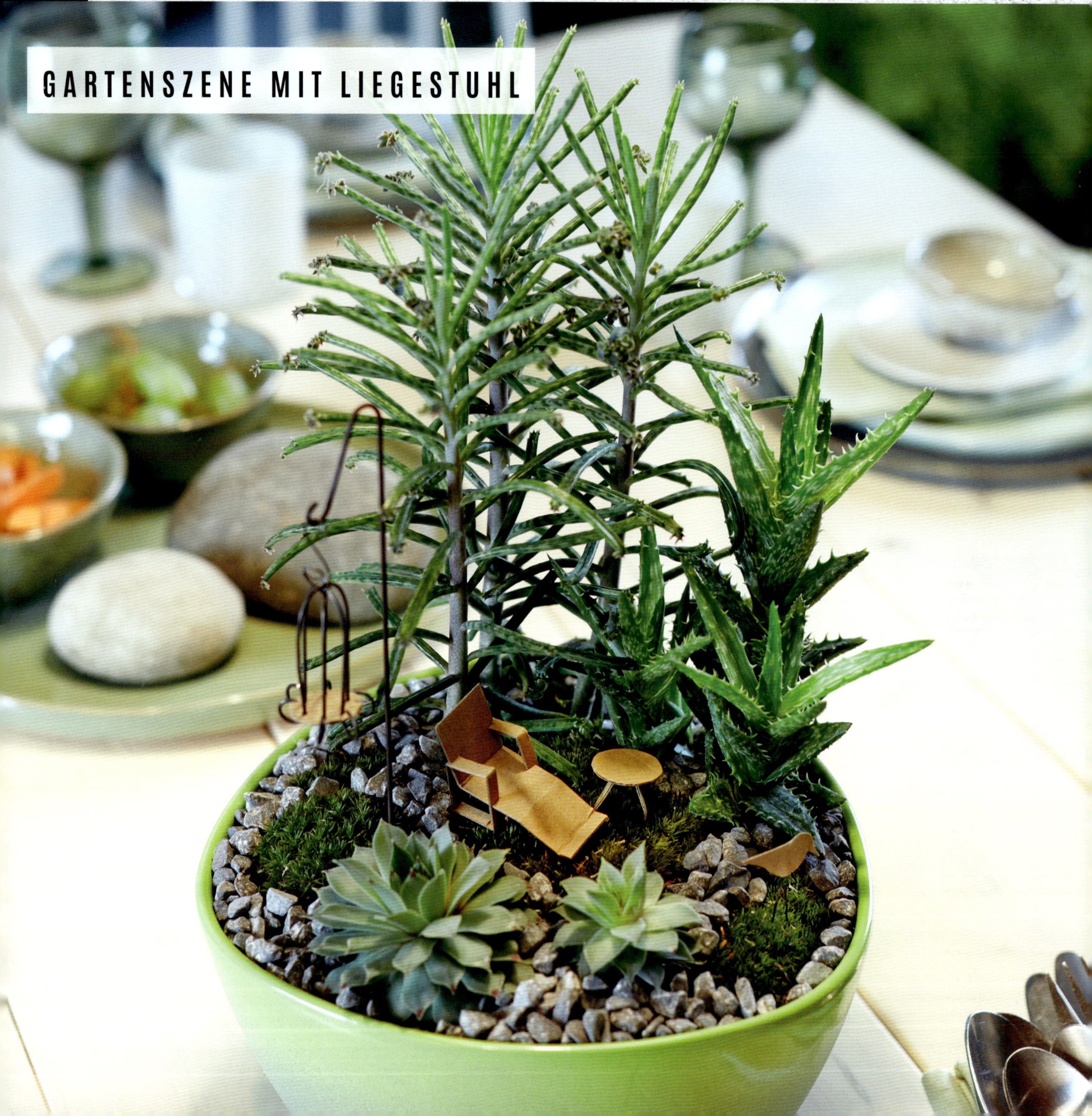

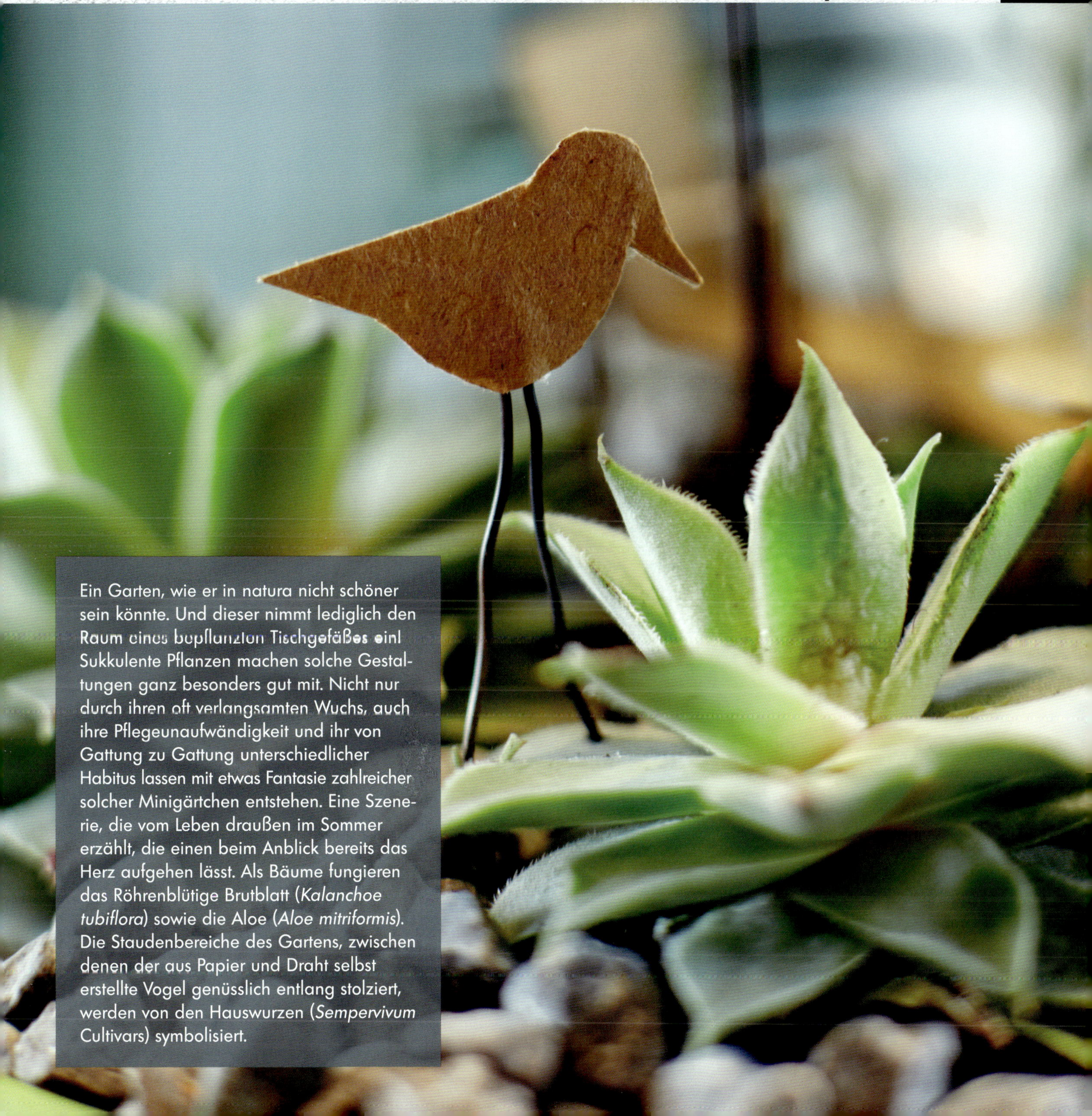

Ein Garten, wie er in natura nicht schöner sein könnte. Und dieser nimmt lediglich den Raum eines bepflanzten Tischgefäßes ein! Sukkulente Pflanzen machen solche Gestaltungen ganz besonders gut mit. Nicht nur durch ihren oft verlangsamten Wuchs, auch ihre Pflegeunaufwändigkeit und ihr von Gattung zu Gattung unterschiedlicher Habitus lassen mit etwas Fantasie zahlreicher solcher Minigärtchen entstehen. Eine Szenerie, die vom Leben draußen im Sommer erzählt, die einen beim Anblick bereits das Herz aufgehen lässt. Als Bäume fungieren das Röhrenblütige Brutblatt (*Kalanchoe tubiflora*) sowie die Aloe (*Aloe mitriformis*). Die Staudenbereiche des Gartens, zwischen denen der aus Papier und Draht selbst erstellte Vogel genüsslich entlang stolziert, werden von den Hauswurzen (*Sempervivum* Cultivars) symbolisiert.

WENN'S FILZIG SEIN DARF

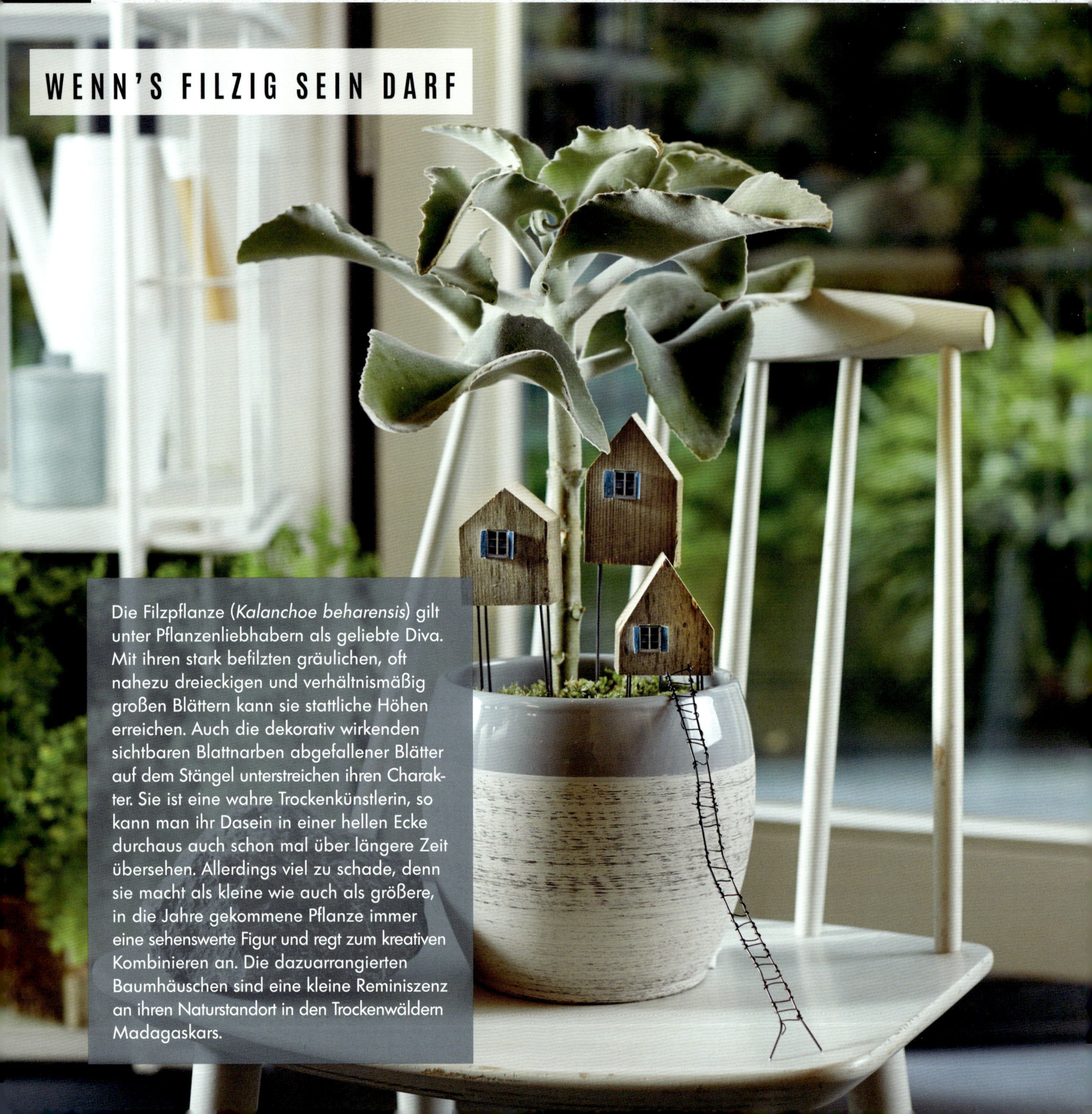

Die Filzpflanze (*Kalanchoe beharensis*) gilt unter Pflanzenliebhabern als geliebte Diva. Mit ihren stark befilzten gräulichen, oft nahezu dreieckigen und verhältnismäßig großen Blättern kann sie stattliche Höhen erreichen. Auch die dekorativ wirkenden sichtbaren Blattnarben abgefallener Blätter auf dem Stängel unterstreichen ihren Charakter. Sie ist eine wahre Trockenkünstlerin, so kann man ihr Dasein in einer hellen Ecke durchaus auch schon mal über längere Zeit übersehen. Allerdings viel zu schade, denn sie macht als kleine wie auch als größere, in die Jahre gekommene Pflanze immer eine sehenswerte Figur und regt zum kreativen Kombinieren an. Die dazuarrangierten Baumhäuschen sind eine kleine Reminiszenz an ihren Naturstandort in den Trockenwäldern Madagaskars.

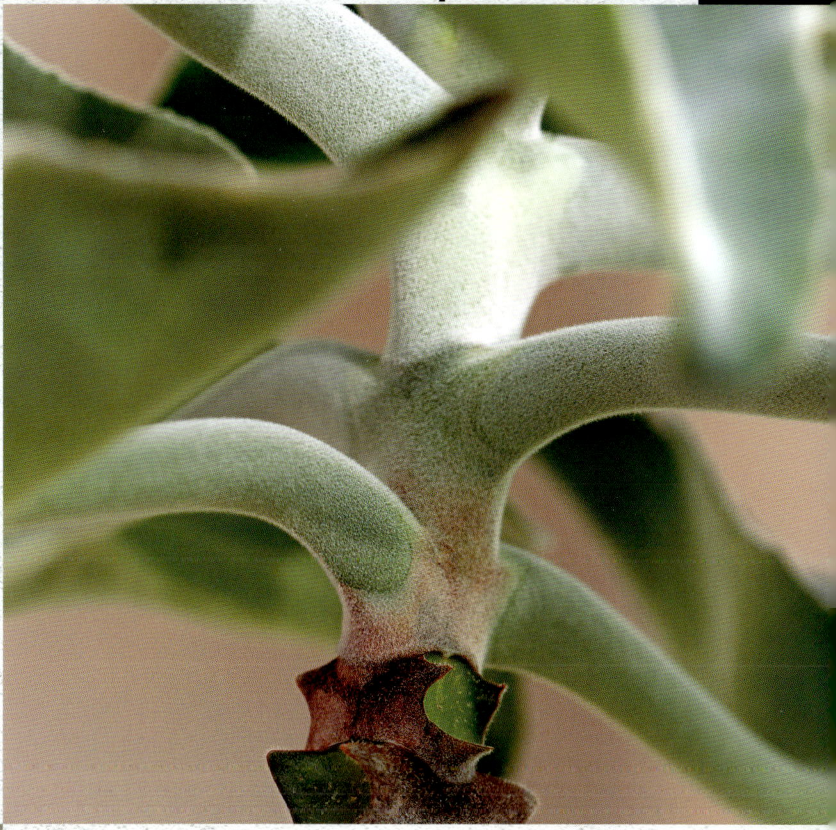

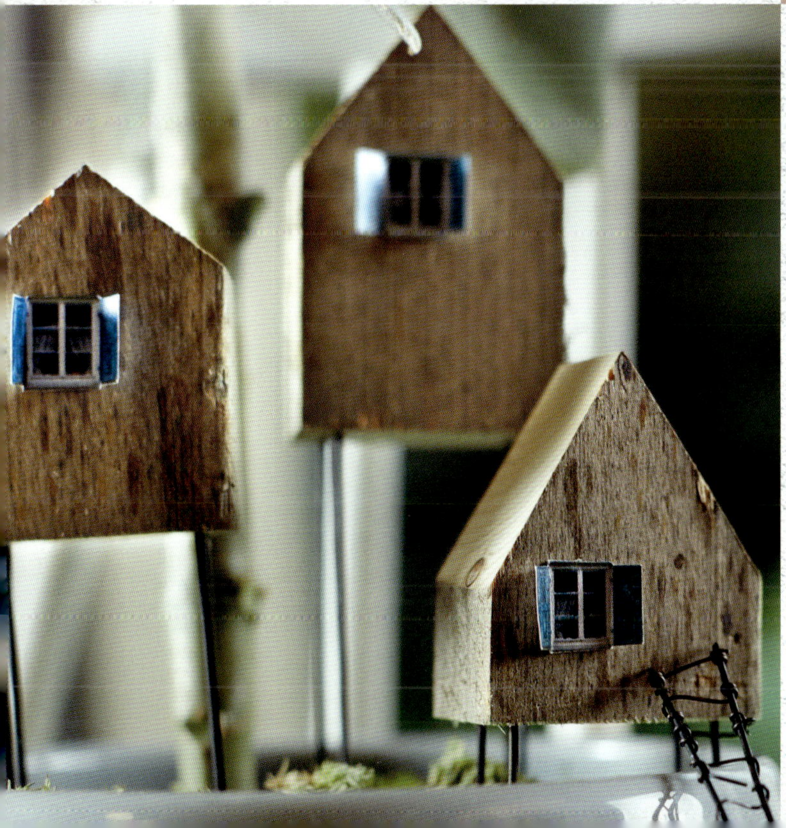

FILZ, KLÜNGEL UND ANDERE VERSTRICKUNGEN

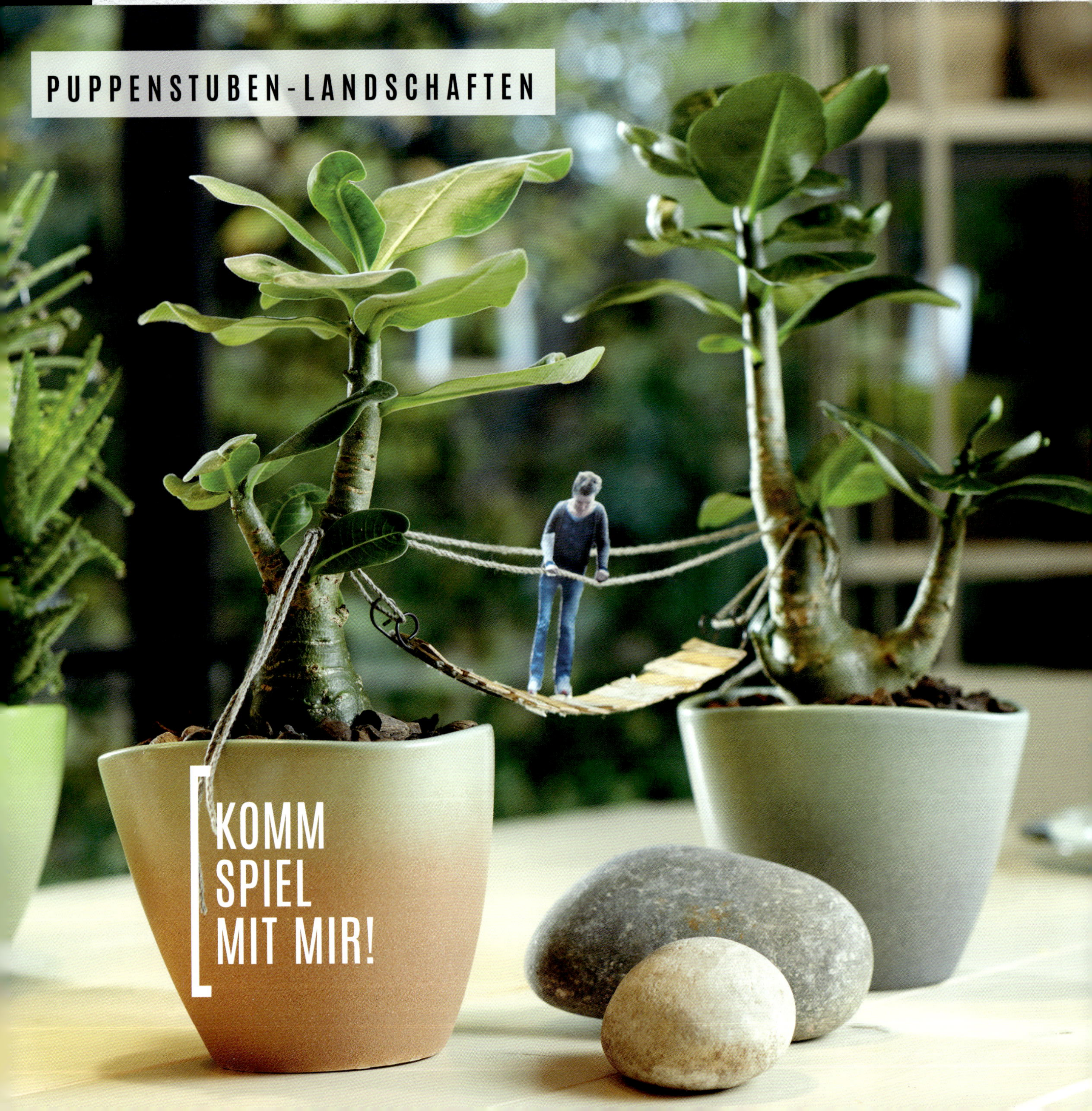

KOMM SPIEL MIT MIR!

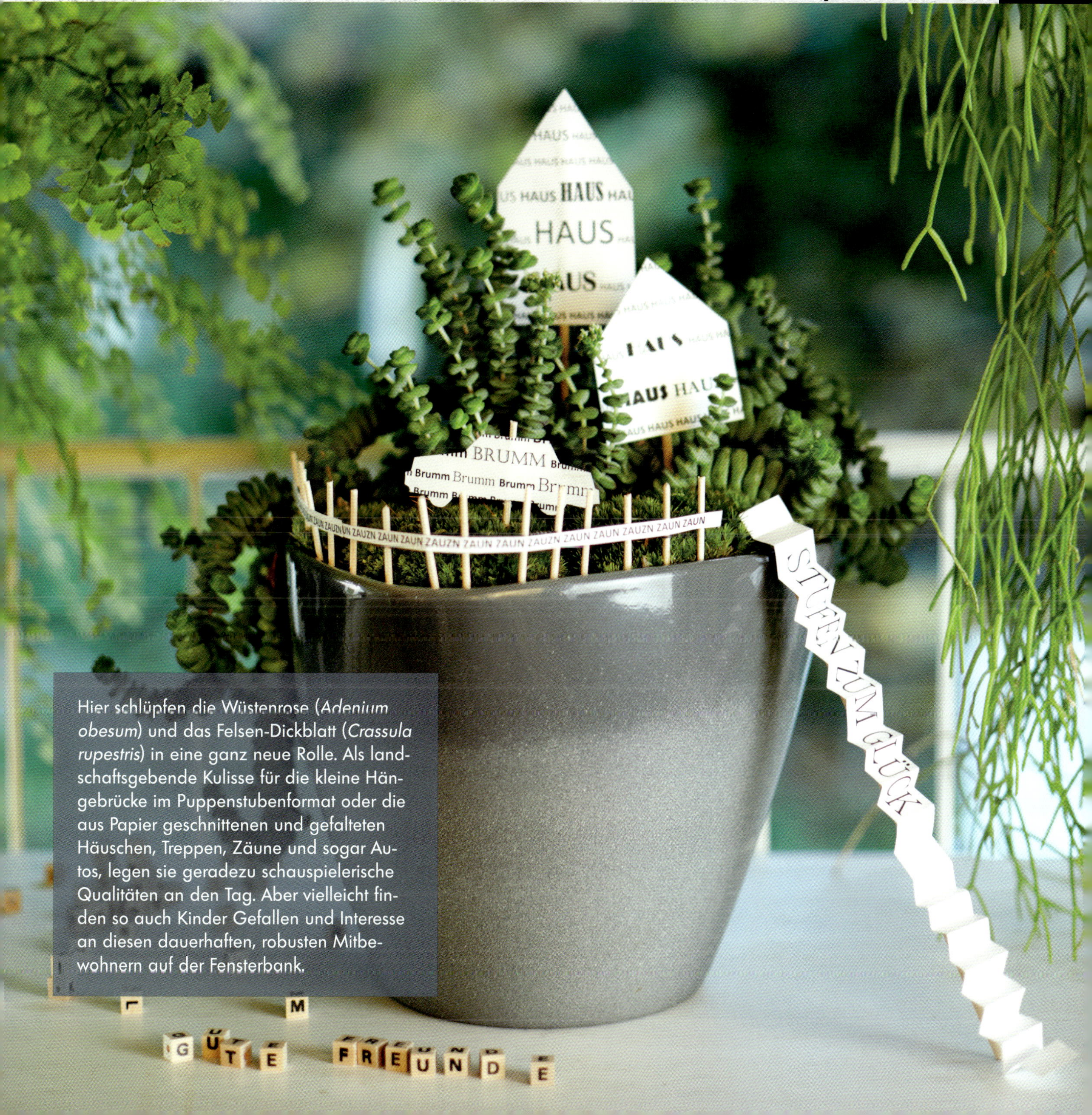

Hier schlüpfen die Wüstenrose (*Adenium obesum*) und das Felsen-Dickblatt (*Crassula rupestris*) in eine ganz neue Rolle. Als landschaftsgebende Kulisse für die kleine Hängebrücke im Puppenstubenformat oder die aus Papier geschnittenen und gefalteten Häuschen, Treppen, Zäune und sogar Autos, legen sie geradezu schauspielerische Qualitäten an den Tag. Aber vielleicht finden so auch Kinder Gefallen und Interesse an diesen dauerhaften, robusten Mitbewohnern auf der Fensterbank.

ZEN-GARTEN EN MINIATURE

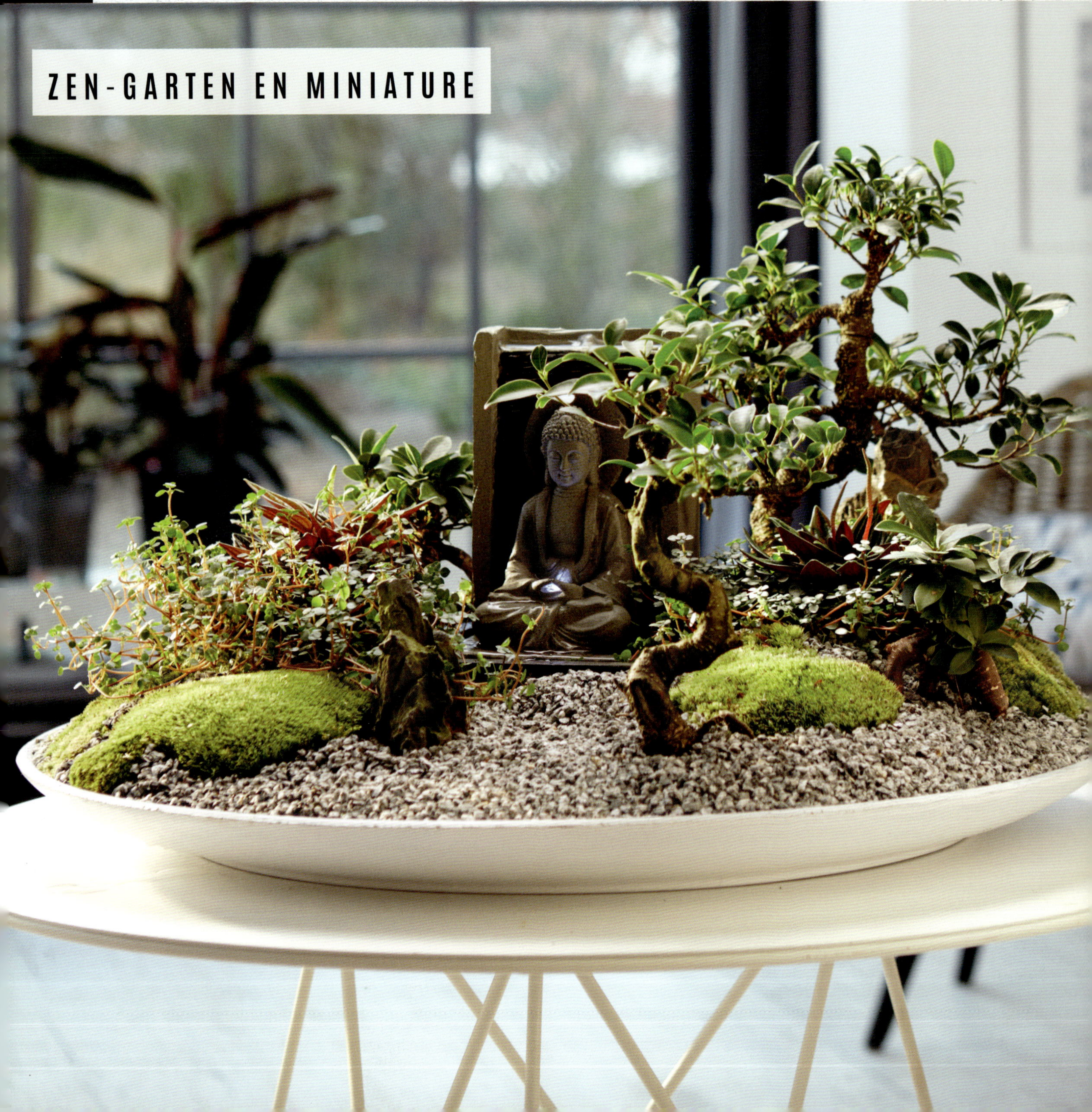

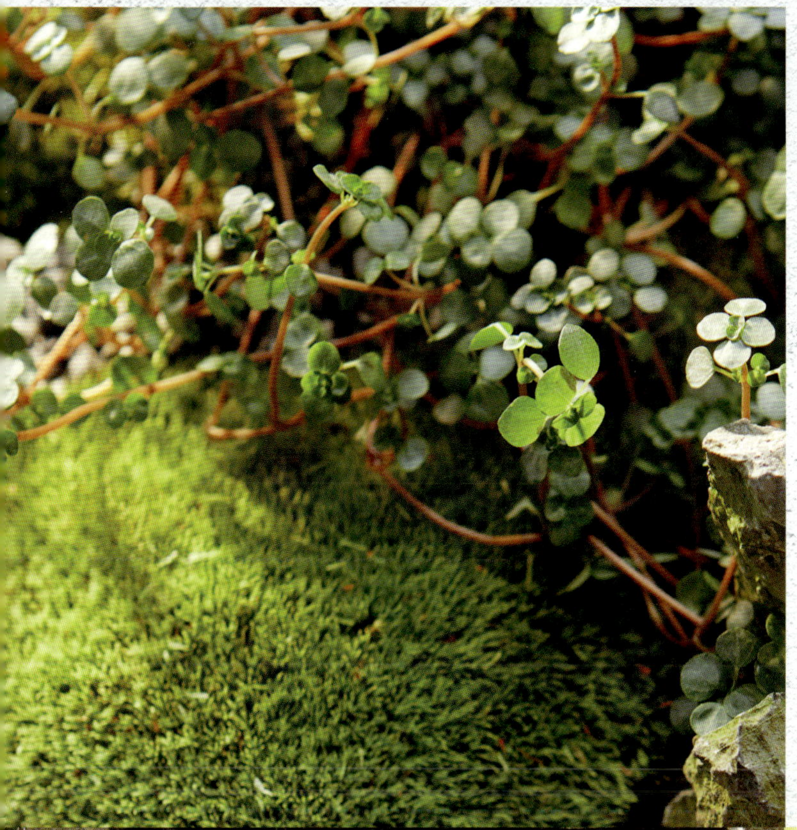

Wie wunderbar, wenn der Alltag kleine Fluchten bereithält! Der Blick in diesen Zen-Garten auf der Fensterbank lässt Stress und Hektik vergessen. Ruhe geht nicht nur von der kleinen Buddha-Figur sondern auch von den genügsamen, leicht sukkulent wachsenden Pflanzen aus. Allen voran der mit ledrigen Blättern ausgestattete Zwergpfeffer (*Peperomia caperata* 'Rosso'). Auch die Kanonierblume (*Pilea glauca*) hat aufgrund ihrer leicht verdickten, fleischig wirkenden Blätter und Triebe einen sukkulenten Charakter. Der Chinesische Feigenbaum (*Ficus retusa*) dagegen gesellte sich aufgrund seiner dekorativen, knorrig gewachsenen Erscheinung dazu.

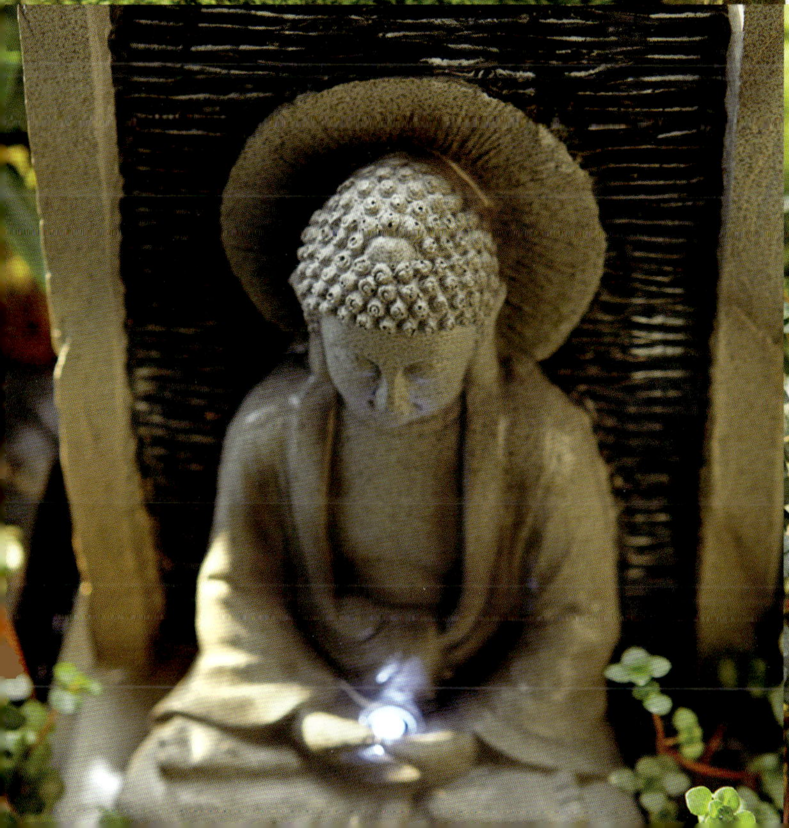

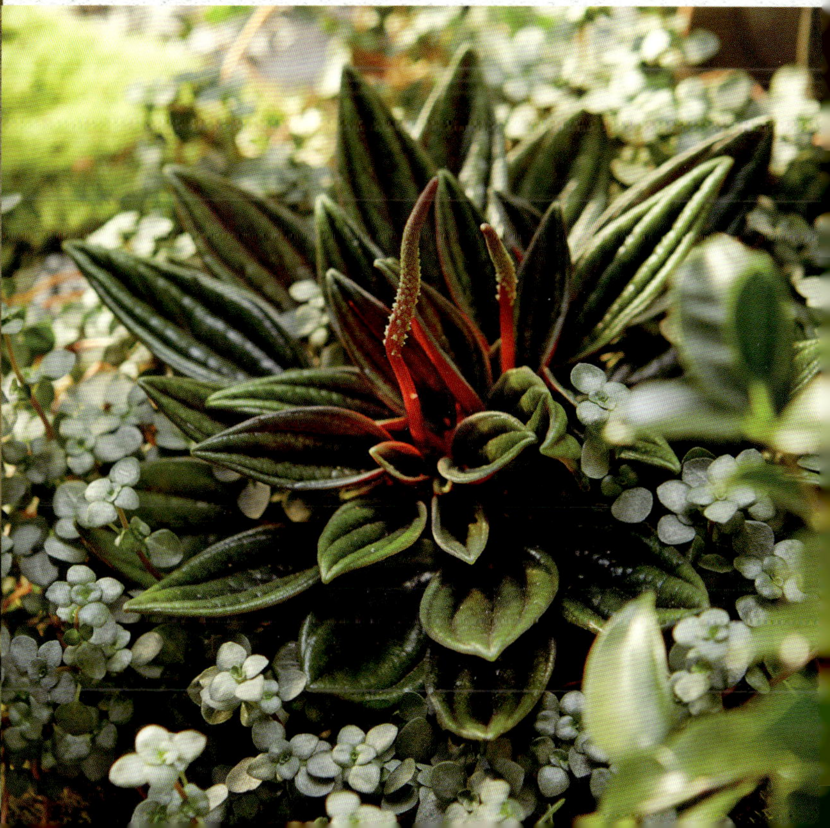

WENN EISBERGE ZU WÜSTEN WERDEN

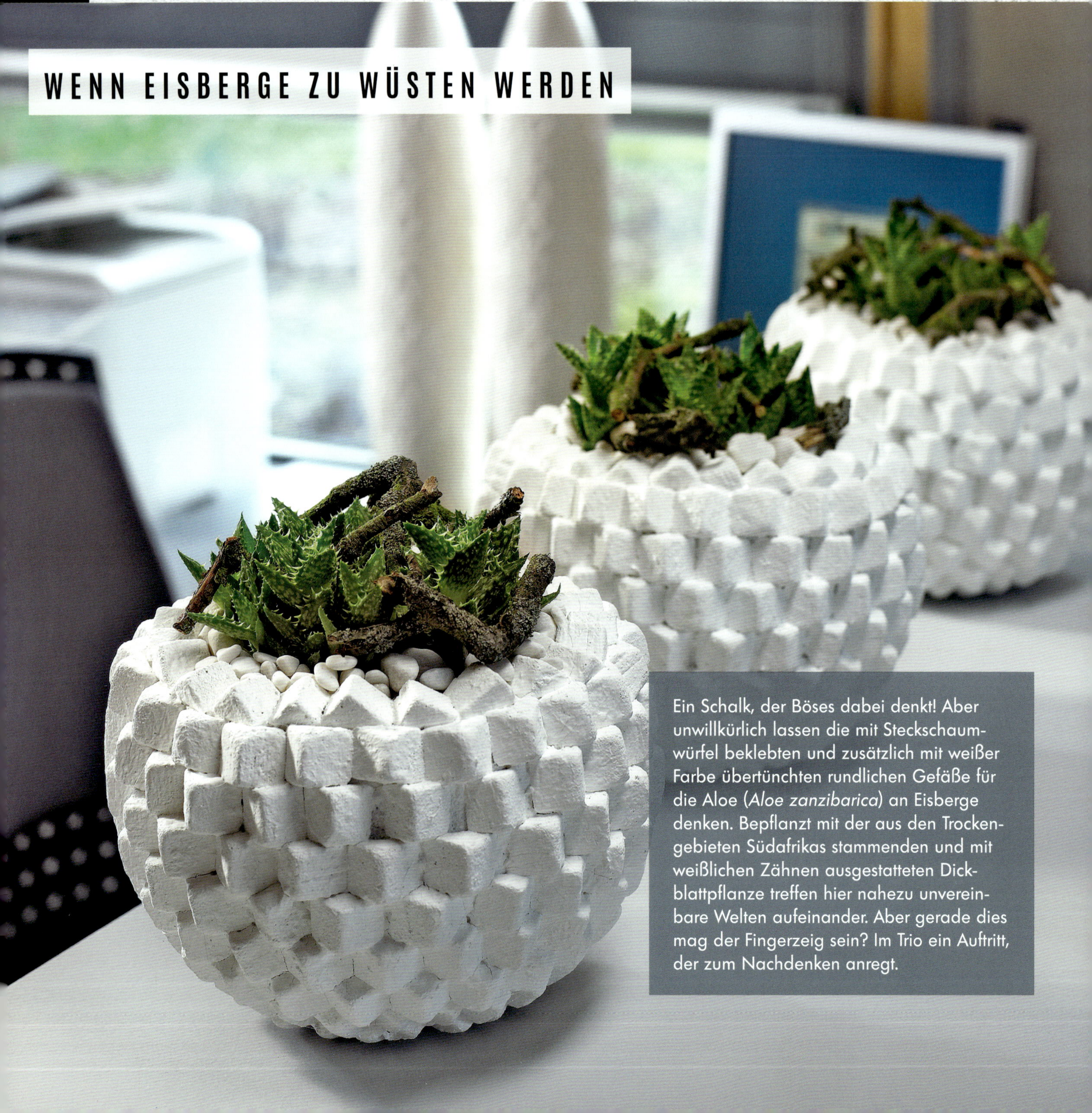

Ein Schalk, der Böses dabei denkt! Aber unwillkürlich lassen die mit Steckschaumwürfel beklebten und zusätzlich mit weißer Farbe übertünchten rundlichen Gefäße für die Aloe (*Aloe zanzibarica*) an Eisberge denken. Bepflanzt mit der aus den Trockengebieten Südafrikas stammenden und mit weißlichen Zähnen ausgestatteten Dickblattpflanze treffen hier nahezu unvereinbare Welten aufeinander. Aber gerade dies mag der Fingerzeig sein? Im Trio ein Auftritt, der zum Nachdenken anregt.

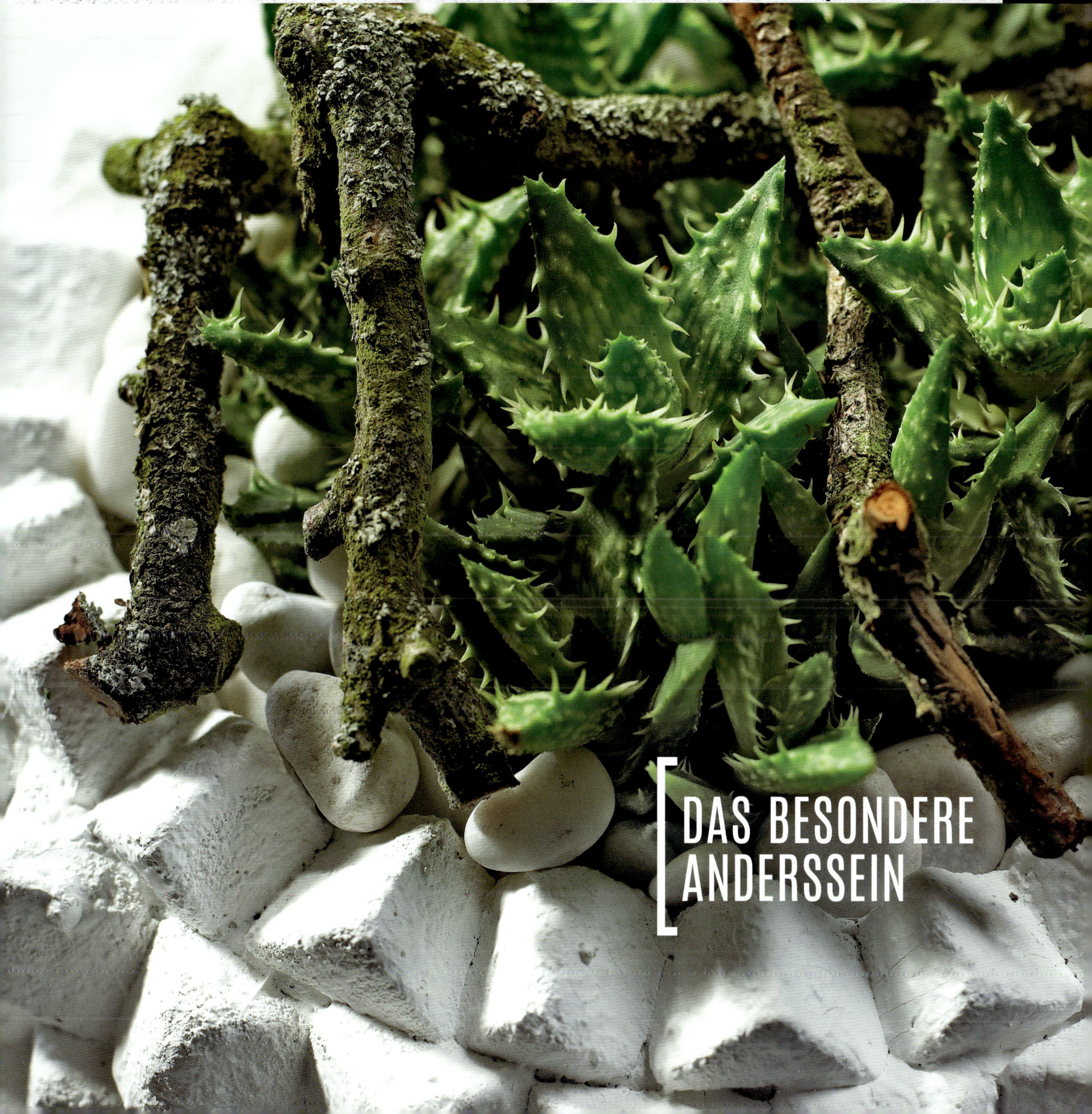

DAS BESONDERE ANDERSSEIN

GEGENSÄTZE ZIEHEN SICH AN!

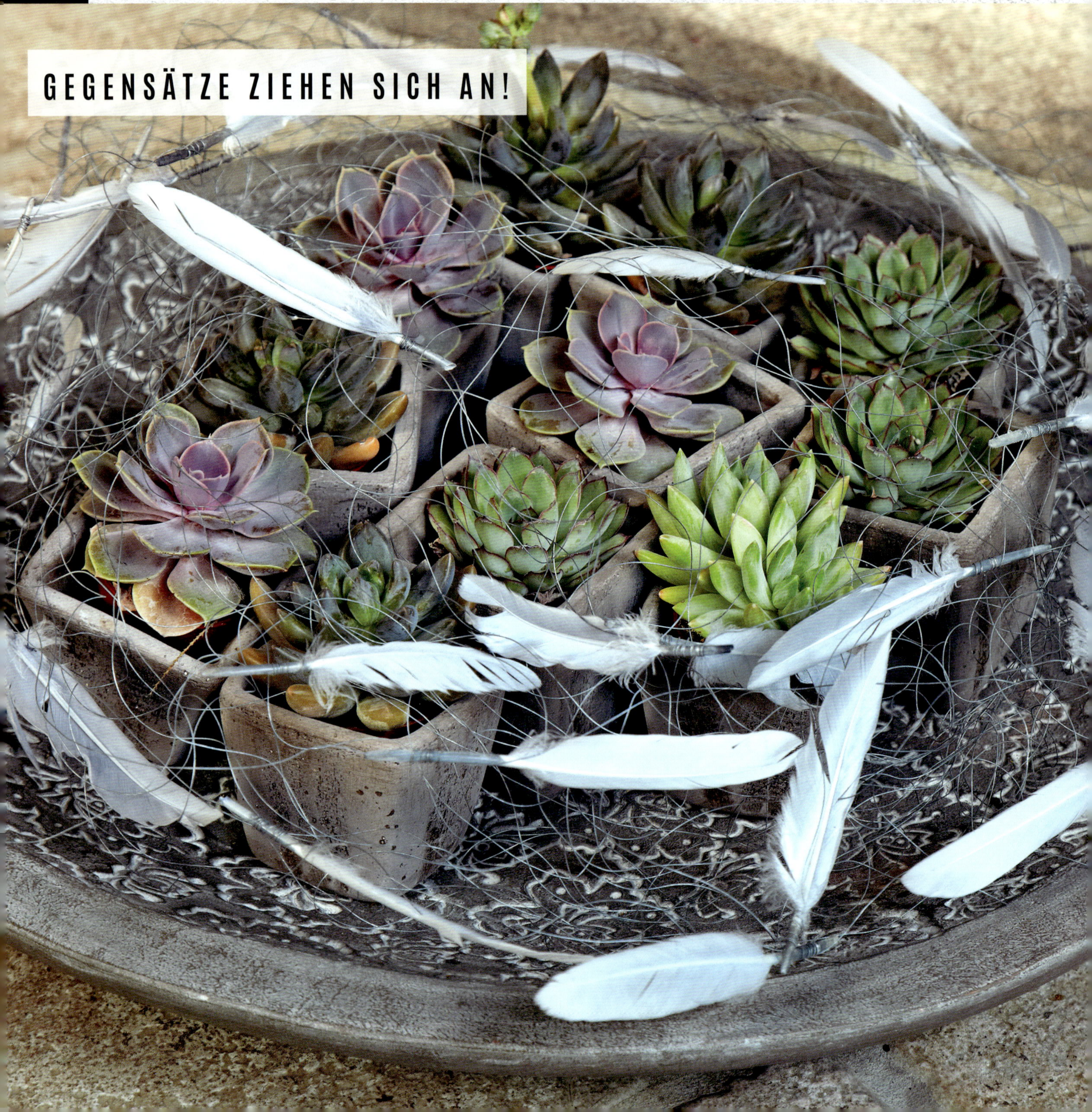

Sie wirken eigentlich recht bodenständig, sesshaft und wenig fragil. Da mag das sie umgebende Gespinst aus Zierdraht mit eingeknoteten Federn geradezu eine Aufforderung sein, in der Ansammlung der verschiedenen rosettenartig wachsenden Echeverien (*Echeveria elegans, Echeveria gibbiflora, Echeveria* Cultivars) auch die Leichtigkeit des Seins zum Ausdruck zu bringen. In der flachen Schale eine Sammlung, die – klein, aber oho – für Aufmerksamkeit sorgt!

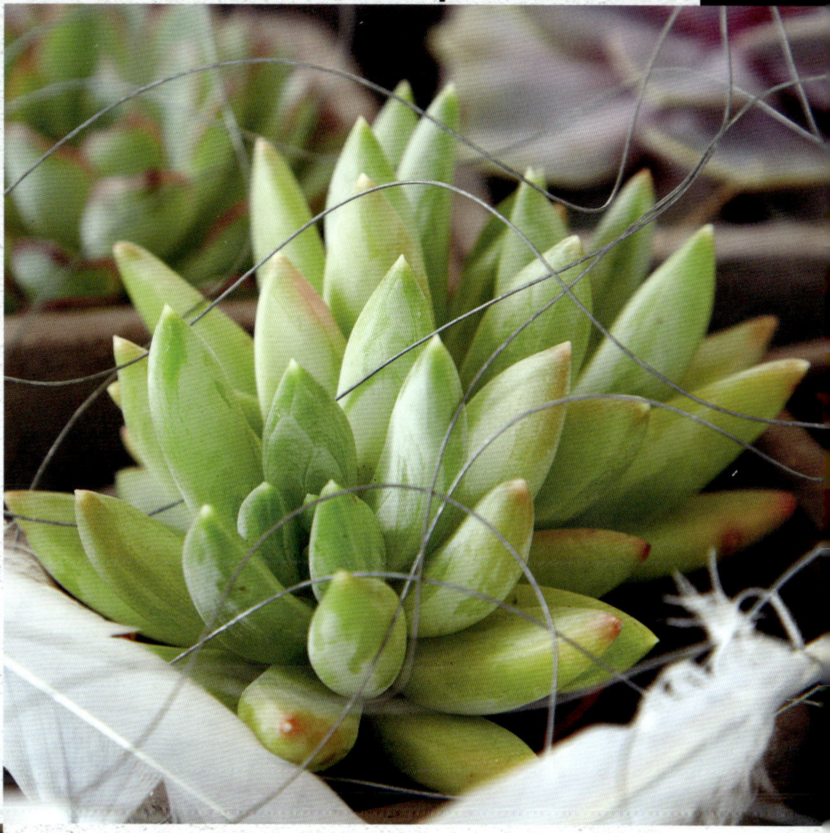

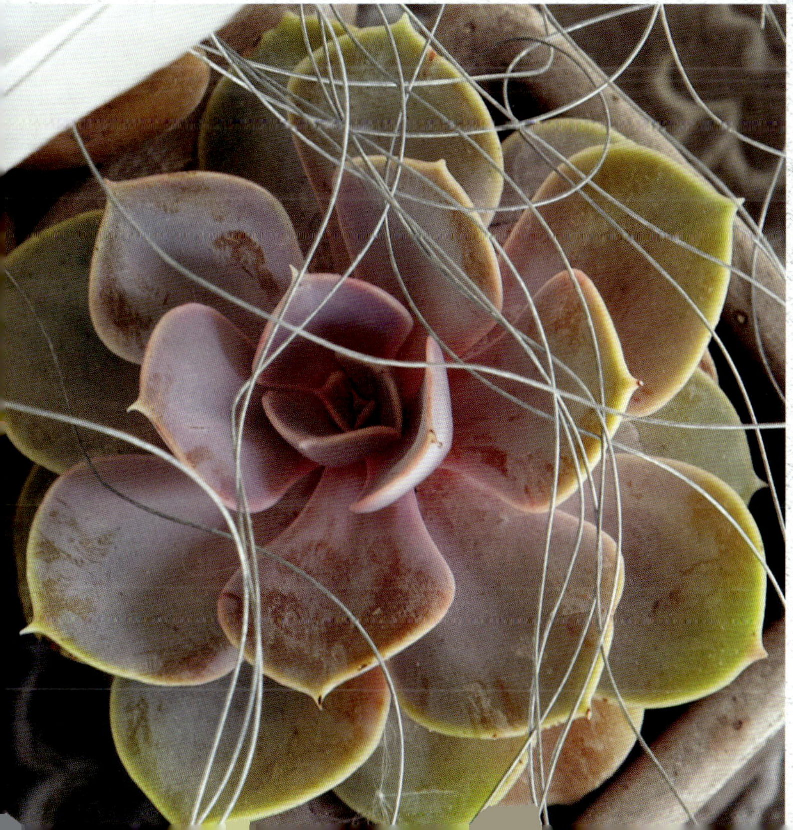

DEM DASEIN FLÜGEL VERLEIHEN!

KAKTEEN-LIEBHABEREI

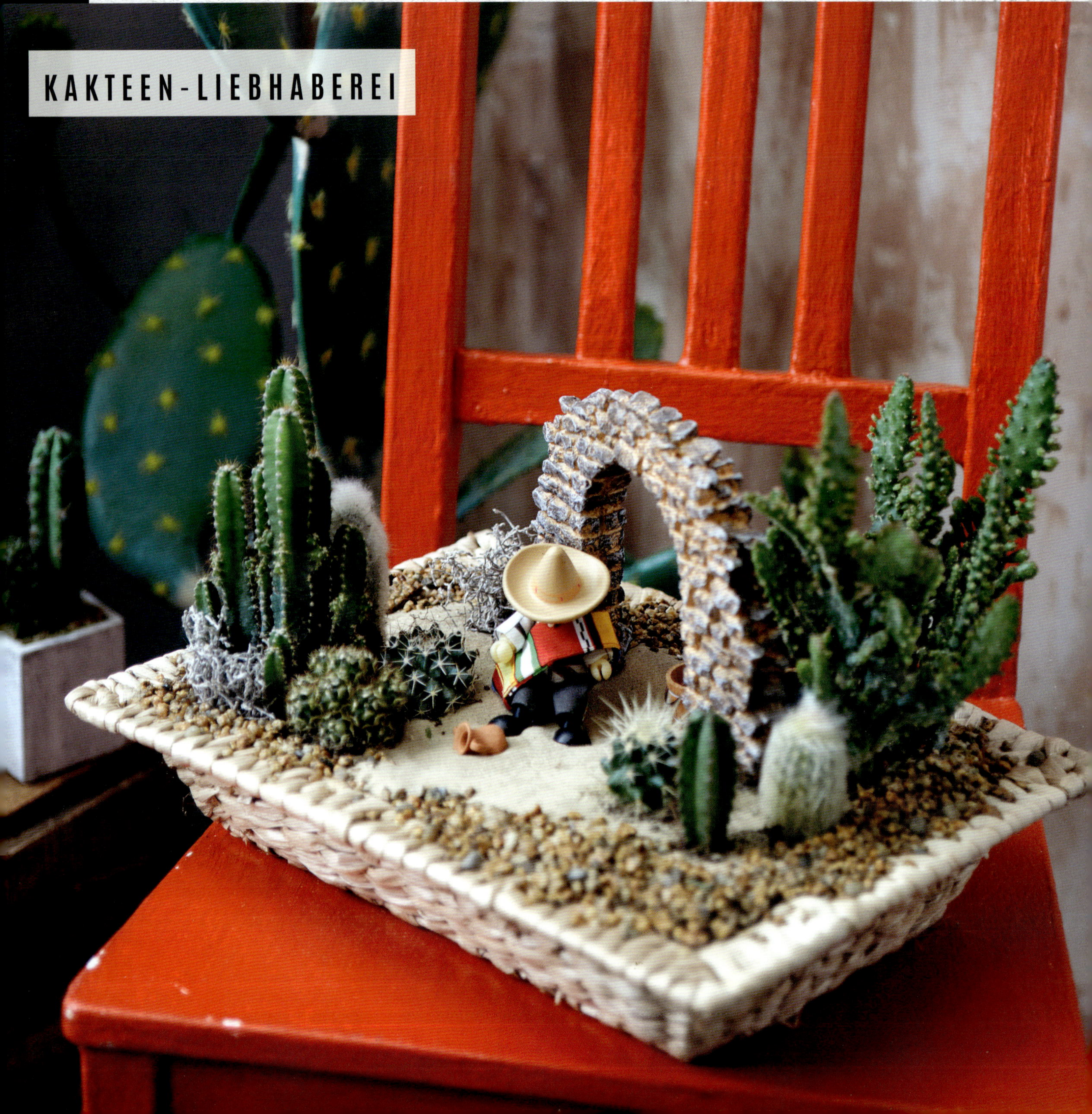

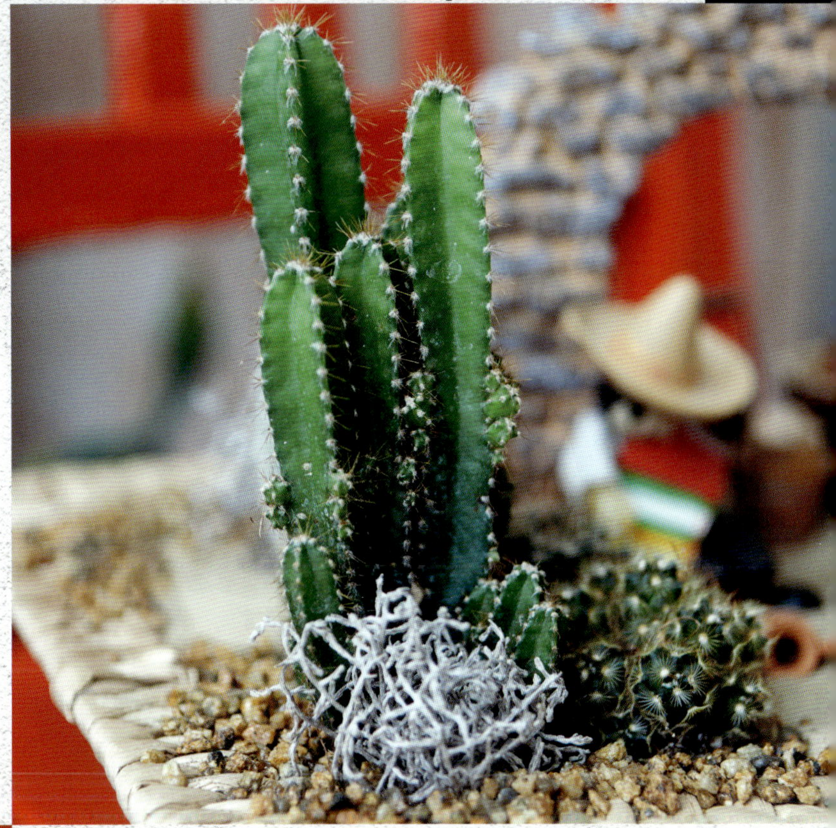

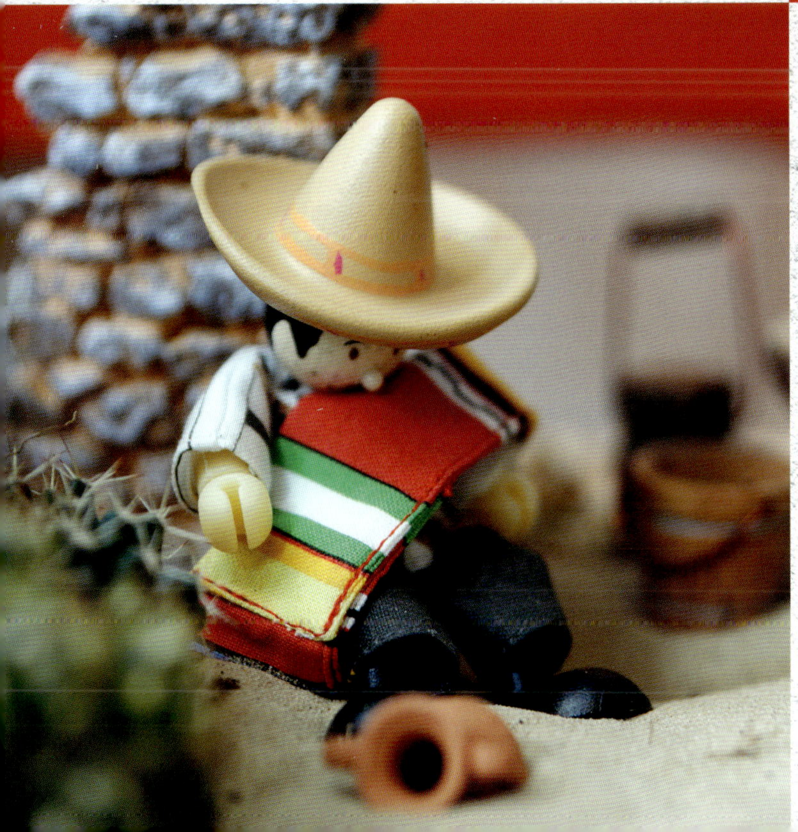

Eine idealisierte Wüstenwelt entsteht, wenn sich der kleine Pedro im mexikanischen Folkloredress im Kakteengarten dazugesellt. Mit der Sandabdeckung der Erdoberfläche und den Granulaten werden die Naturstandorte im Miniaturformat nachempfunden. Auch wenn sie nicht natürlicherweise nachbarschaftlich verbandelt sind, gehen sie hier doch ein trautes Tête-à-Tête ein: der Greisenhauptkaktus (*Cephalocereus senilis*), der Warzenkaktus (*Mammillaria elongata*), der Seeigelkaktus (*Echinopsis* Cultivar), der Felsenkaktus (*Cereus repandes*), der Feigenkaktus (*Opuntia tuna*) sowie die nicht sukkulente Drahtpflanze (*Leucophyta brownii*).

SCHMUSE-IDYLL MIT SCHARFEN ZÄHNEN

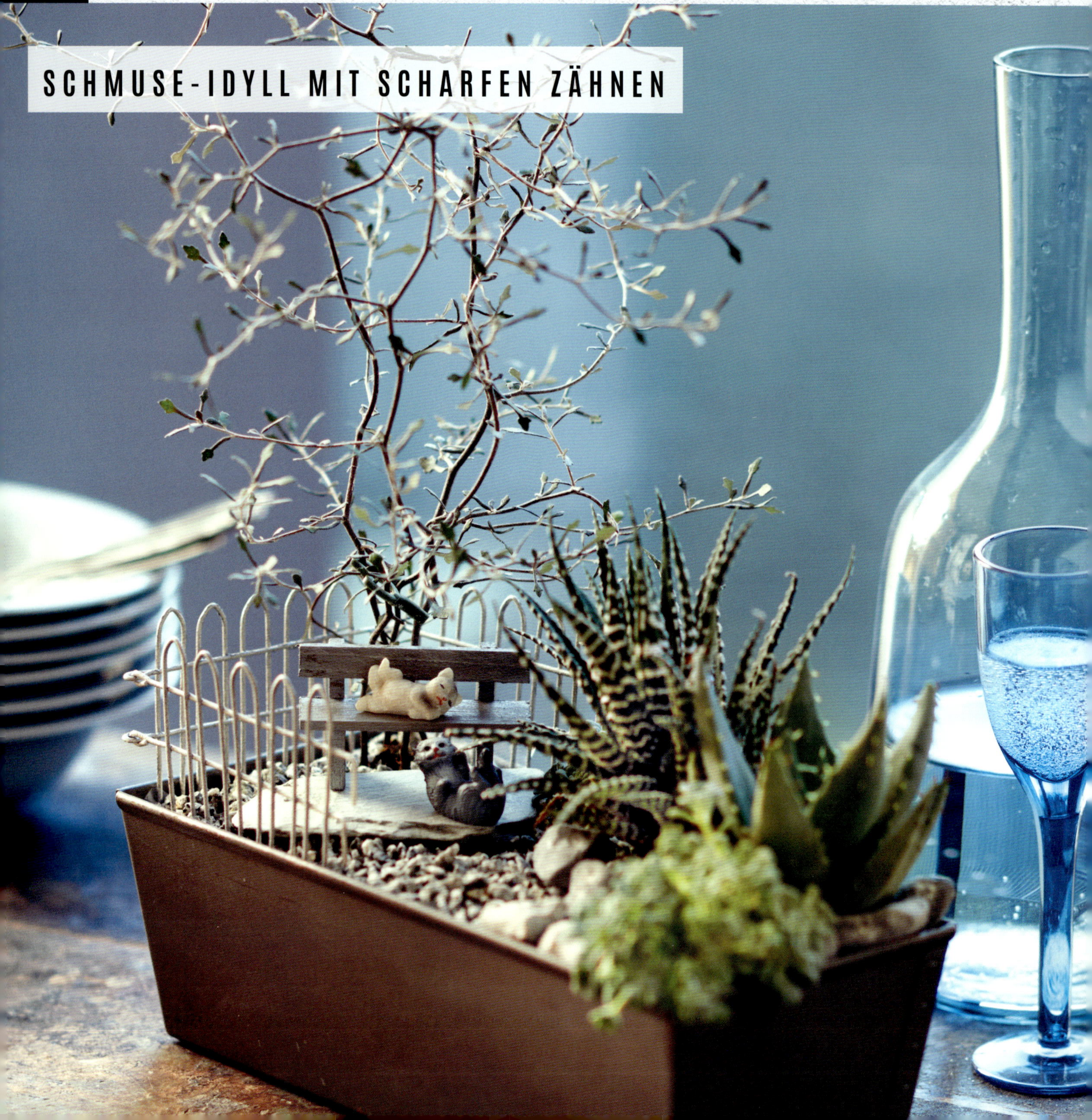

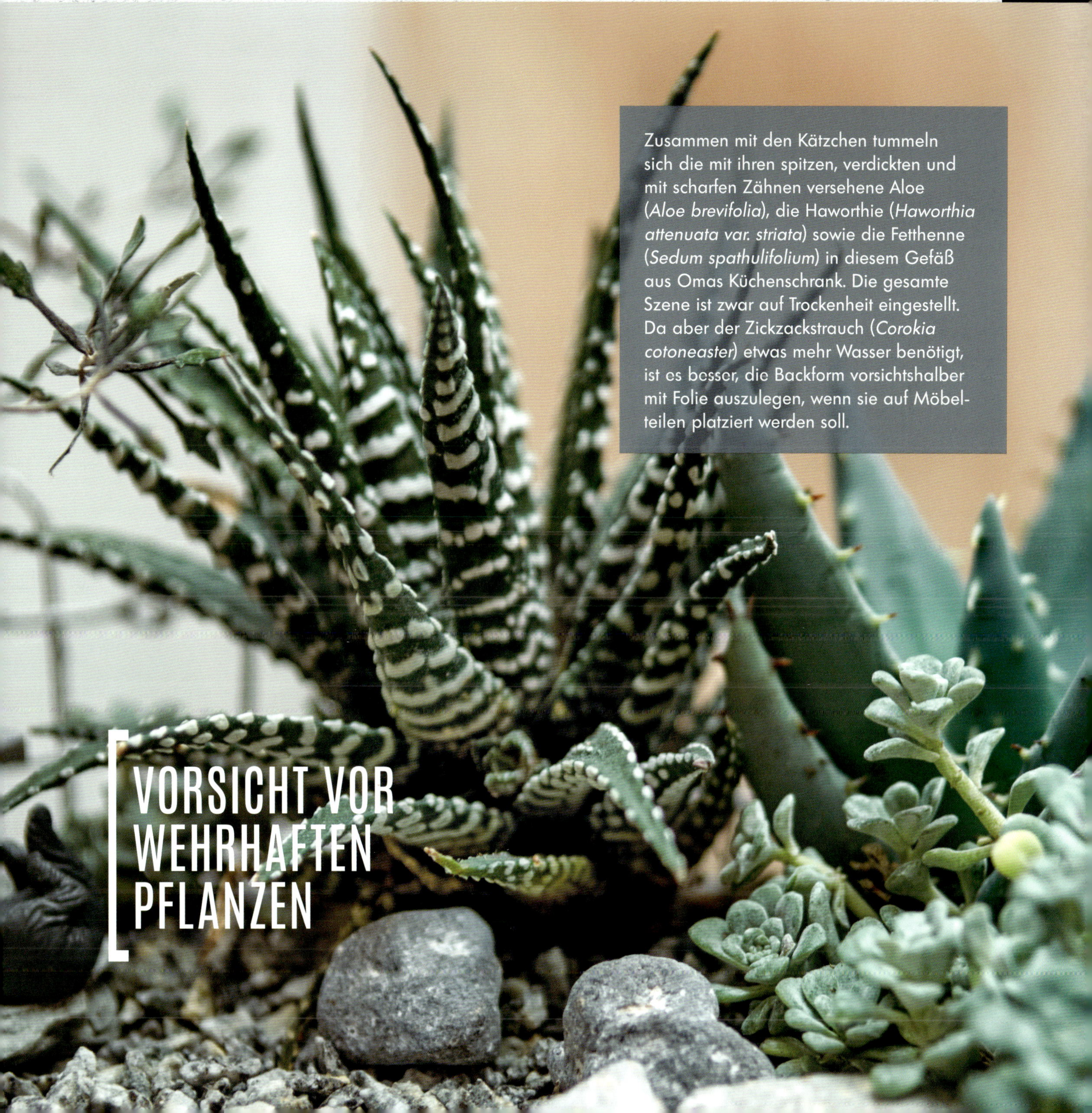

VORSICHT VOR WEHRHAFTEN PFLANZEN

Zusammen mit den Kätzchen tummeln sich die mit ihren spitzen, verdickten und mit scharfen Zähnen versehene Aloe (*Aloe brevifolia*), die Haworthie (*Haworthia attenuata var. striata*) sowie die Fetthenne (*Sedum spathulifolium*) in diesem Gefäß aus Omas Küchenschrank. Die gesamte Szene ist zwar auf Trockenheit eingestellt. Da aber der Zickzackstrauch (*Corokia cotoneaster*) etwas mehr Wasser benötigt, ist es besser, die Backform vorsichtshalber mit Folie auszulegen, wenn sie auf Möbelteilen platziert werden soll.

SZENEN AUS DEM URLAUB

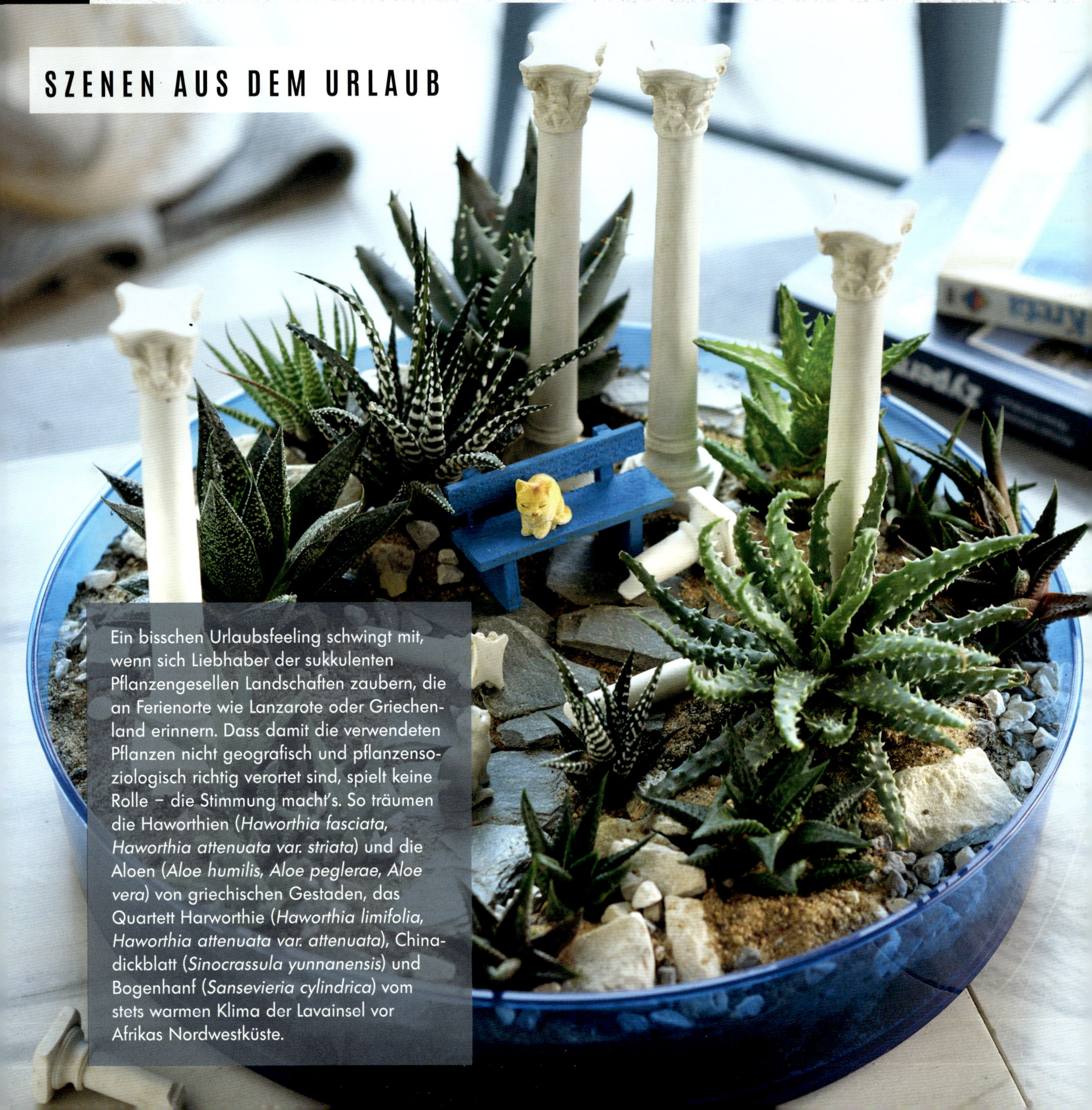

Ein bisschen Urlaubsfeeling schwingt mit, wenn sich Liebhaber der sukkulenten Pflanzengesellen Landschaften zaubern, die an Ferienorte wie Lanzarote oder Griechenland erinnern. Dass damit die verwendeten Pflanzen nicht geografisch und pflanzensoziologisch richtig verortet sind, spielt keine Rolle – die Stimmung macht's. So träumen die Haworthien (*Haworthia fasciata, Haworthia attenuata var. striata*) und die Aloen (*Aloe humilis, Aloe peglerae, Aloe vera*) von griechischen Gestaden, das Quartett Harworthie (*Haworthia limifolia, Haworthia attenuata var. attenuata*), Chinadickblatt (*Sinocrassula yunnanensis*) und Bogenhanf (*Sansevieria cylindrica*) vom stets warmen Klima der Lavainsel vor Afrikas Nordwestküste.

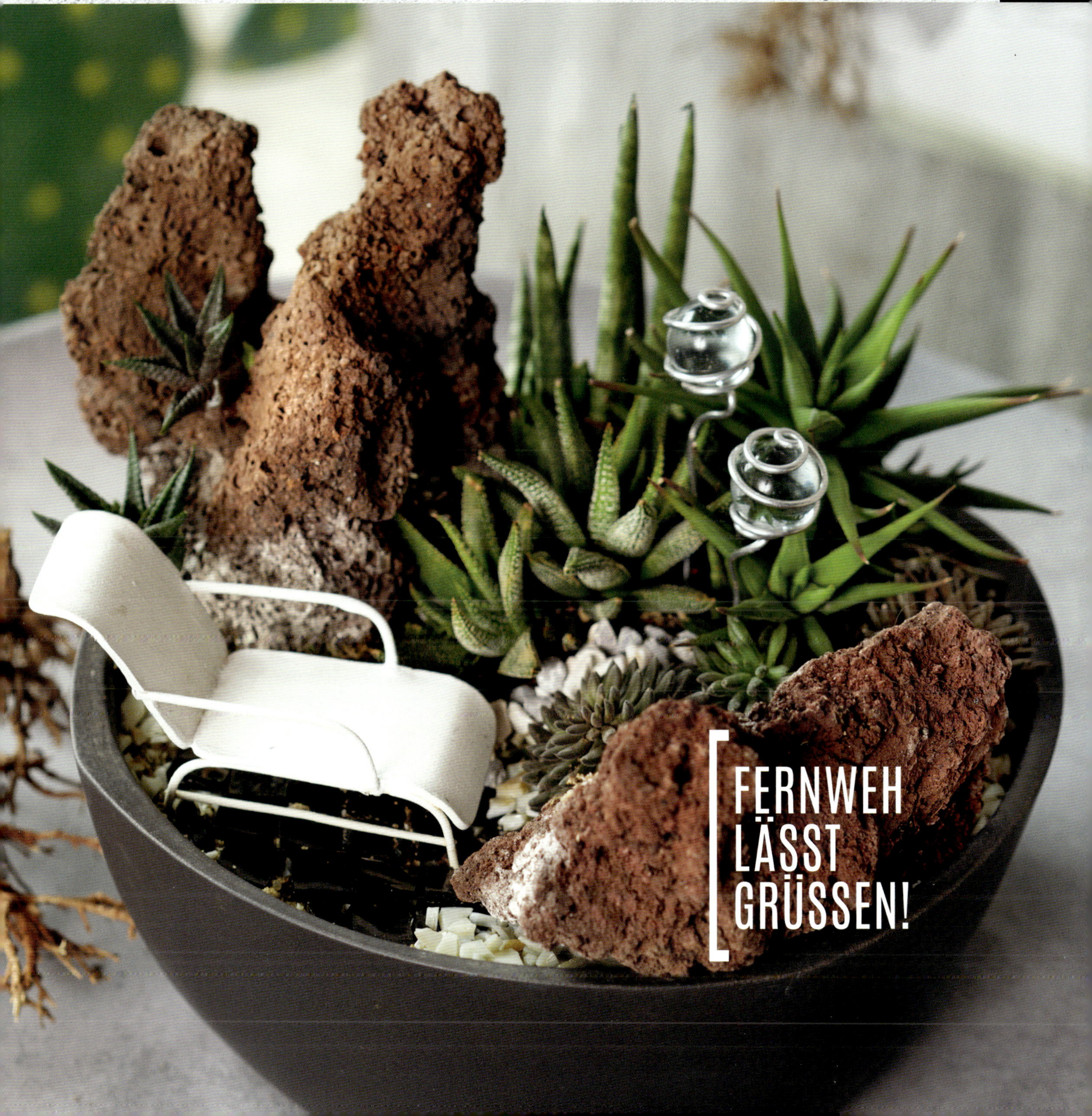

FERNWEH LÄSST GRÜSSEN!

STAND ALONE

CHARAKTERVOLLE EINZELGÄNGER

Solisten sind sie. Sie brauchen einen Topf ganz für sich alleine. Manchmal jedoch formieren sie sich zu mehreren im strengen Gleichschritt. Sukkulente Pflanzen weisen eine Vielzahl an Vertretern auf, die am besten als Einzelgänger daherkommen. Besonders Architekten, Designer, Stylisten lieben diese. Mit Wenigem maximale Raumwirkung zu schaffen, liegt meist in ihrem ästhetischen Verständnis ganz oben auf. Und wenn das Minimalistische, das Reduzierte, das Solistische gut ist, darf's davon auch gleich mehr sein. Insofern lautet hier die Maxime: Weniges ist mehr. Wenn es denn mehr sein sollen, treten sie identisch auf. Im Gleichschritt und in attraktiv wirkender Uniformität: Die Parade kann beginnen.

PERFEKTES QUARTETT

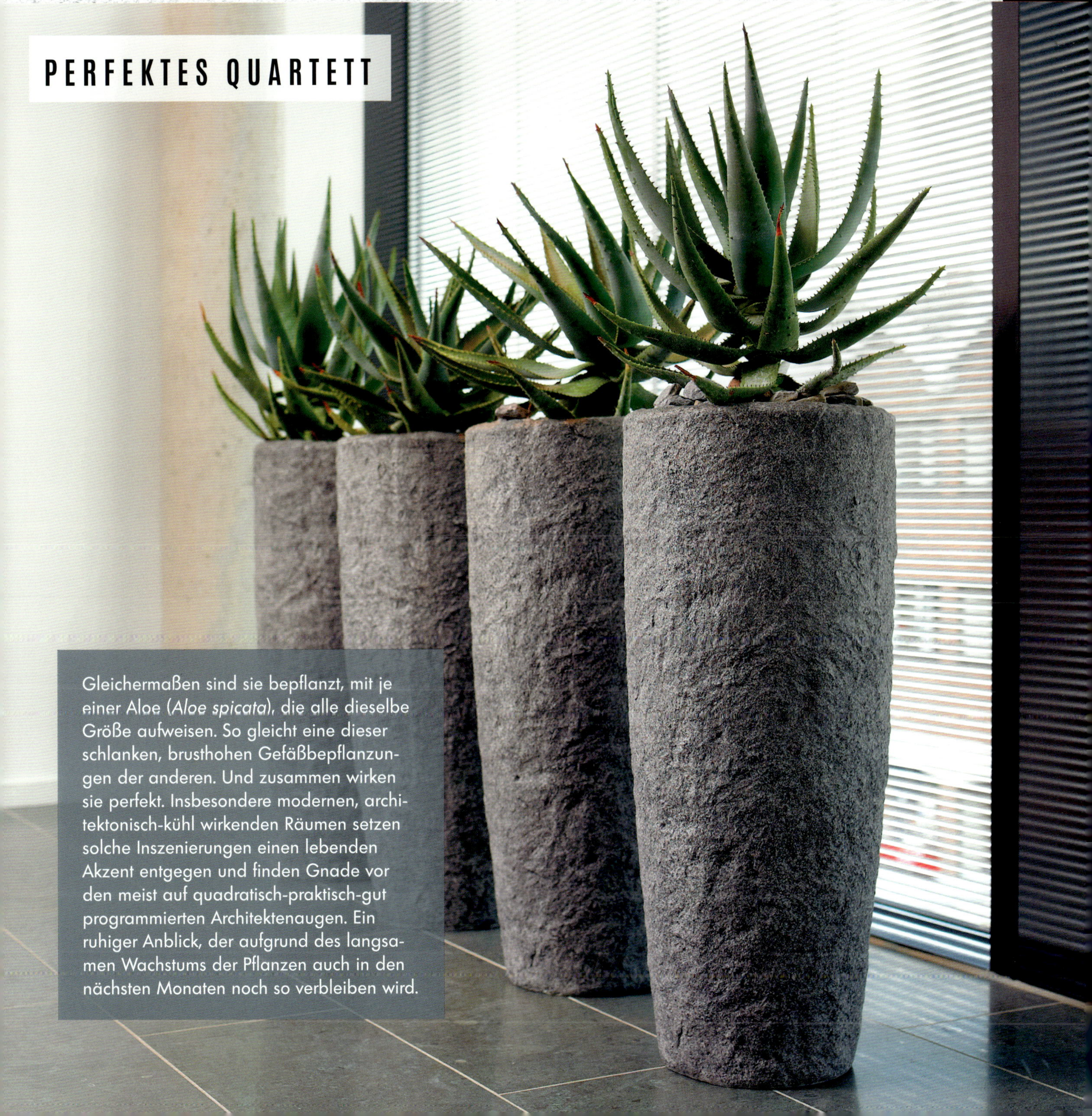

Gleichermaßen sind sie bepflanzt, mit je einer Aloe (*Aloe spicata*), die alle dieselbe Größe aufweisen. So gleicht eine dieser schlanken, brusthohen Gefäßbepflanzungen der anderen. Und zusammen wirken sie perfekt. Insbesondere modernen, architektonisch-kühl wirkenden Räumen setzen solche Inszenierungen einen lebenden Akzent entgegen und finden Gnade vor den meist auf quadratisch-praktisch-gut programmierten Architektenaugen. Ein ruhiger Anblick, der aufgrund des langsamen Wachstums der Pflanzen auch in den nächsten Monaten noch so verbleiben wird.

OPUNTIEN-PARADE

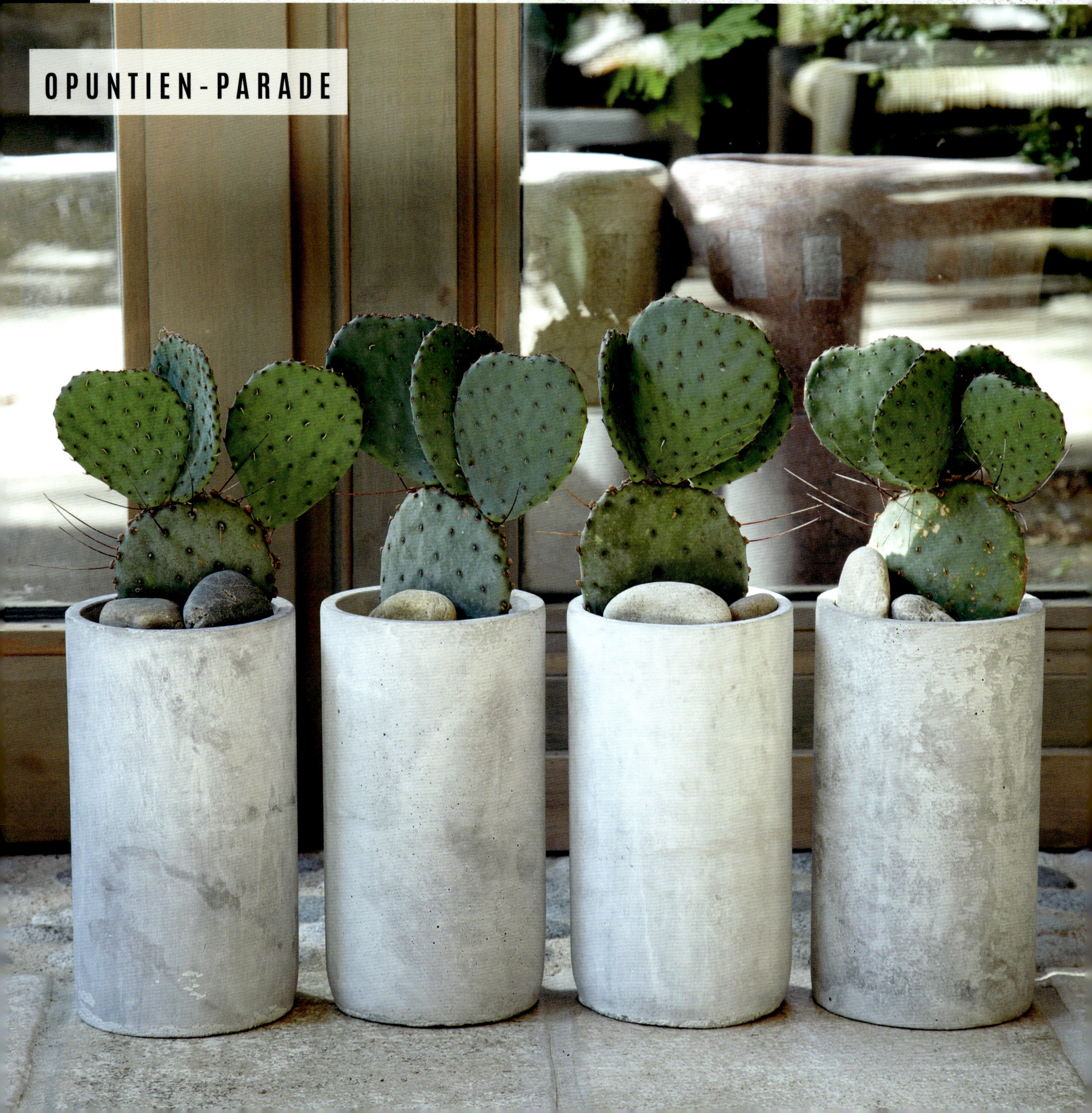

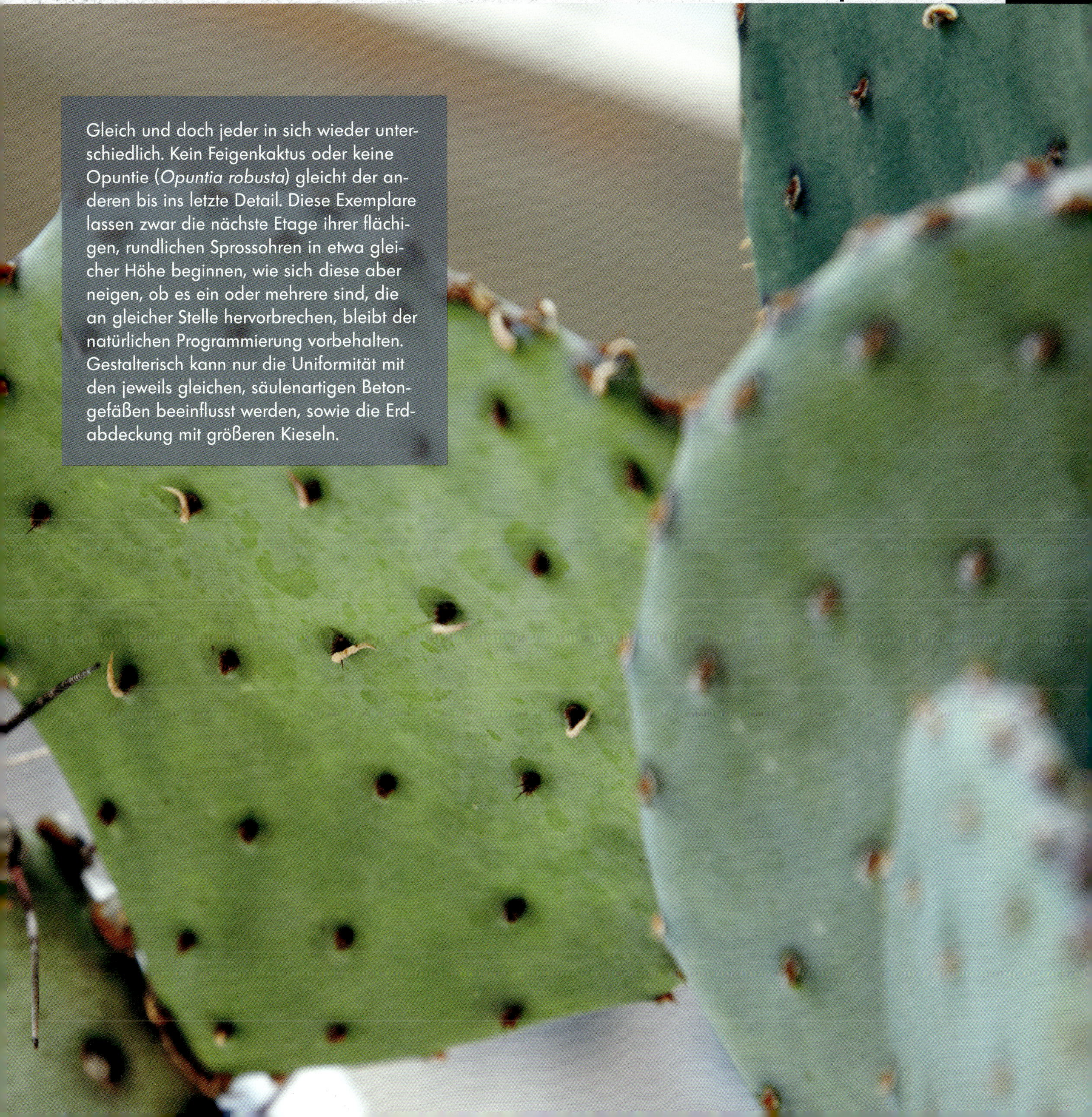

Gleich und doch jeder in sich wieder unterschiedlich. Kein Feigenkaktus oder keine Opuntie (*Opuntia robusta*) gleicht der anderen bis ins letzte Detail. Diese Exemplare lassen zwar die nächste Etage ihrer flächigen, rundlichen Sprossohren in etwa gleicher Höhe beginnen, wie sich diese aber neigen, ob es ein oder mehrere sind, die an gleicher Stelle hervorbrechen, bleibt der natürlichen Programmierung vorbehalten. Gestalterisch kann nur die Uniformität mit den jeweils gleichen, säulenartigen Betongefäßen beeinflusst werden, sowie die Erdabdeckung mit größeren Kieseln.

SCHLANK UND AUFRECHT

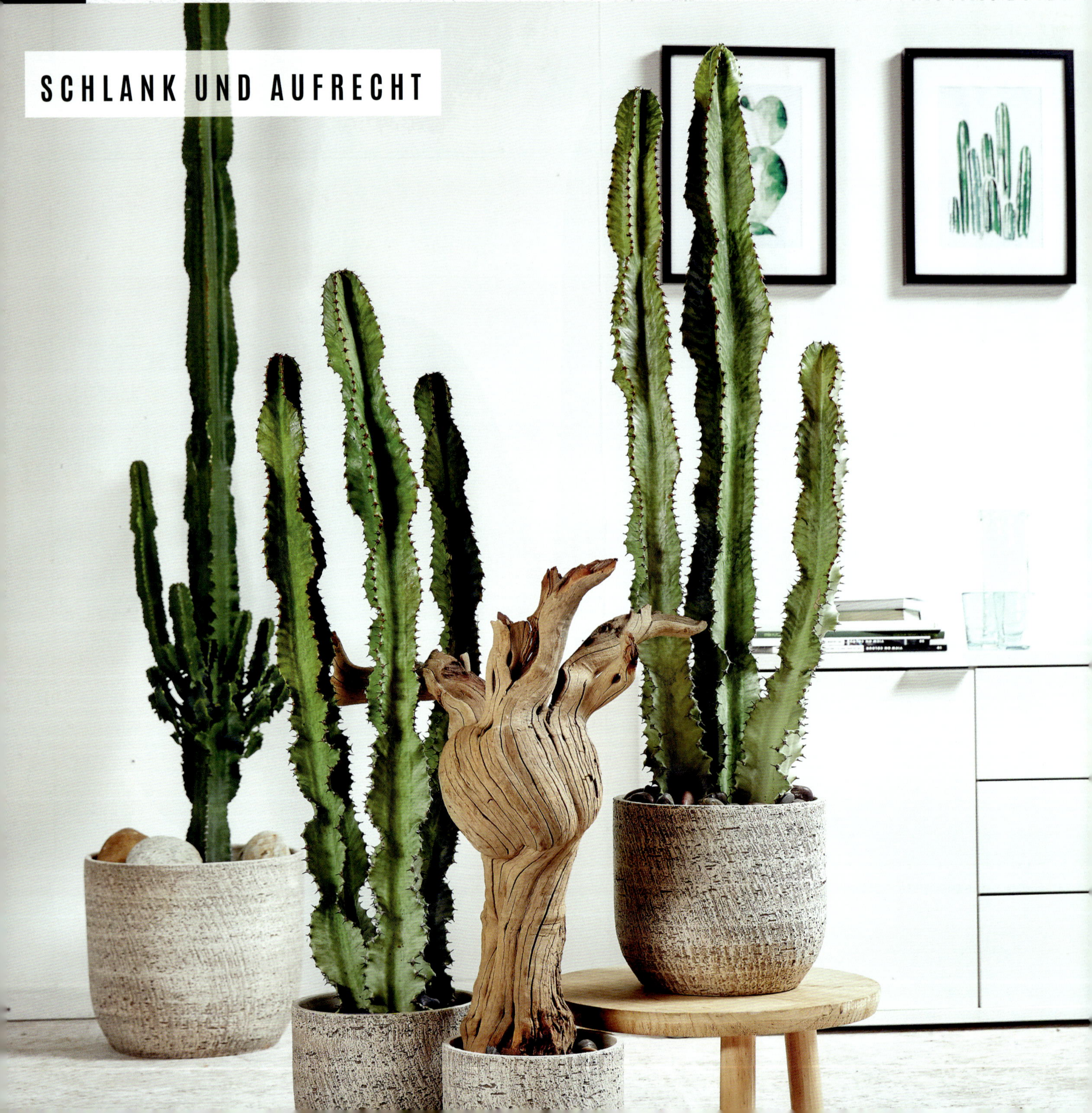

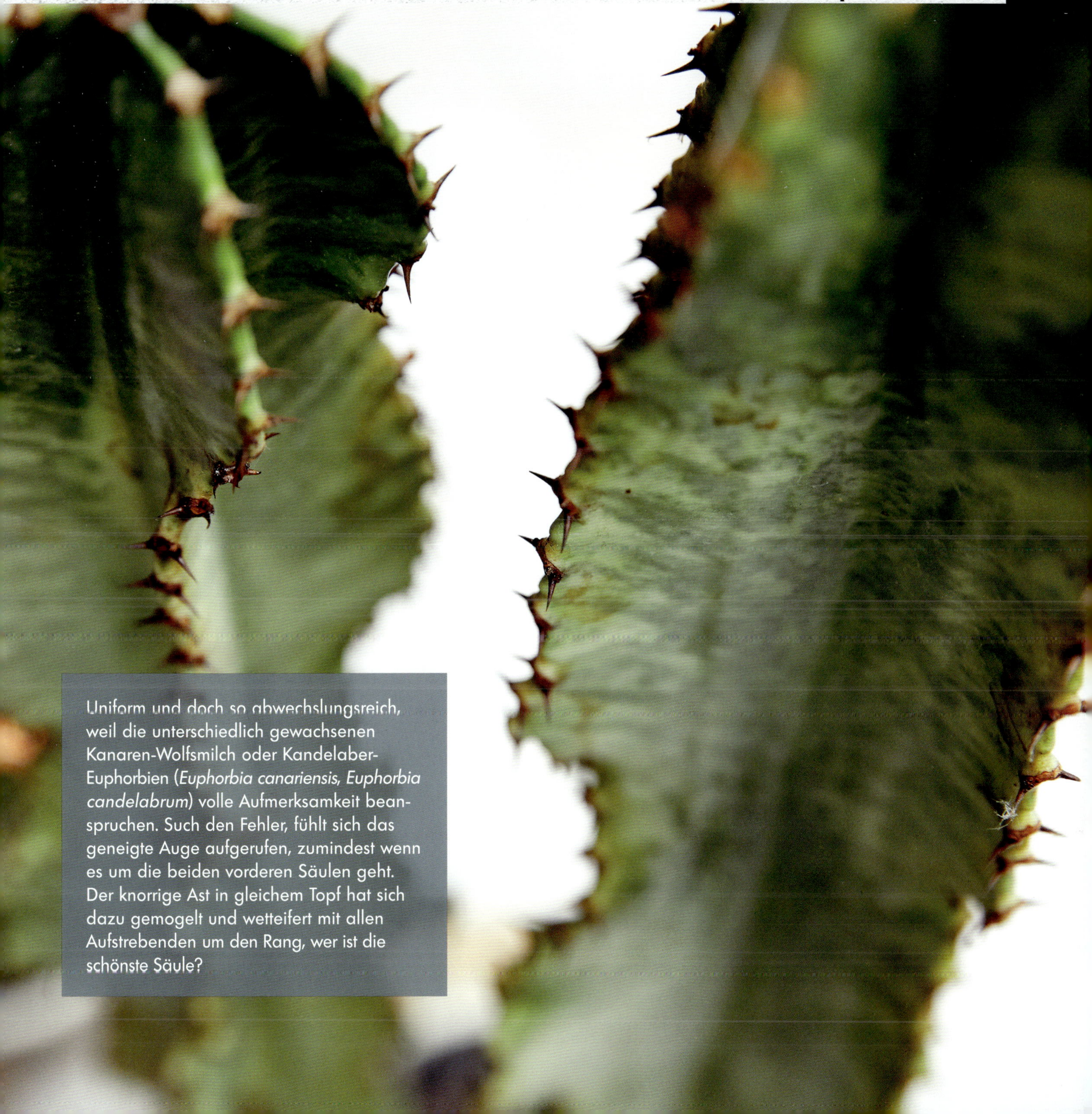

Uniform und doch so abwechslungsreich, weil die unterschiedlich gewachsenen Kanaren-Wolfsmilch oder Kandelaber-Euphorbien (*Euphorbia canariensis, Euphorbia candelabrum*) volle Aufmerksamkeit beanspruchen. Such den Fehler, fühlt sich das geneigte Auge aufgerufen, zumindest wenn es um die beiden vorderen Säulen geht. Der knorrige Ast in gleichem Topf hat sich dazu gemogelt und wetteifert mit allen Aufstrebenden um den Rang, wer ist die schönste Säule?

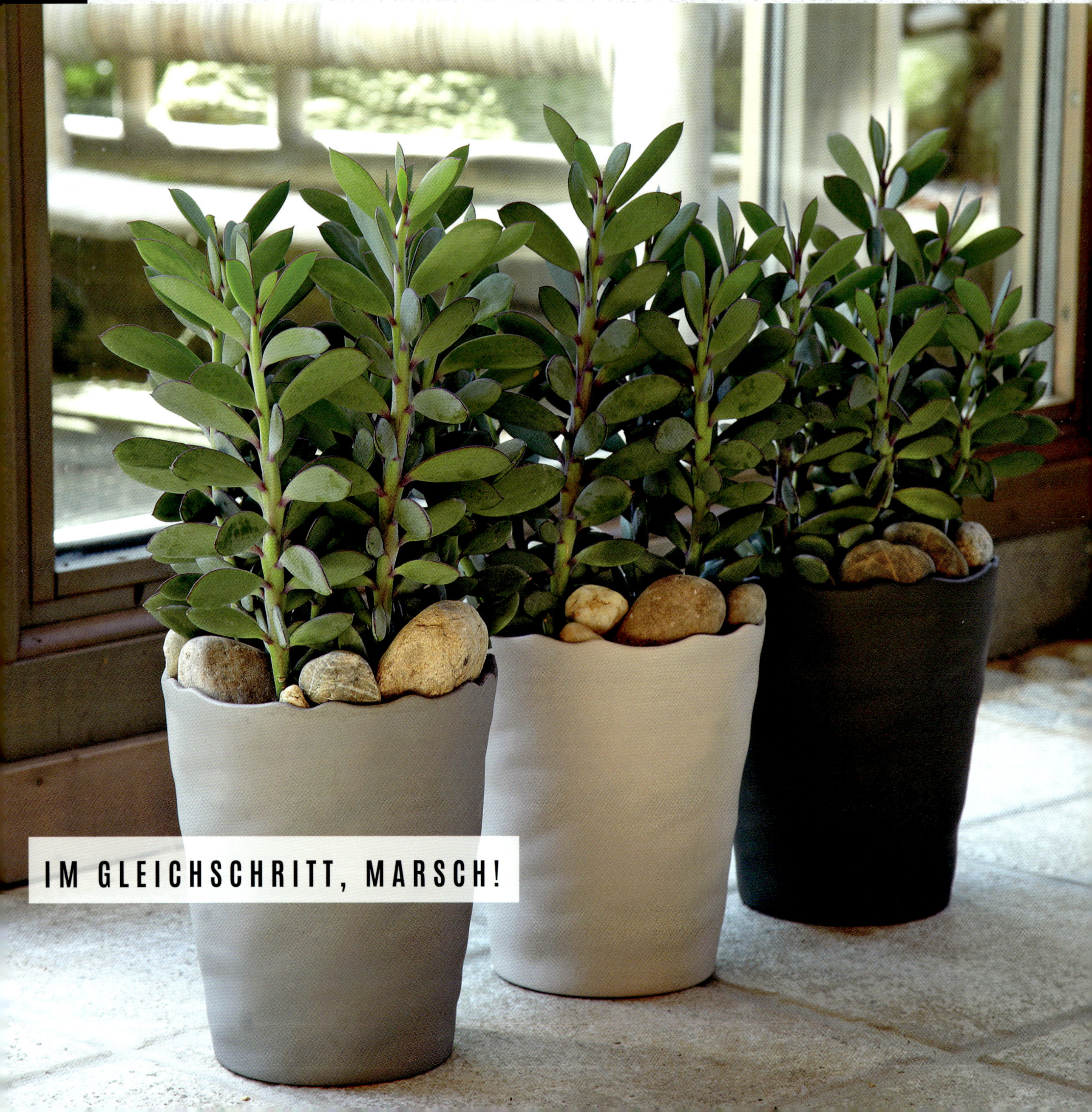

IM GLEICHSCHRITT, MARSCH!

PRACHTVOLL, STOLZ UND AUFRICHTIG

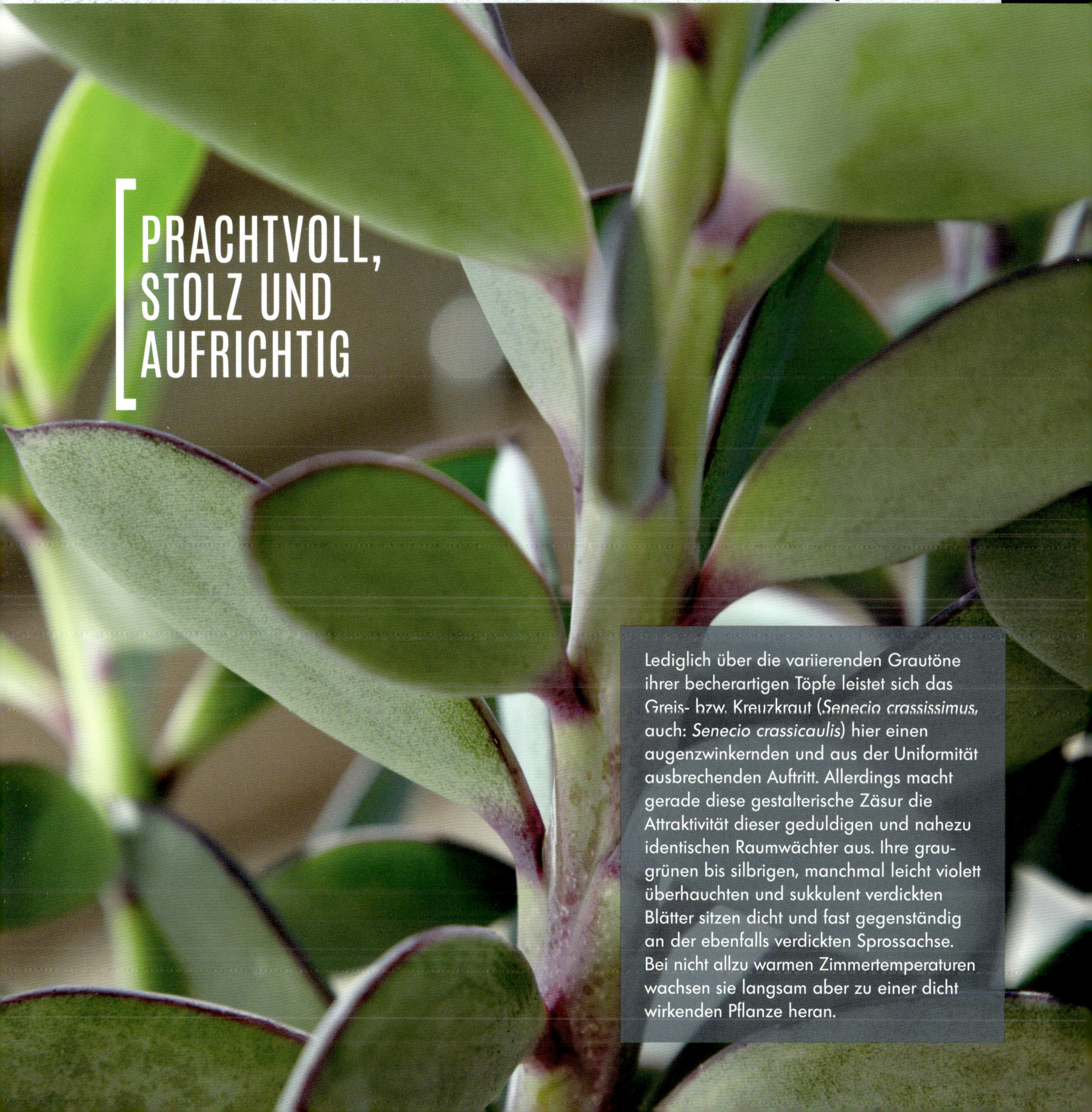

Lediglich über die variierenden Grautöne ihrer becherartigen Töpfe leistet sich das Greis- bzw. Kreuzkraut (*Senecio crassissimus,* auch: *Senecio crassicaulis*) hier einen augenzwinkernden und aus der Uniformität ausbrechenden Auftritt. Allerdings macht gerade diese gestalterische Zäsur die Attraktivität dieser geduldigen und nahezu identischen Raumwächter aus. Ihre graugrünen bis silbrigen, manchmal leicht violett überhauchten und sukkulent verdickten Blätter sitzen dicht und fast gegenständig an der ebenfalls verdickten Sprossachse. Bei nicht allzu warmen Zimmertemperaturen wachsen sie langsam aber zu einer dicht wirkenden Pflanze heran.

UNISONO, ABER OHO!

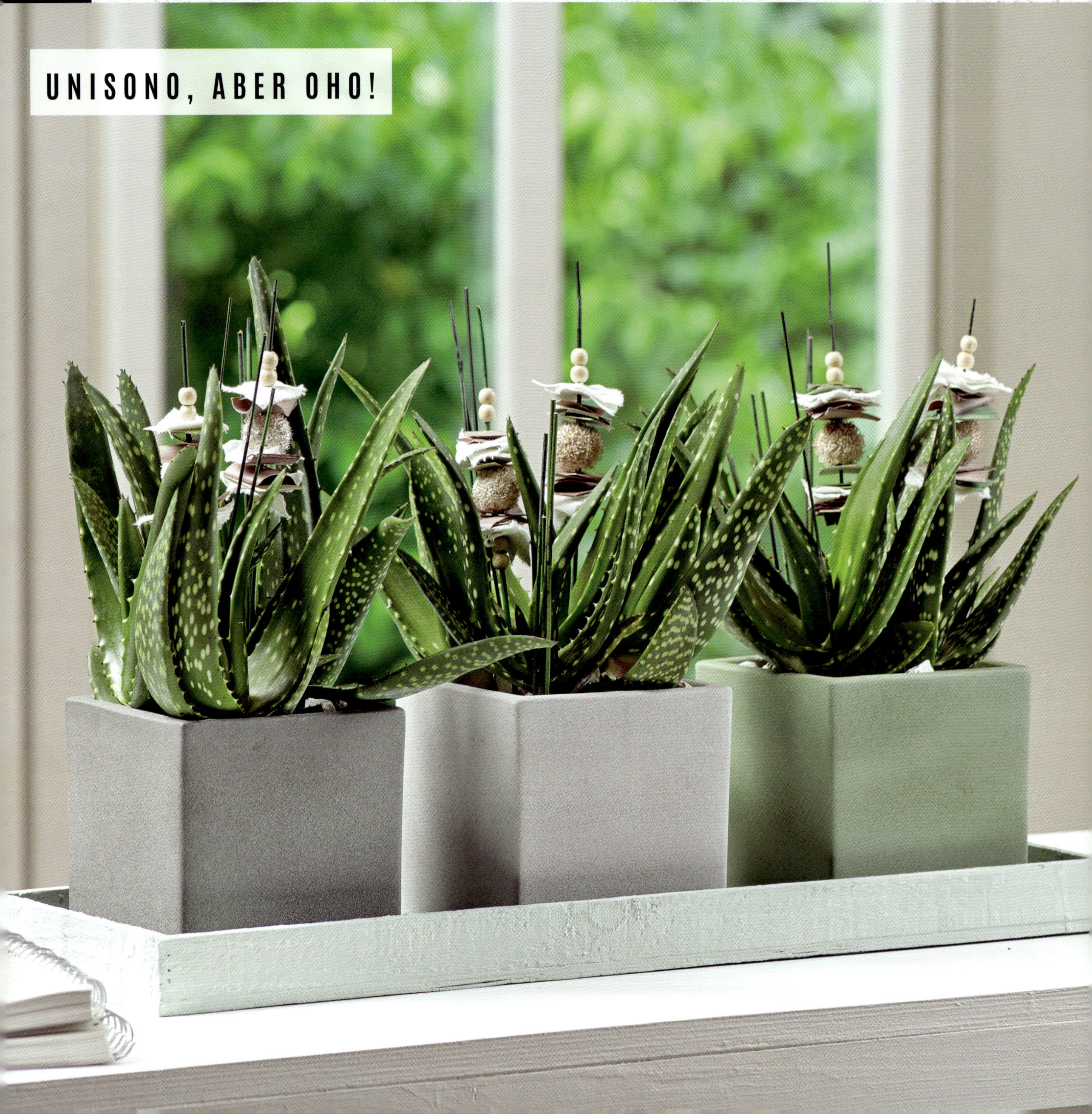

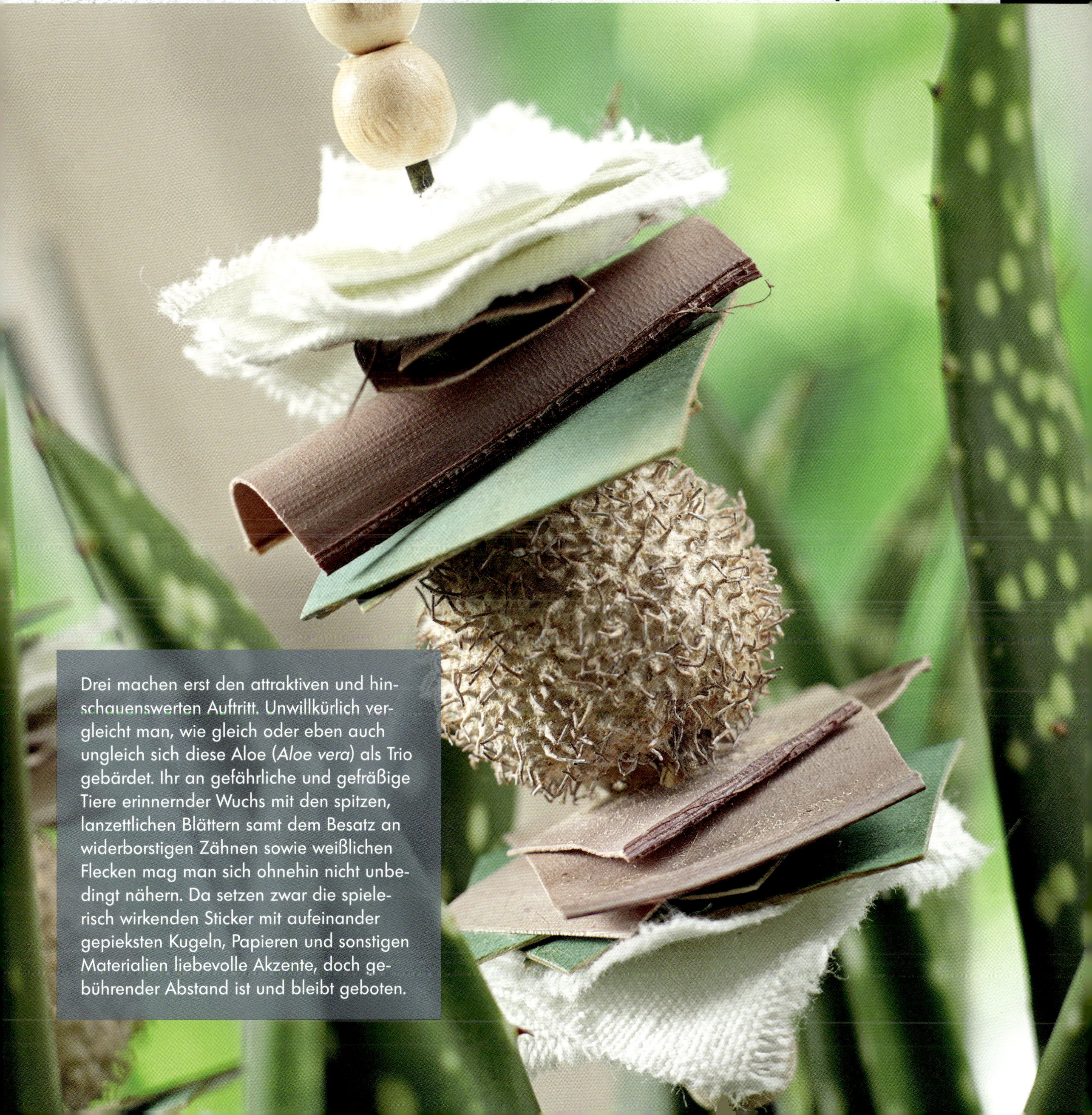

Drei machen erst den attraktiven und hinschauenswerten Auftritt. Unwillkürlich vergleicht man, wie gleich oder eben auch ungleich sich diese Aloe (*Aloe vera*) als Trio gebärdet. Ihr an gefährliche und gefräßige Tiere erinnernder Wuchs mit den spitzen, lanzettlichen Blättern samt dem Besatz an widerborstigen Zähnen sowie weißlichen Flecken mag man sich ohnehin nicht unbedingt nähern. Da setzen zwar die spielerisch wirkenden Sticker mit aufeinander gepieksten Kugeln, Papieren und sonstigen Materialien liebevolle Akzente, doch gebührender Abstand ist und bleibt geboten.

PUSCHELIG UND TRÜGERISCH

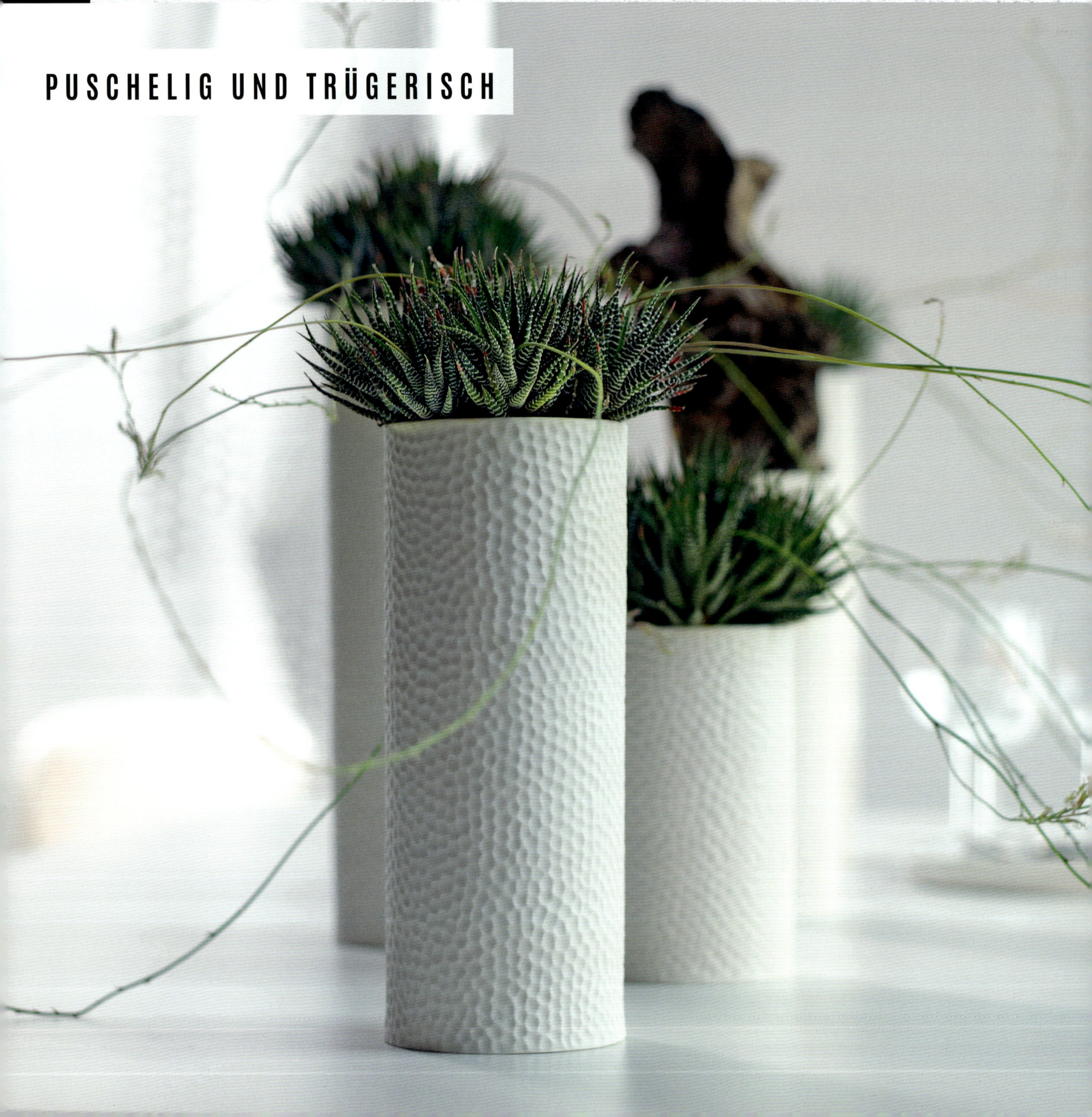

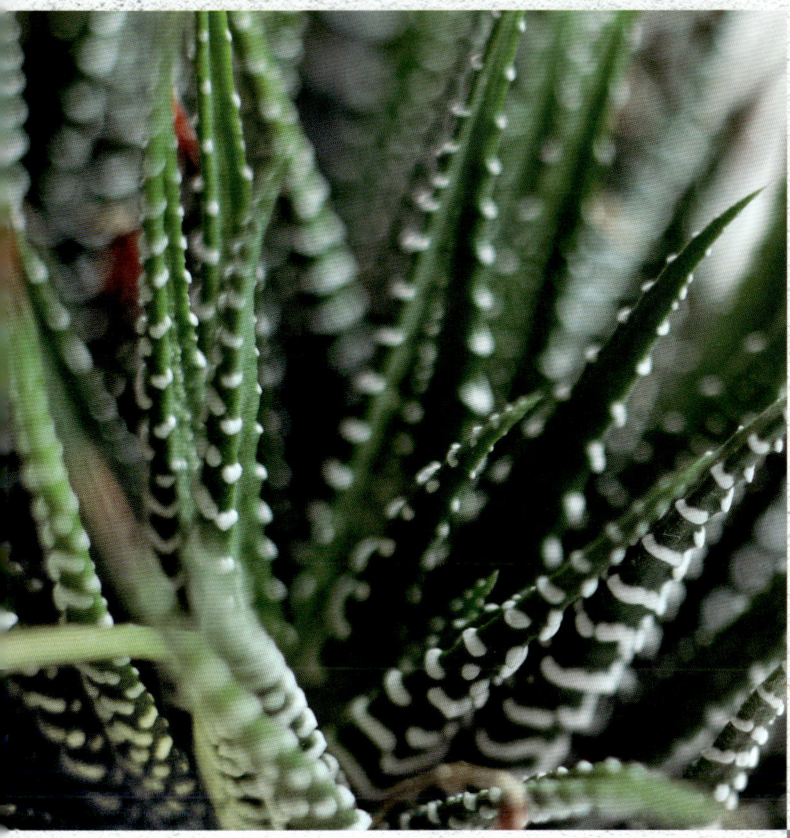

Fast schon trügerisch harmlos wirkt die wie ein struwweliger Haarschopf auf dem zylindrischen, röhrenartig schlanken Gefäß thronende Zebra-Haworthie (*Haworthia attenuata*). Dabei wachsen ihre langen, dünnen Blütenstände mit kleinen Infloreszenzen am Ende aus der inneren Rosette heraus. Ihr Spiel schafft lebhafte und interessante Abwechslung bei der Anordnung der gleichen monobepflanzten, wenn auch unterschiedlich hohen Gefäße.

STREICHELN AUF EIGENE GEFAHR

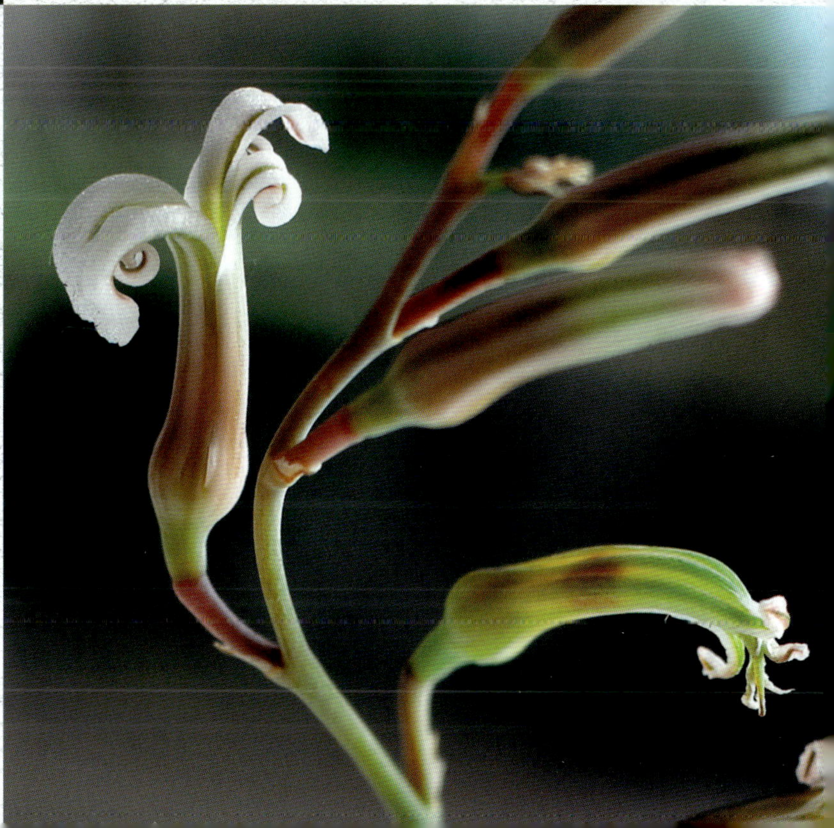

EIN DINO MIT GEMÜTSRUHE

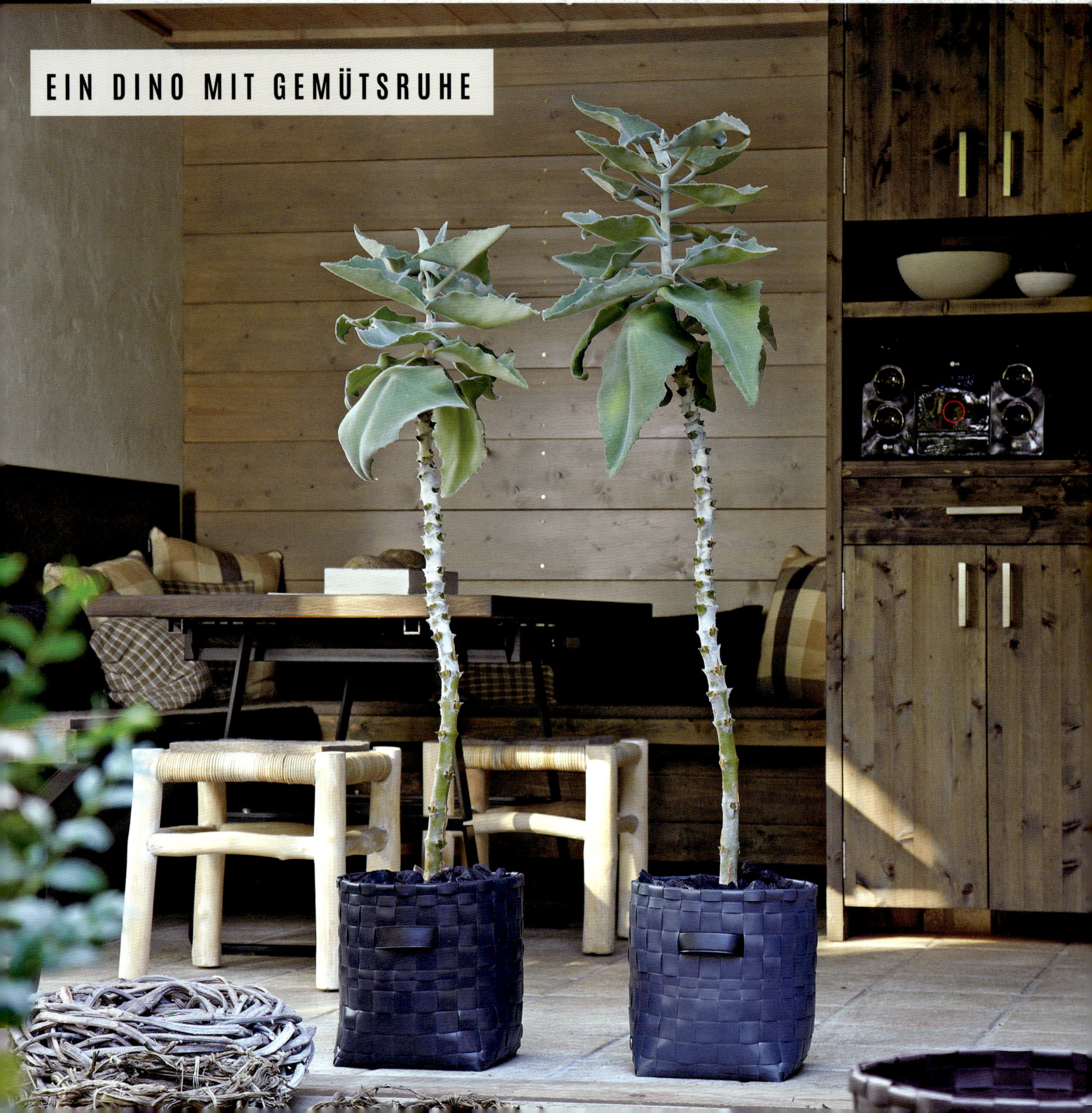

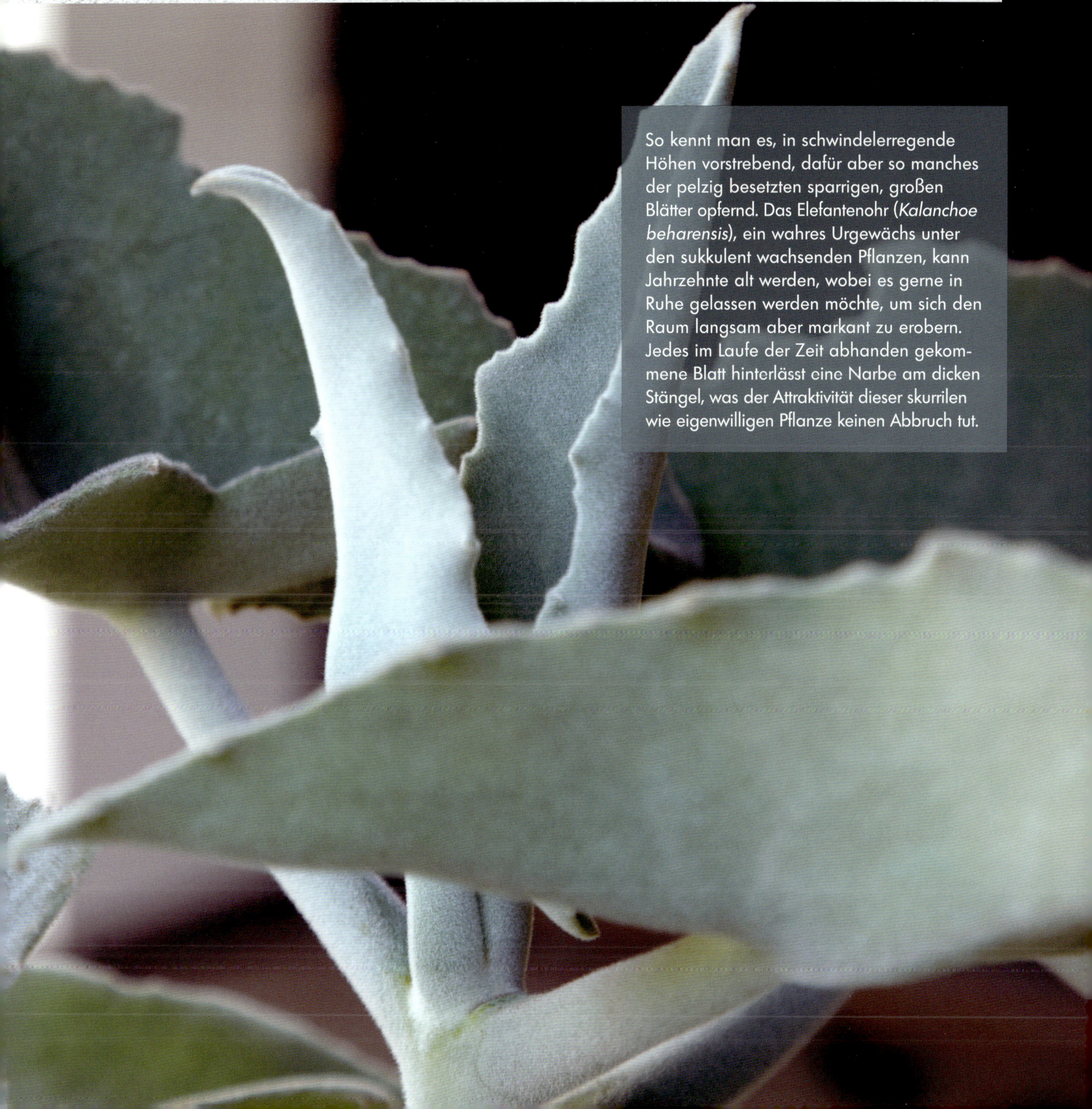

So kennt man es, in schwindelerregende Höhen vorstrebend, dafür aber so manches der pelzig besetzten sparrigen, großen Blätter opfernd. Das Elefantenohr (*Kalanchoe beharensis*), ein wahres Urgewächs unter den sukkulent wachsenden Pflanzen, kann Jahrzehnte alt werden, wobei es gerne in Ruhe gelassen werden möchte, um sich den Raum langsam aber markant zu erobern. Jedes im Laufe der Zeit abhanden gekommene Blatt hinterlässt eine Narbe am dicken Stängel, was der Attraktivität dieser skurrilen wie eigenwilligen Pflanze keinen Abbruch tut.

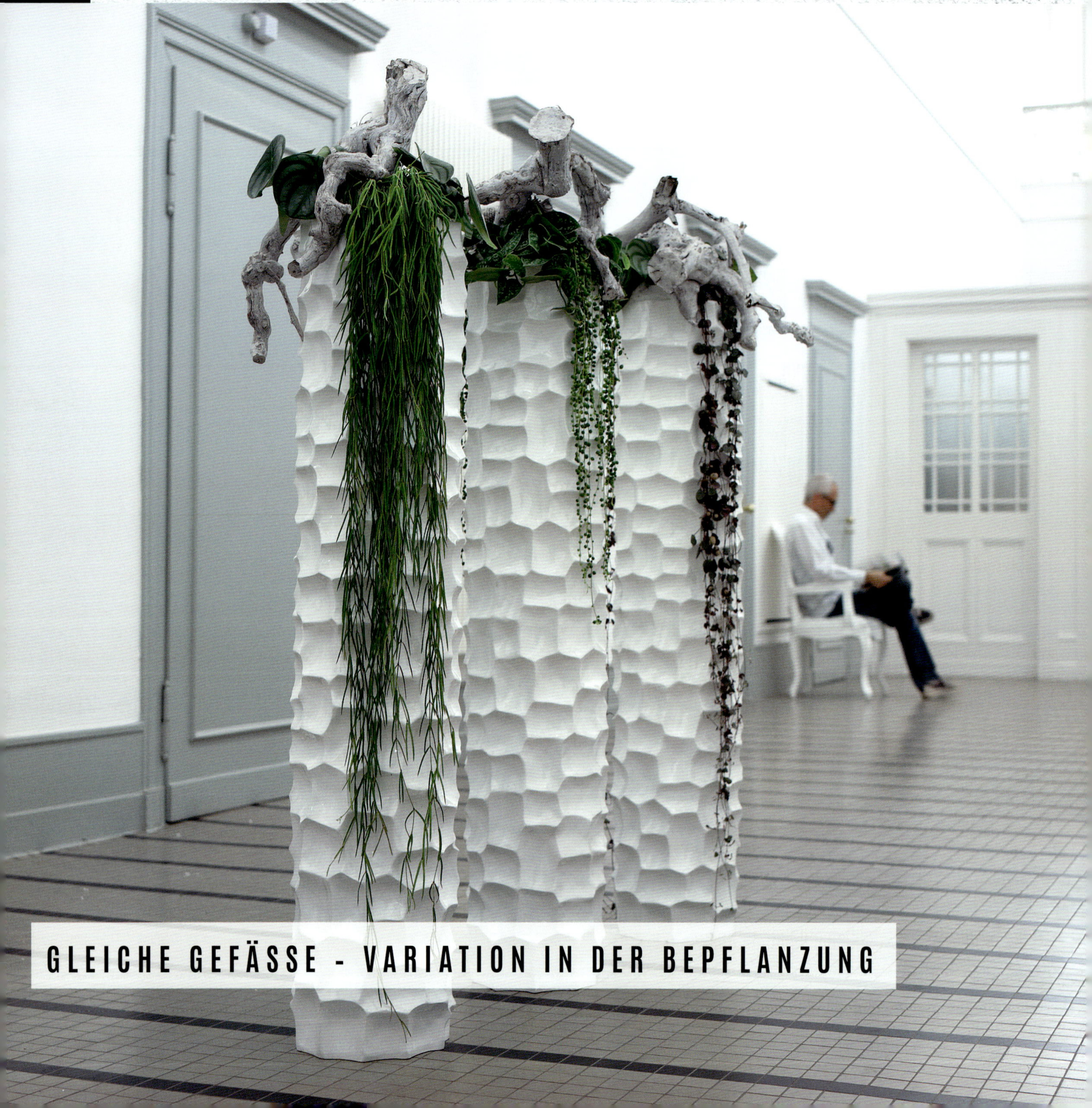

GLEICHE GEFÄSSE - VARIATION IN DER BEPFLANZUNG

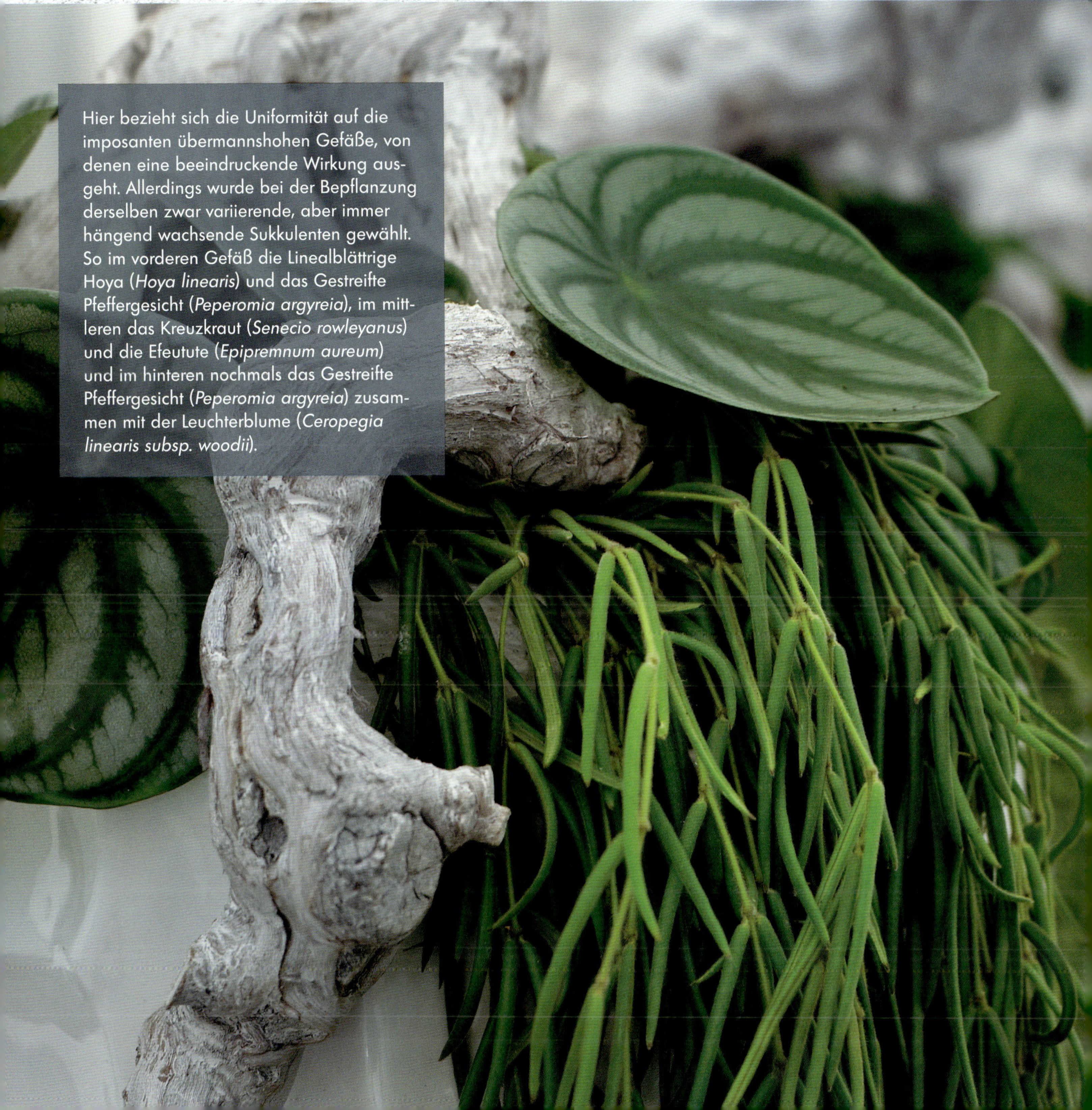

Hier bezieht sich die Uniformität auf die imposanten übermannshohen Gefäße, von denen eine beeindruckende Wirkung ausgeht. Allerdings wurde bei der Bepflanzung derselben zwar variierende, aber immer hängend wachsende Sukkulenten gewählt. So im vorderen Gefäß die Linealblättrige Hoya (*Hoya linearis*) und das Gestreifte Pfeffergesicht (*Peperomia argyreia*), im mittleren das Kreuzkraut (*Senecio rowleyanus*) und die Efeutute (*Epipremnum aureum*) und im hinteren nochmals das Gestreifte Pfeffergesicht (*Peperomia argyreia*) zusammen mit der Leuchterblume (*Ceropegia linearis subsp. woodii*).

HARMONISCHES, GEWICHTIGES TRIO

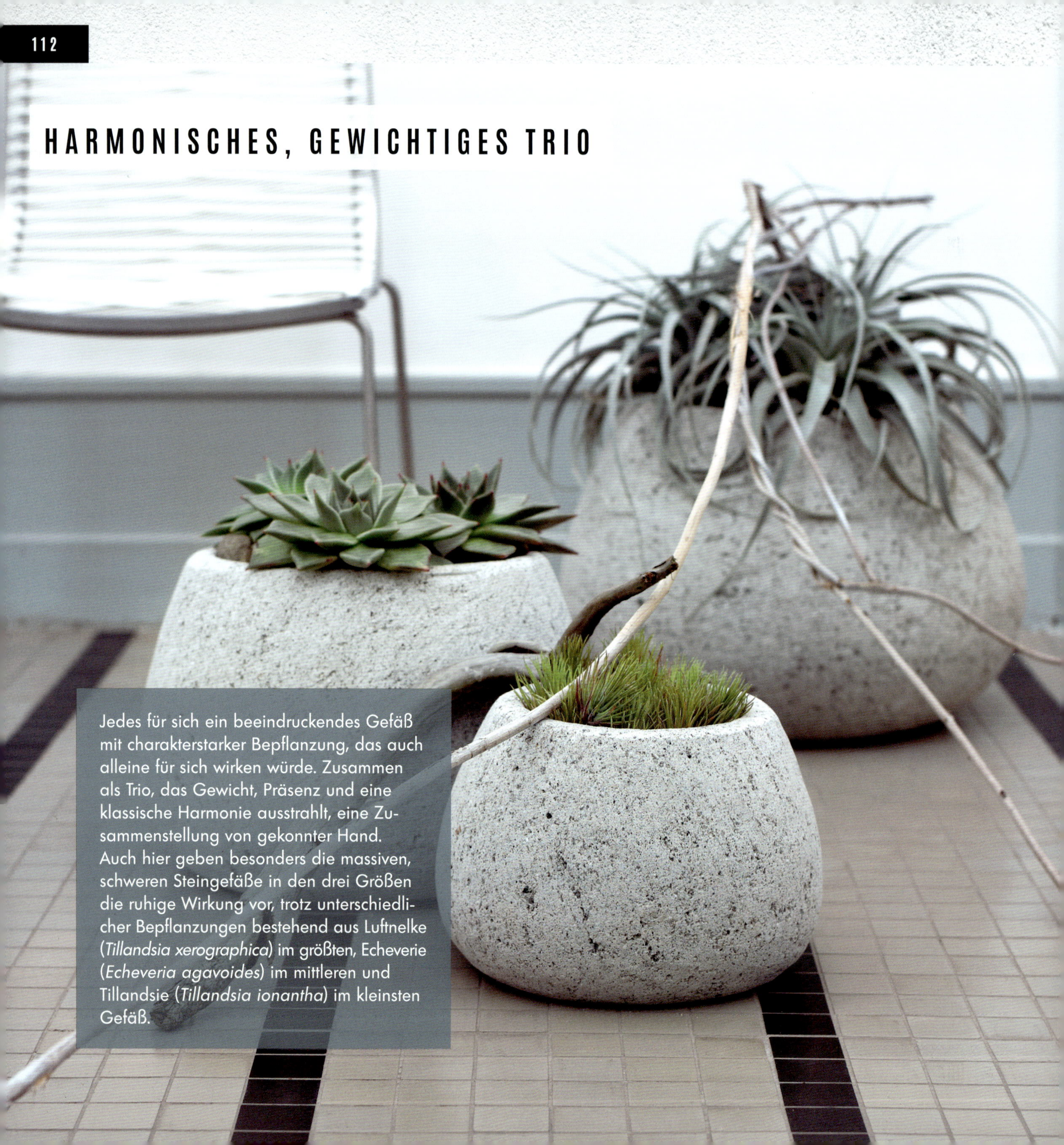

Jedes für sich ein beeindruckendes Gefäß mit charakterstarker Bepflanzung, das auch alleine für sich wirken würde. Zusammen als Trio, das Gewicht, Präsenz und eine klassische Harmonie ausstrahlt, eine Zusammenstellung von gekonnter Hand. Auch hier geben besonders die massiven, schweren Steingefäße in den drei Größen die ruhige Wirkung vor, trotz unterschiedlicher Bepflanzungen bestehend aus Luftnelke (*Tillandsia xerographica*) im größten, Echeverie (*Echeveria agavoides*) im mittleren und Tillandsie (*Tillandsia ionantha*) im kleinsten Gefäß.

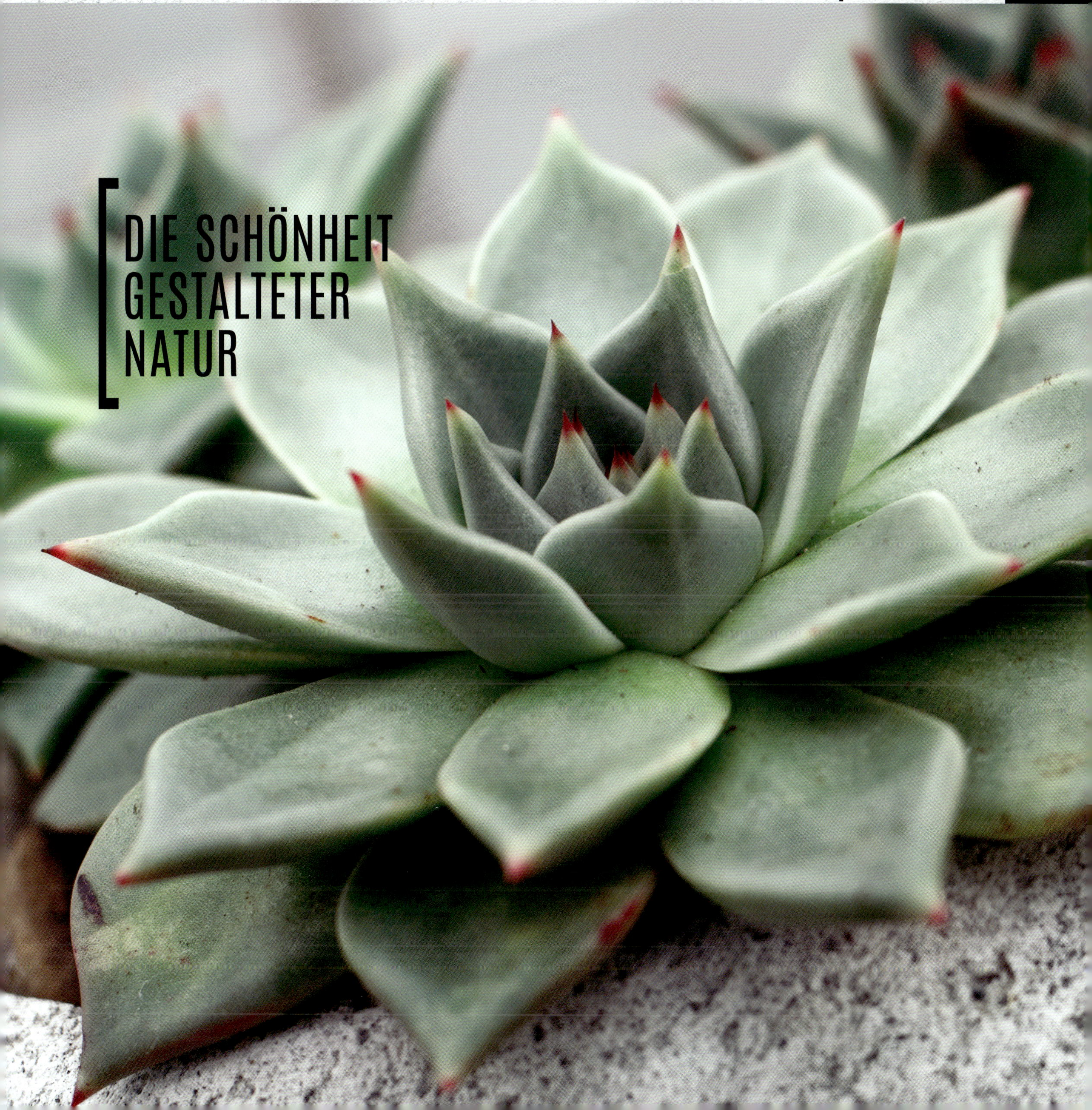

DIE SCHÖNHEIT GESTALTETER NATUR

SCHMEICHELNDE GRÜNTRIEBE

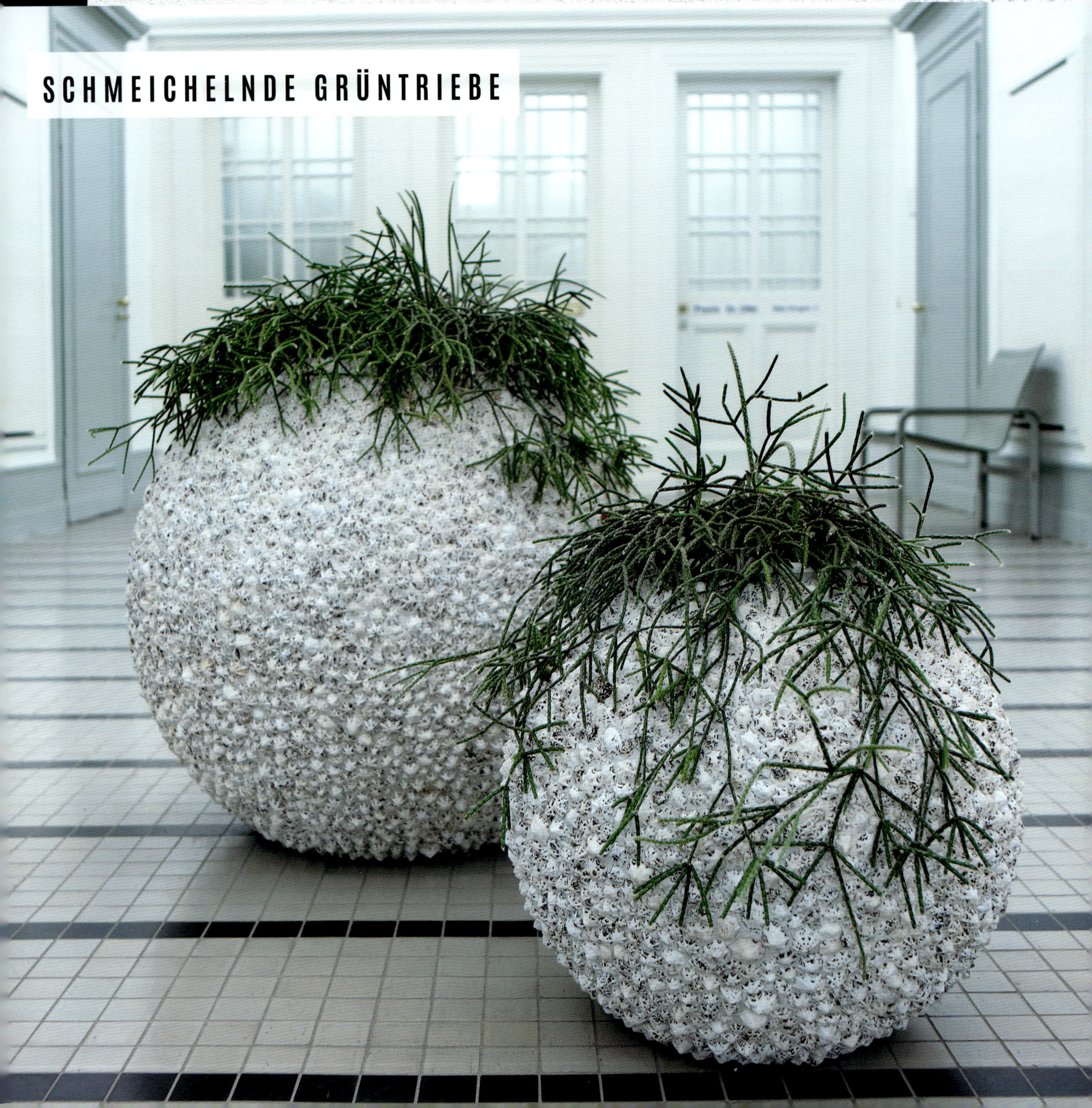

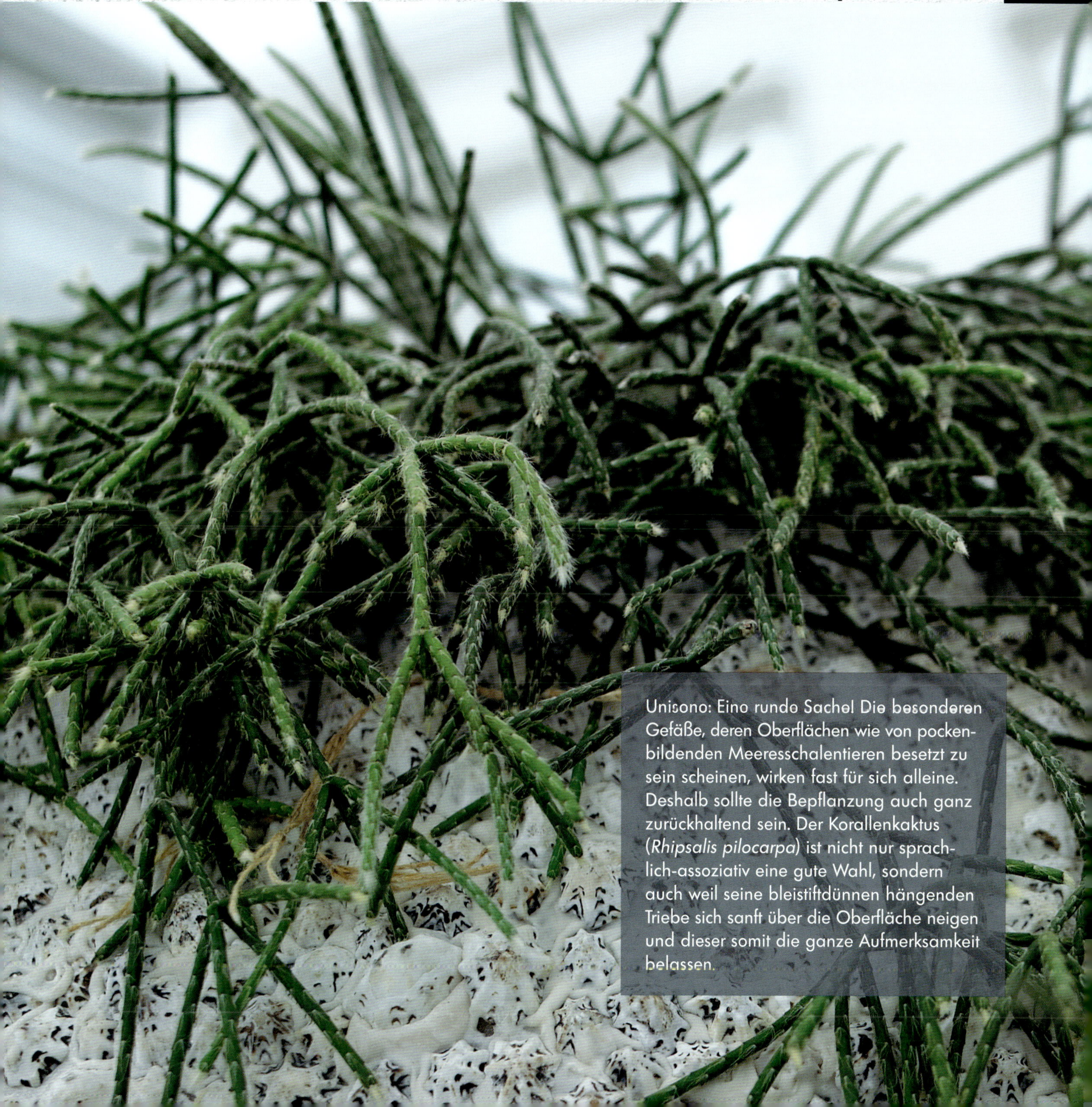

Unisono: Eine runde Sache! Die besonderen Gefäße, deren Oberflächen wie von pockenbildenden Meeresschalentieren besetzt zu sein scheinen, wirken fast für sich alleine. Deshalb sollte die Bepflanzung auch ganz zurückhaltend sein. Der Korallenkaktus (*Rhipsalis pilocarpa*) ist nicht nur sprachlich-assoziativ eine gute Wahl, sondern auch weil seine bleistiftdünnen hängenden Triebe sich sanft über die Oberfläche neigen und dieser somit die ganze Aufmerksamkeit belassen.

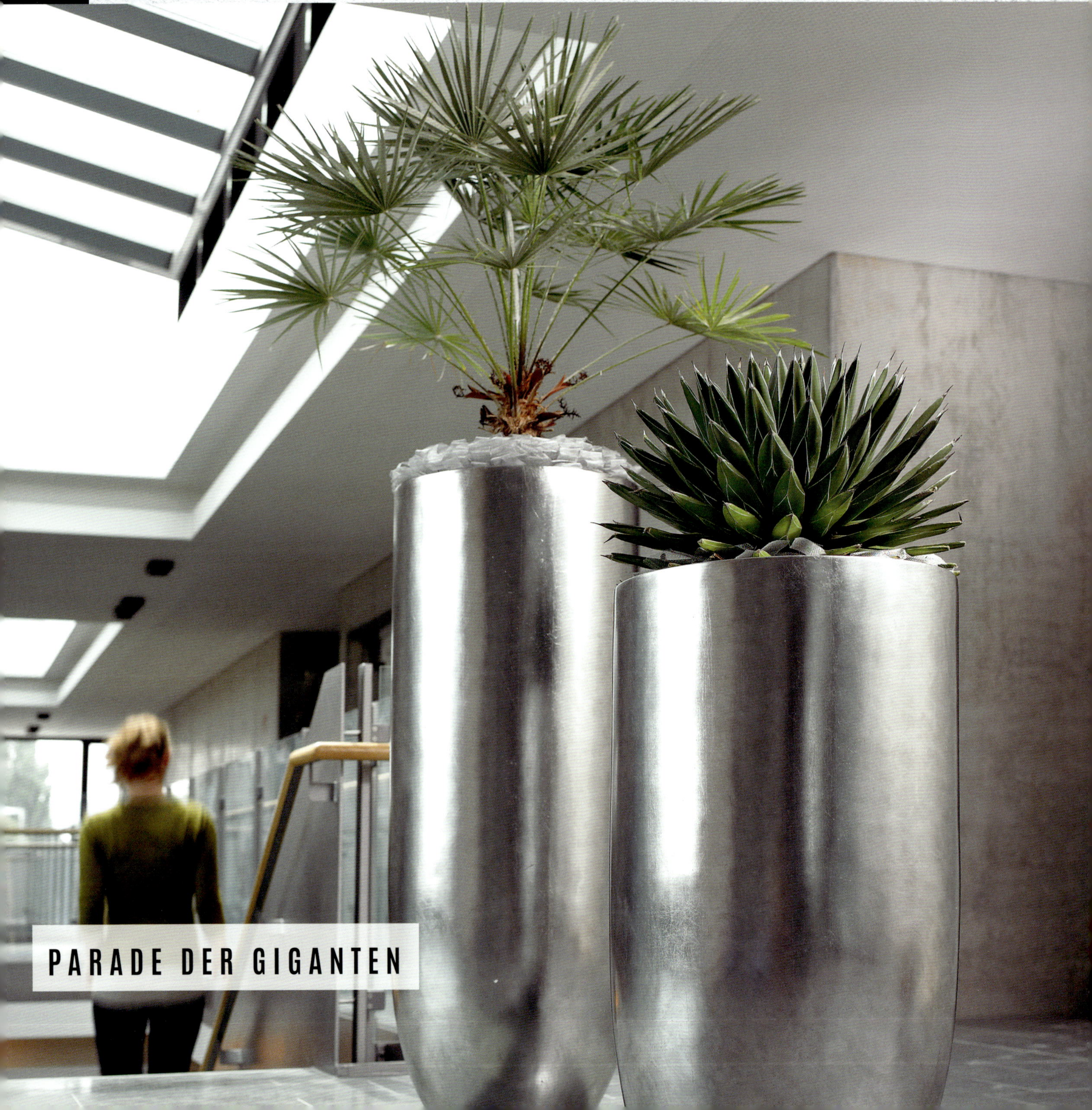

PARADE DER GIGANTEN

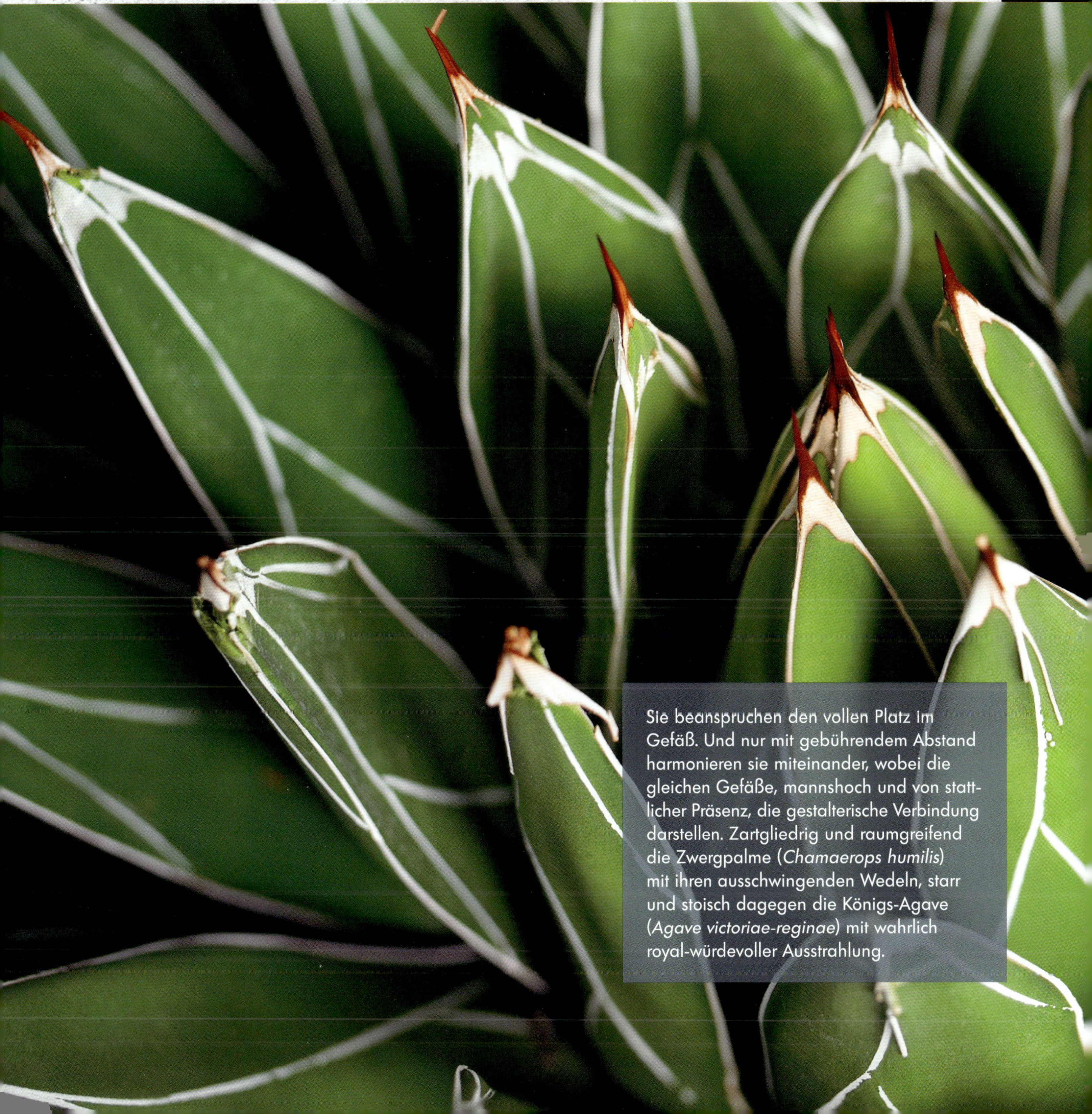

Sie beanspruchen den vollen Platz im Gefäß. Und nur mit gebührendem Abstand harmonieren sie miteinander, wobei die gleichen Gefäße, mannshoch und von stattlicher Präsenz, die gestalterische Verbindung darstellen. Zartgliedrig und raumgreifend die Zwergpalme (*Chamaerops humilis*) mit ihren ausschwingenden Wedeln, starr und stoisch dagegen die Königs-Agave (*Agave victoriae-reginae*) mit wahrlich royal-würdevoller Ausstrahlung.

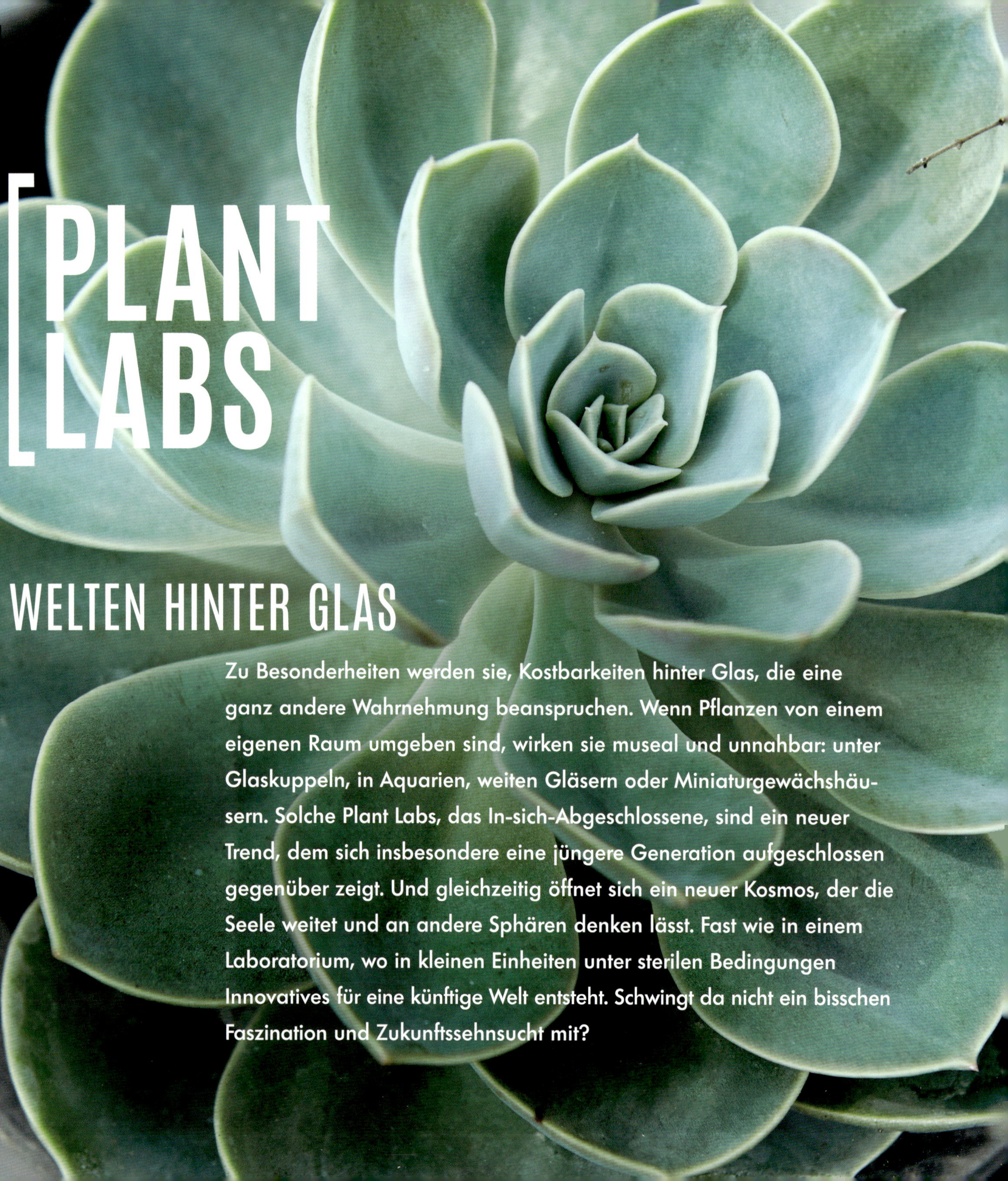

PLANT LABS

WELTEN HINTER GLAS

Zu Besonderheiten werden sie, Kostbarkeiten hinter Glas, die eine ganz andere Wahrnehmung beanspruchen. Wenn Pflanzen von einem eigenen Raum umgeben sind, wirken sie museal und unnahbar: unter Glaskuppeln, in Aquarien, weiten Gläsern oder Miniaturgewächshäusern. Solche Plant Labs, das In-sich-Abgeschlossene, sind ein neuer Trend, dem sich insbesondere eine jüngere Generation aufgeschlossen gegenüber zeigt. Und gleichzeitig öffnet sich ein neuer Kosmos, der die Seele weitet und an andere Sphären denken lässt. Fast wie in einem Laboratorium, wo in kleinen Einheiten unter sterilen Bedingungen Innovatives für eine künftige Welt entsteht. Schwingt da nicht ein bisschen Faszination und Zukunftssehnsucht mit?

ZERRBILD UND VISION

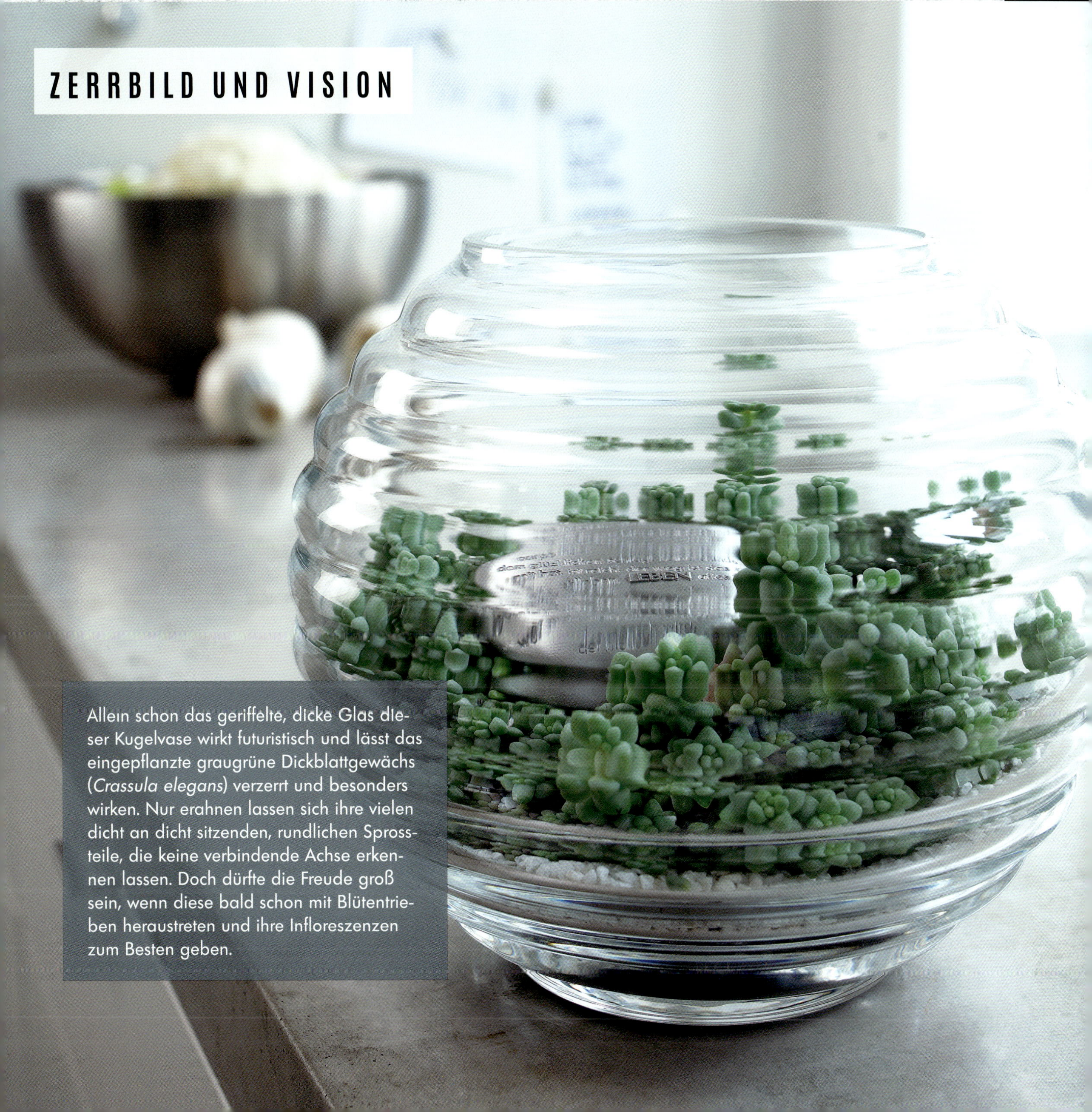

Allein schon das geriffelte, dicke Glas dieser Kugelvase wirkt futuristisch und lässt das eingepflanzte graugrüne Dickblattgewächs (*Crassula elegans*) verzerrt und besonders wirken. Nur erahnen lassen sich ihre vielen dicht an dicht sitzenden, rundlichen Sprossteile, die keine verbindende Achse erkennen lassen. Doch dürfte die Freude groß sein, wenn diese bald schon mit Blütentrieben heraustreten und ihre Infloreszenzen zum Besten geben.

GEBÄNDIGTES ZÜNGELN

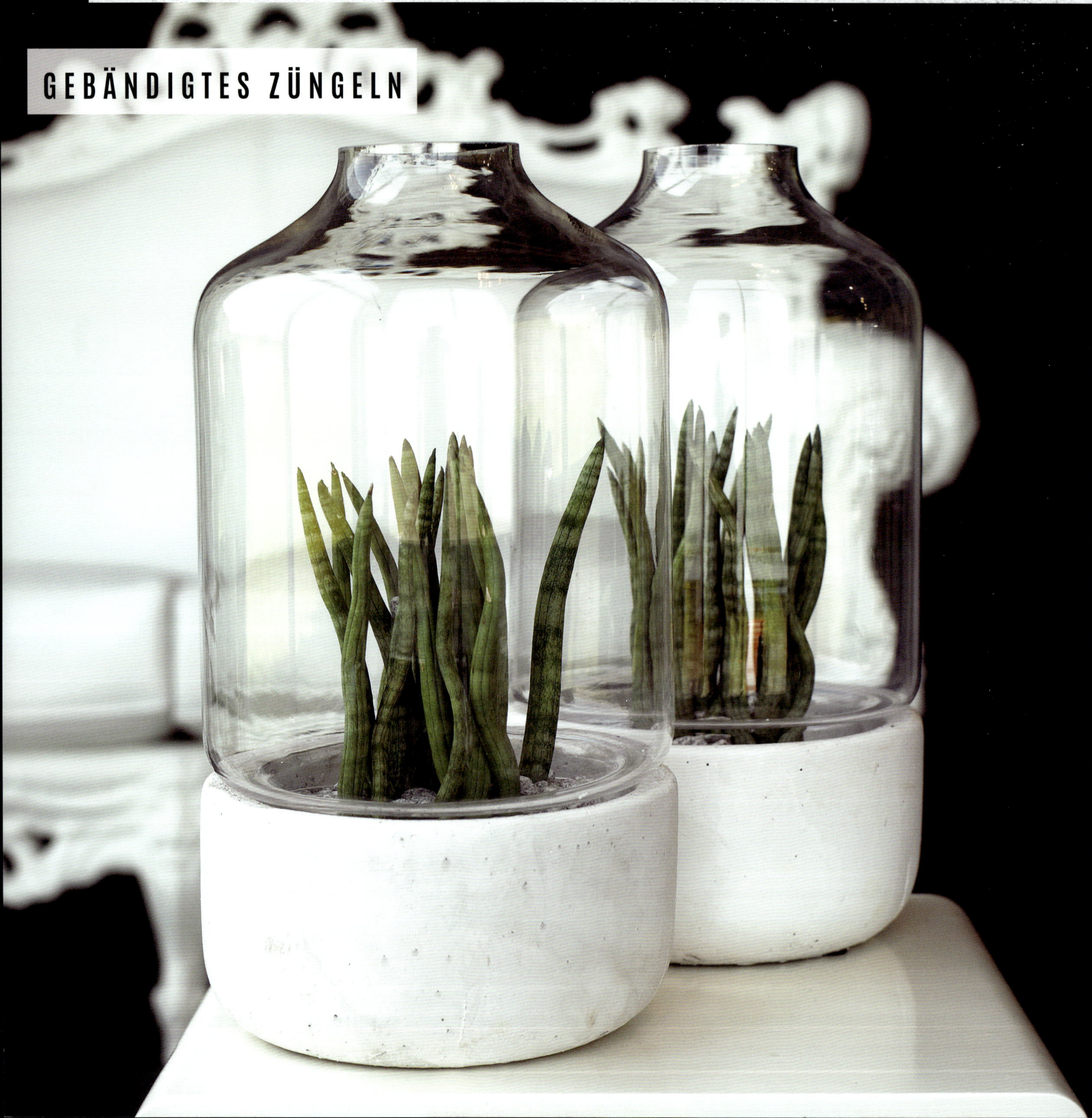

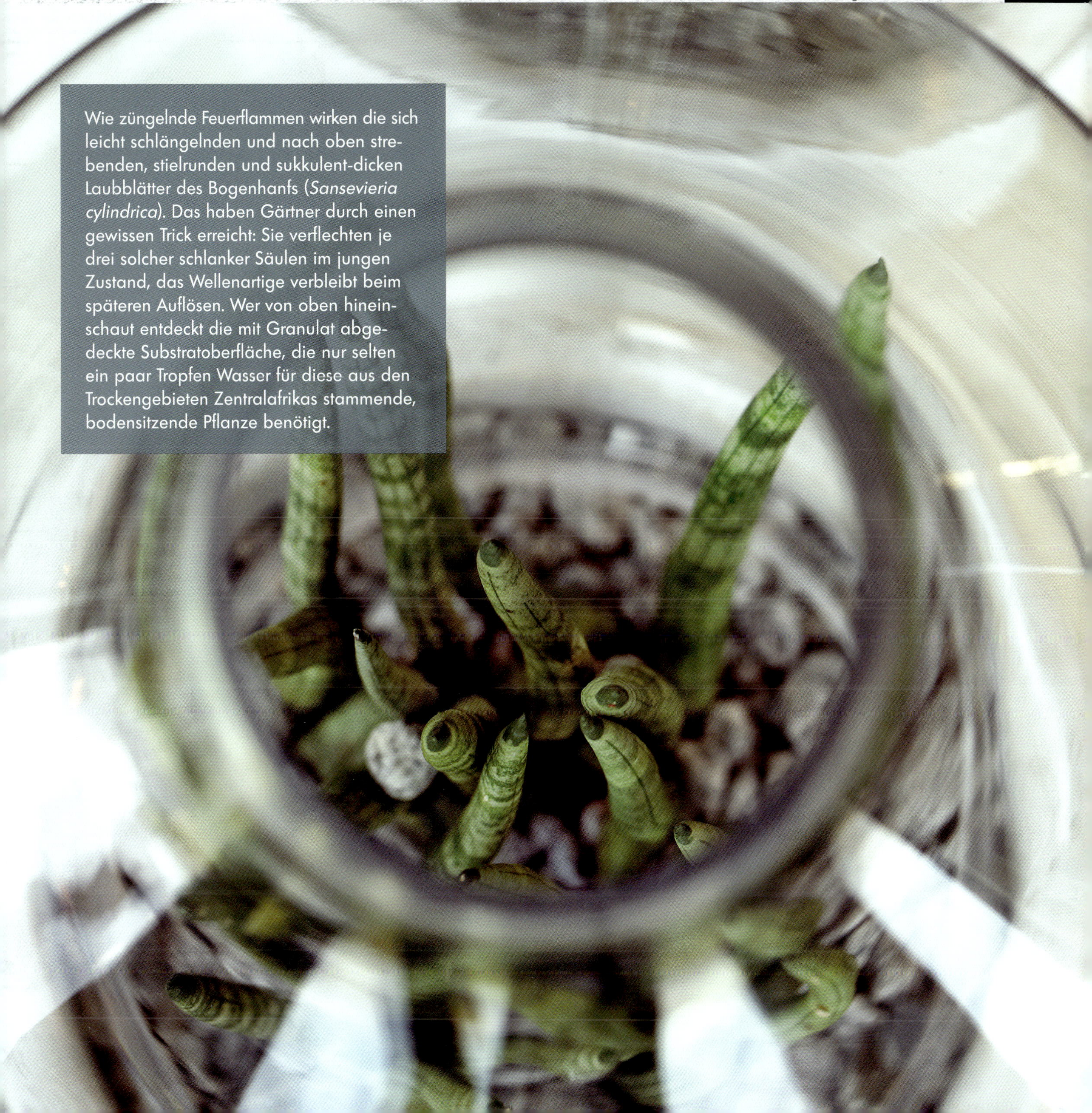

Wie züngelnde Feuerflammen wirken die sich leicht schlängelnden und nach oben strebenden, stielrunden und sukkulent-dicken Laubblätter des Bogenhanfs (*Sansevieria cylindrica*). Das haben Gärtner durch einen gewissen Trick erreicht: Sie verflechten je drei solcher schlanker Säulen im jungen Zustand, das Wellenartige verbleibt beim späteren Auflösen. Wer von oben hineinschaut entdeckt die mit Granulat abgedeckte Substratoberfläche, die nur selten ein paar Tropfen Wasser für diese aus den Trockengebieten Zentralafrikas stammende, bodensitzende Pflanze benötigt.

PFLANZEN-LABORATORIUM

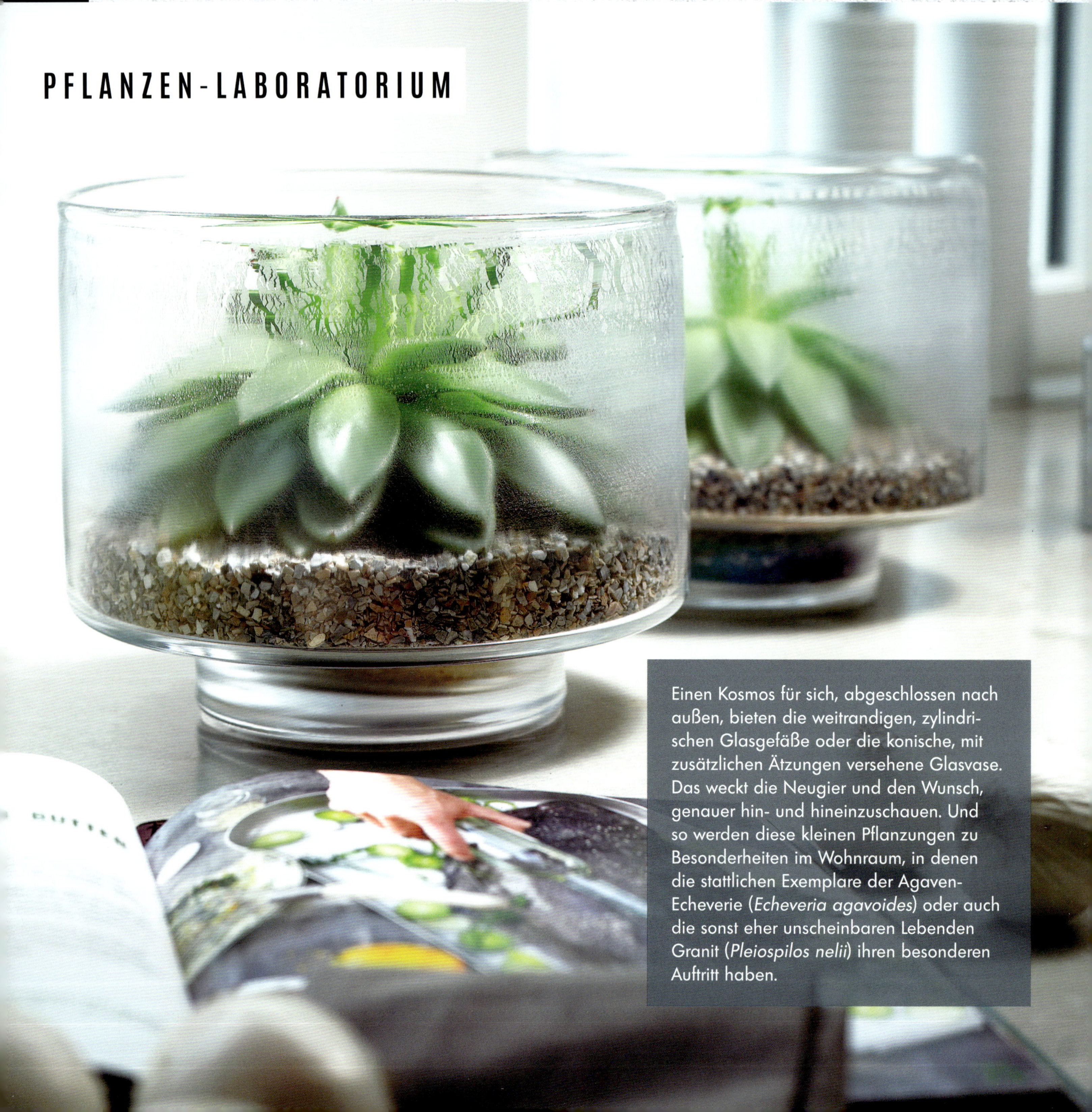

Einen Kosmos für sich, abgeschlossen nach außen, bieten die weitrandigen, zylindrischen Glasgefäße oder die konische, mit zusätzlichen Ätzungen versehene Glasvase. Das weckt die Neugier und den Wunsch, genauer hin- und hineinzuschauen. Und so werden diese kleinen Pflanzungen zu Besonderheiten im Wohnraum, in denen die stattlichen Exemplare der Agaven-Echeverie (*Echeveria agavoides*) oder auch die sonst eher unscheinbaren Lebenden Granit (*Pleiospilos nelii*) ihren besonderen Auftritt haben.

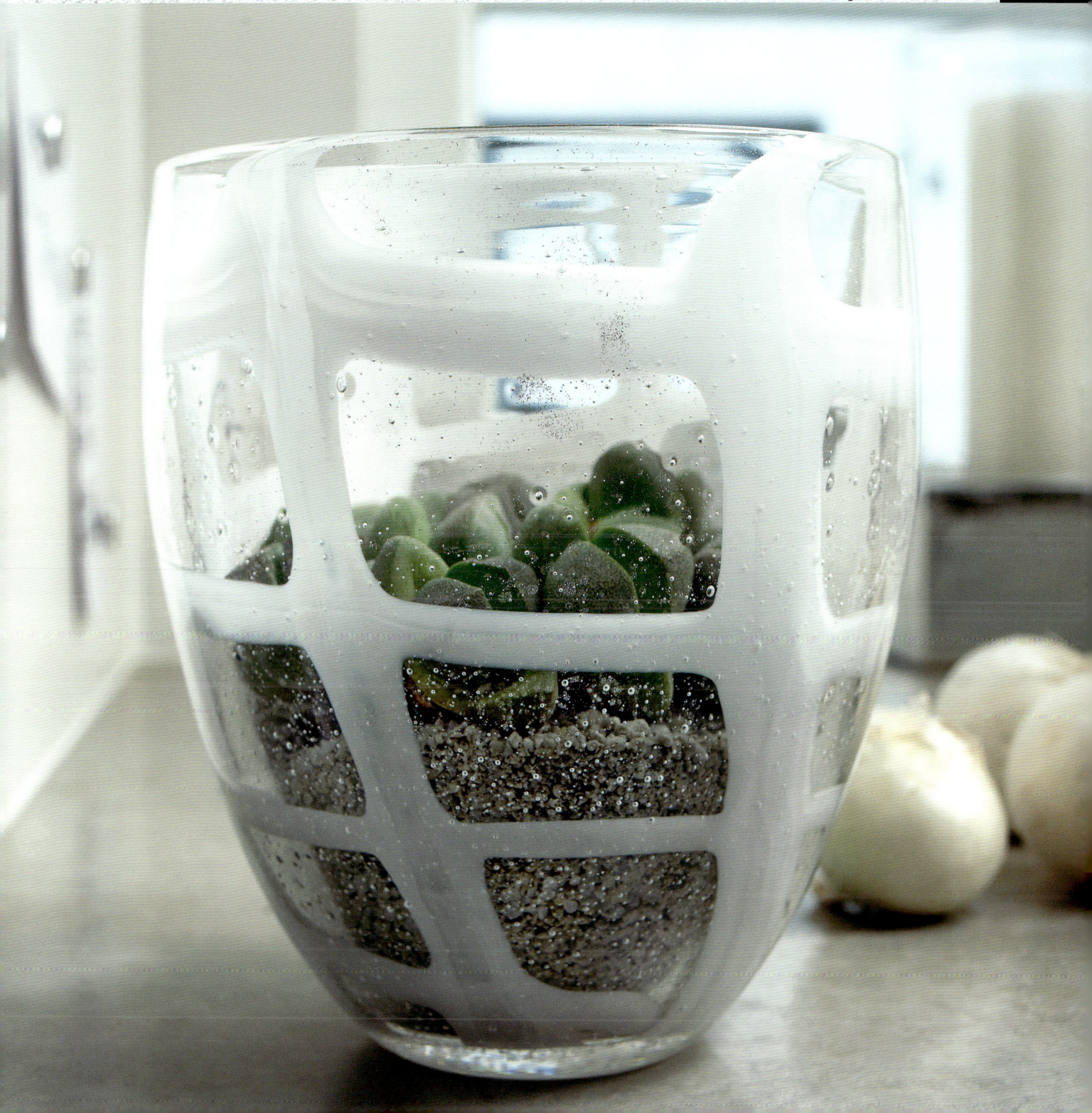

LANDSCAPING EN MINIATURE

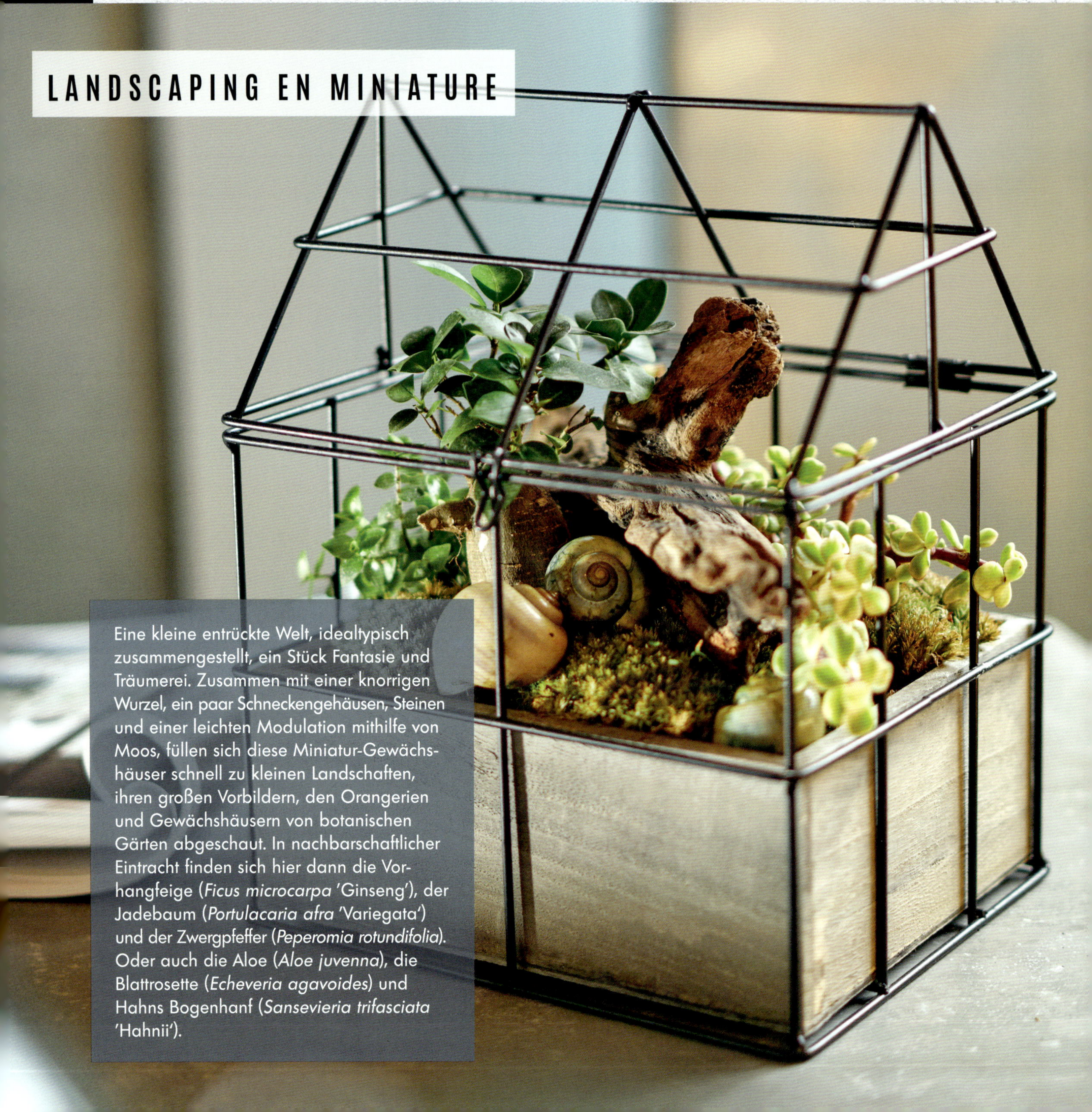

Eine kleine entrückte Welt, idealtypisch zusammengestellt, ein Stück Fantasie und Träumerei. Zusammen mit einer knorrigen Wurzel, ein paar Schneckengehäusen, Steinen und einer leichten Modulation mithilfe von Moos, füllen sich diese Miniatur-Gewächshäuser schnell zu kleinen Landschaften, ihren großen Vorbildern, den Orangerien und Gewächshäusern von botanischen Gärten abgeschaut. In nachbarschaftlicher Eintracht finden sich hier dann die Vorhangfeige (*Ficus microcarpa* 'Ginseng'), der Jadebaum (*Portulacaria afra* 'Variegata') und der Zwergpfeffer (*Peperomia rotundifolia*). Oder auch die Aloe (*Aloe juvenna*), die Blattrosette (*Echeveria agavoides*) und Hahns Bogenhanf (*Sansevieria trifasciata* 'Hahnii').

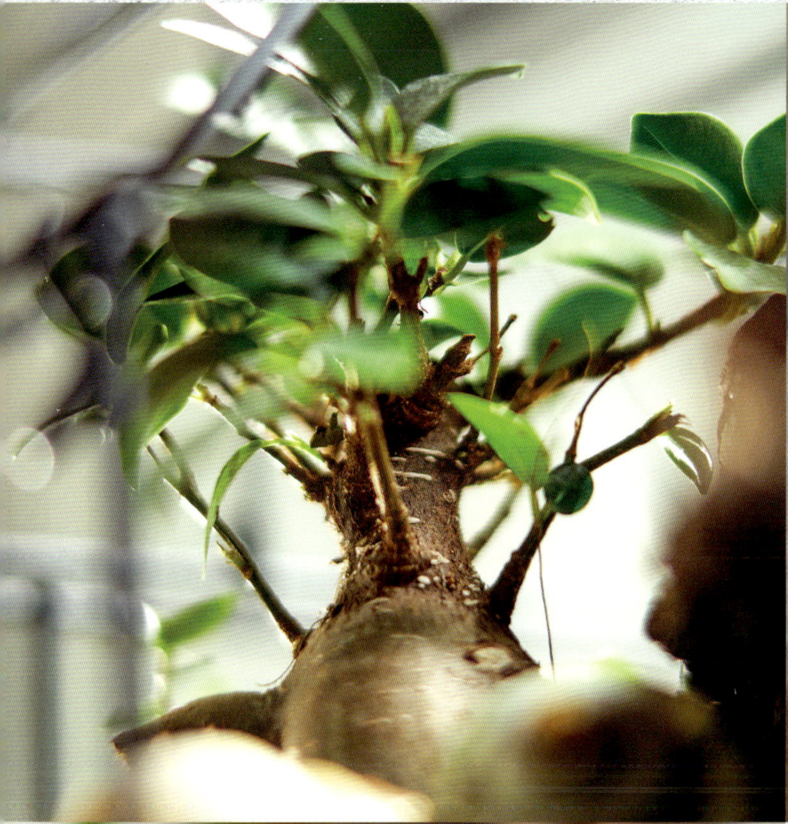

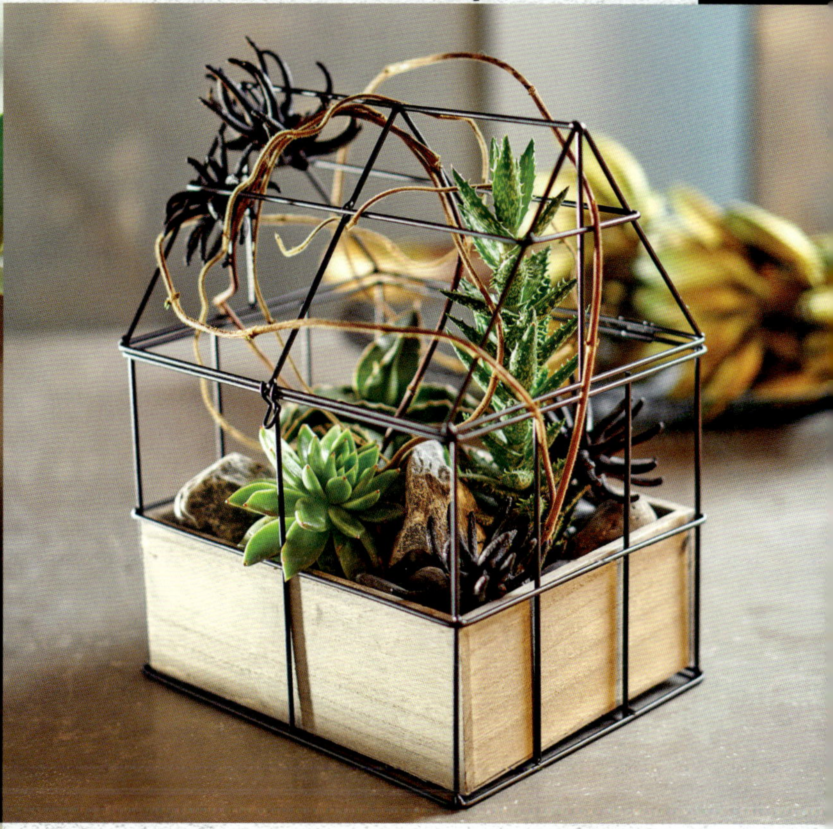

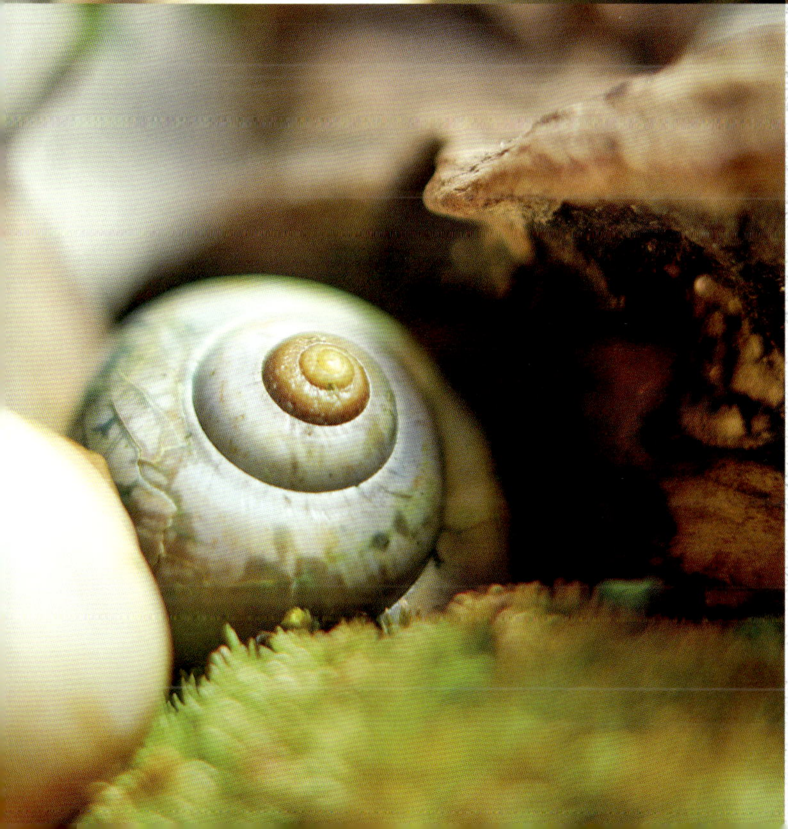

MEINE KLEINE, EIGENE WELT

HINTER GITTERN

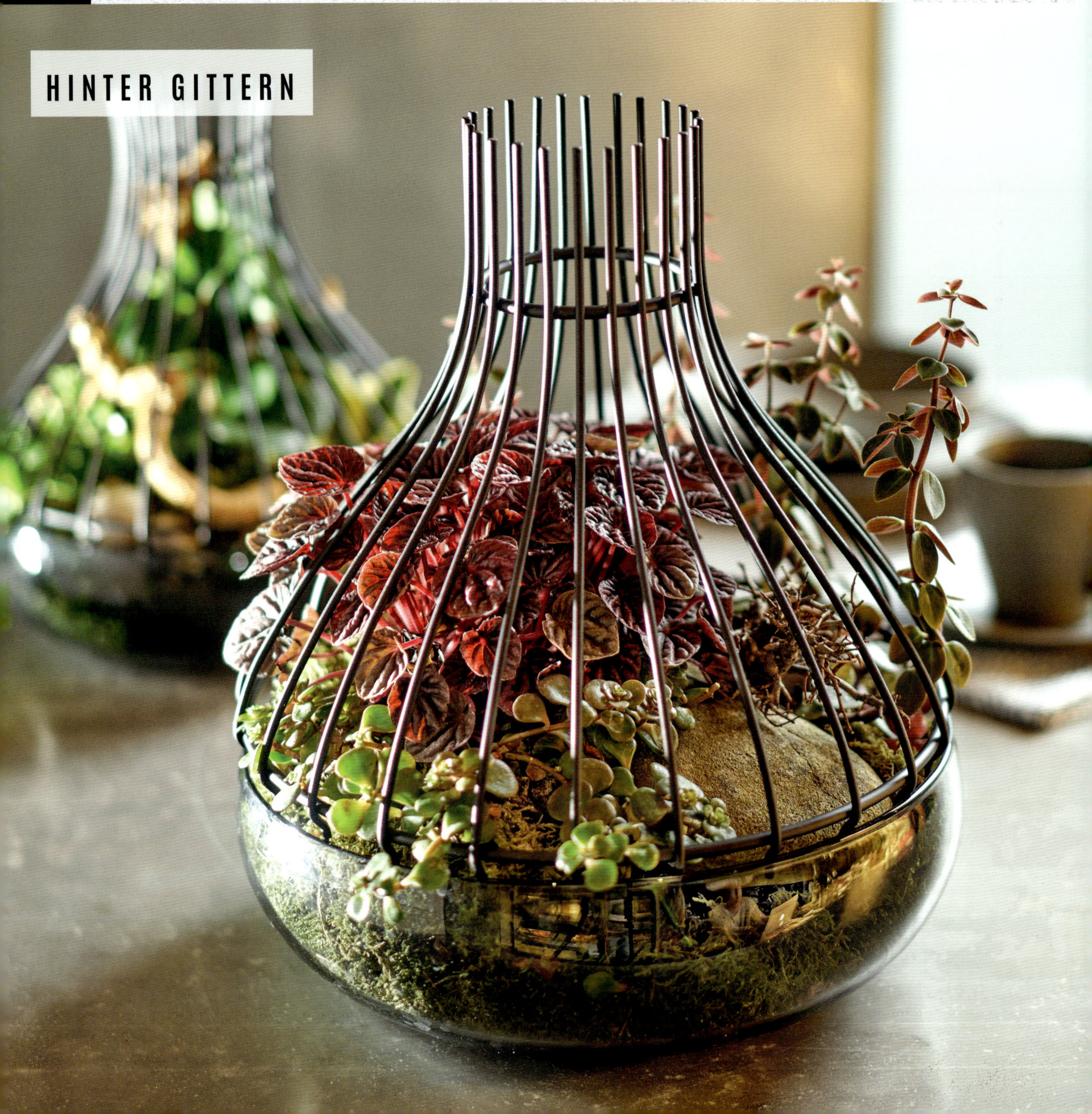

BESCHÜTZT, BEHÜTET UND BESONDERS

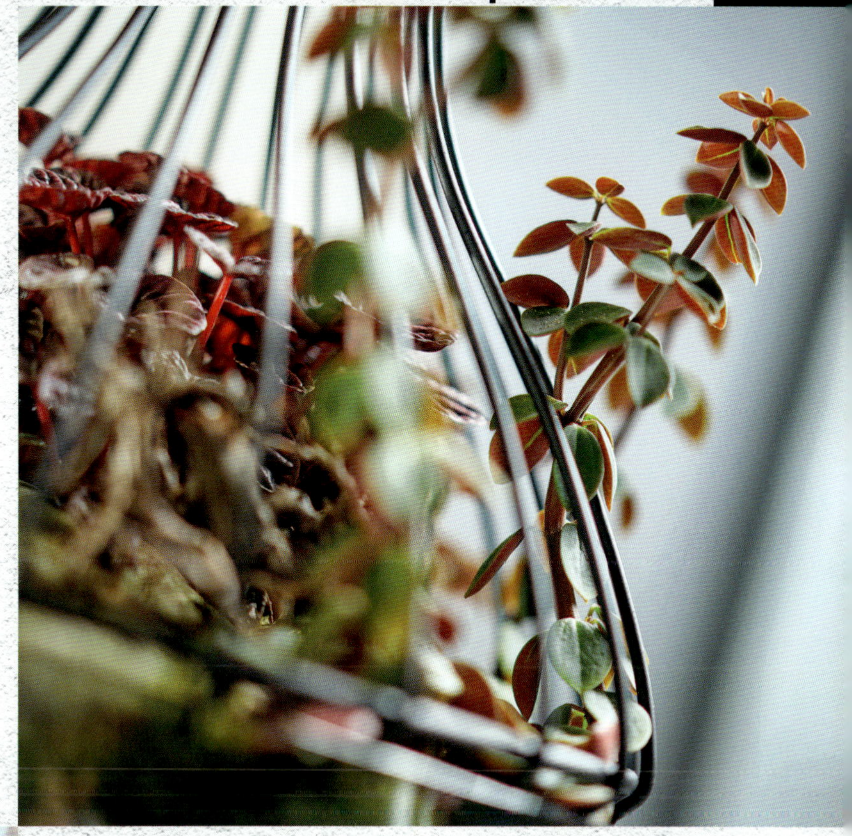

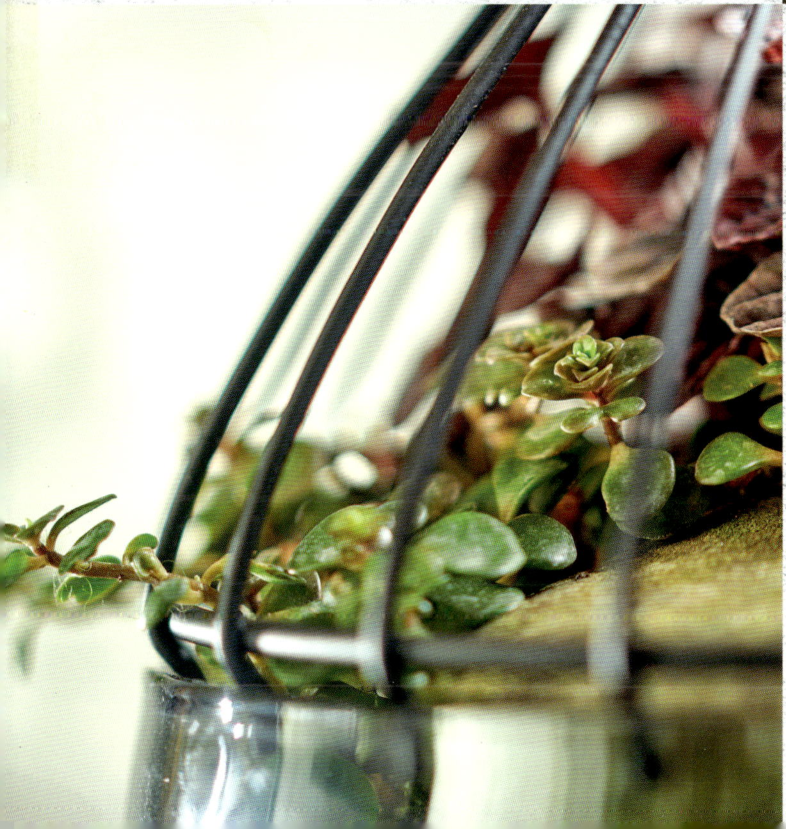

Ob hinter Glas oder Gittern. Jedwede Abgrenzung schafft die gewünschte Distanz, die diese Pflanzenzusammenstellung zu etwas Besonderem macht. Vor allem dann, wenn ganz vorwitzig sich die ersten Triebe der Bewohner bereits durch den Drahtaufsatz nach außen recken und strecken. Somit scheinen sich die drei Zwergpfeffer-Arten (*Peperomia caperata, Peperomia verticillata, Peperomia rotundifolia*) hier sehr wohl zu fühlen.

IMPRESSUM

HERAUSGEBER
BLOOM's GmbH, Ratingen (D)

REDAKTION
Hella Henckel

FLORALE GESTALTUNG
Klaus Wagener, Team BLOOM's

TEXT
Hella Henckel, Karl-Michael Haake (Pflanzennamen)

GRAFIK DESIGN
Marion Hennig

DTP
Bettina Münch

FOTOS
Patrick Pantze Images GmbH

© BLOOM's GmbH I Am Potekamp 6 I D-40885 Ratingen I T +49 2102 9644-0
F +49 2102 896073 I info@blooms.de I 1. Auflage 2019 I **www.blooms.de**
ISBN 978-3-945429-35-8

BLOOM's